D1688407

Übungen zur Kostenrechnung

Mit 130 Aufgaben und 10 Übungsklausuren sowie ausführlichen Lösungen

von

o. Univ.-Prof. Dr. habil. Carl-Christian Freidank

Universität Hamburg, Steuerberater

Prof. Dr. Sven Fischbach

Fachhochschule Mainz

7., aktualisierte und erweiterte Auflage

Oldenbourg Verlag München

StB. Prof. Dr. habil. Carl-Christian Freidank lehrt Betriebswirtschaftslehre, insbesondere Revisions- und Treuhandwesen, an der Universität Hamburg

Prof. Dr. Sven Fischbach lehrt Betriebswirtschaftslehre, insbesondere Rechnungswesen und Controlling, an der Fachhochschule Mainz.

Bibliografische Information der Deutschen Nationalbibliothek

Die Deutsche Nationalbibliothek verzeichnet diese Publikation in der Deutschen Nationalbibliografie; detaillierte bibliografische Daten sind im Internet über http://dnb.d-nb.de abrufbar.

© 2012 Oldenbourg Wissenschaftsverlag GmbH
Rosenheimer Straße 145, D-81671 München
Telefon: (089) 45051-0
www.oldenbourg-verlag.de

Das Werk einschließlich aller Abbildungen ist urheberrechtlich geschützt. Jede Verwertung außerhalb der Grenzen des Urheberrechtsgesetzes ist ohne Zustimmung des Verlages unzulässig und strafbar. Das gilt insbesondere für Vervielfältigungen, Übersetzungen, Mikroverfilmungen und die Einspeicherung und Bearbeitung in elektronischen Systemen.

Lektorat: Thomas Ammon
Herstellung: Constanze Müller
Titelbild: thinkstockphotos.de
Einbandgestaltung: hauser lacour
Gesamtherstellung: freiburger graphische betriebe GmbH & Co. KG, Freiburg

Dieses Papier ist alterungsbeständig nach DIN/ISO 9706.

ISBN 978-3-486-71644-3
eISBN 978-3-486-71770-9

Vorwort zur 7. Auflage

Die Aktualisierung des Übungsbuches bezieht sich primär auf die Änderungen der Rechnungslegungsvorschriften durch das Bilanzrechtsmodernisierungsgesetz (BiMoG) vom 25.05.2009. Darüber hinaus ist die Abhandlung durch die Aufnahme zusätzlicher Übungs- und Klausuraufgaben erweitert worden. Schließlich wurden einige Druckfehler und Unklarheiten beseitigt. Die Verfasser danken Kollegen und Studierenden für Änderungen und Hinweise, die in die 7. Auflage des Übungsbuches eingeflossen sind und seine Qualität weiter erhöht haben. Weiterhin sei Frau cand. jur. Kathrin Hass für die redaktionelle Unterstützung gedankt. Ferner geht ein Dank an Herrn Thomas Ammon vom R. Oldenbourg Verlag für die harmonische Zusammenarbeit bei der Publikation der Neuauflage des Übungsbuchs.

Die Schrift wurde in ihrer Konzeption mit der ebenfalls im Jahr 2012 erschienen 9., aktualisierten Auflage des Lehrbuchs zur *Kostenrechnung von Carl-Christian Freidank* abgestimmt. Es kann weiterhin das Lehrbuch *Grundlagen der Kostenrechnung von Sven Fischbach* zur Vor- und Nachbereitung verwendet werden, das seit 2012 in 5., aktualisierter Auflage vorliegt. Darüber hinaus wird zur Vertiefung und Ergänzung des Stoffes das Lehrbuch *Rechnungslegung und Rechnungspolitik*. Eine Einführung aus handels-, steuerrechtlicher und internationaler Sicht in die Rechnungslegung und Rechnungslegungspolitik von Einzelunternehmen, Personenhandels-, und Kapitalgesellschaften von *Carl-Christian Freidank und Patrick Velte*, 2., aktualisierte und erweiterte Auflage, 2012, empfohlen. Im Übungsbuch finden sich entsprechende Quellenverweise, die auf alle drei Lehrbücher Bezug nehmen.

Aus Vereinfachungsgründen wurden beispielhafte Berechnungen auf der Basis eines Umsatzsteuerregelsatzes von 20% vorgenommen.

Hamburg und Mainz   Carl-Christian Freidank
                                                                              Sven Fischbach

Vorwort zur 6. Auflage

Die zwischenzeitlich vergriffene 5. Auflage des Übungsbuches wurde grundlegend überarbeitet und aktualisiert. Insbesondere sind neue Inhalte aus dem Bereich der Kostenrechnung aufgenommen worden, weitere Übungsaufgaben und -klausuren eingearbeitet sowie Druckfehler und Unklarheiten beseitigt worden. In diesem Zusammenhang schulden wir unseren Studierenden Dank für viele Anregungen und Hinweise. Ferner sei Frau Hermine Werner für die sorgfältige Vorbereitung der Druckvorlage gedankt. Last but not least geht ein herzlicher Dank an Herrn Dr. Jürgen Schechler vom R. Oldenbourg Verlag für die gute Zusammenarbeit bei der Publikation des Übungsbuches.

Die Schrift wurde in ihrer Konzeption mit der ebenfalls im Jahr 2007 erschienenen 8., überarbeiteten und aktualisierten Auflage des Lehrbuchs *zur Kostenrechnung von Carl-Christian Freidank* abgestimmt. Es kann auch weiterhin das Lehrbuch *Grundlagen der Kostenrechnung von Sven Fischbach* zur Vor- und Nachbereitung verwendet werden, das seit 2006 in 4. Auflage vorliegt. Darüber hinaus wird zur Vertiefung und Ergänzung des Stoffes das Lehrbuch *Rechnungslegung und Rechnungslegungspolitik. Eine Einführung aus handels-, steuerrechtlicher und internationaler Sicht in die Rechnungslegung und Rechnungslegungspolitik von Einzelunternehmen, Personenhandels- und Kapitalgesellschaften von Carl-Christian Freidank und Patrick Velte, Stuttgart 2007*, empfohlen. Im Übungsbuch finden sich entsprechende Quellverweise, die auf alle drei Lehrbücher Bezug nehmen.

Aus Vereinfachungsgründen wurden beispielhafte Berechnungen auf der Basis eines Umsatzsteuerregelsatzes von 20% vorgenommen.

Hamburg und Mainz   Carl-Christian Freidank
                                                          Sven Fischbach

Vorwort zur 5. Auflage

Das Übungsbuch zur Kostenrechnung wurde um weitere Aufgaben und eine neue Probeklausur ergänzt. Darüber hinaus sind einige Druckfehler und Ungenauigkeiten beseitigt worden. Die Verfasser danken Frau Dipl.-Kauffrau Gaby Pottgießer und Frau Dipl.-Kauffrau Heidi Winkler für kritische Anregungen, die in die Abhandlung eingeflossen sind. Ebenso danken wir unseren Studierenden für ihre Anregungen und Hinweise.

Die Neuauflage des Übungsbuches ist in formeller und materieller Hinsicht an die 2001 erschienene 7., korrigierte und aktualisierte Auflage des Lehrbuchs zur Kostenrechnung von Carl-Christian Freidank angepasst worden. Weiterhin kann das bei Redline Wirtschaft im Verlag Moderne Industrie erschienene Lehrbuch Grundlagen der Kostenrechnung von Sven Fischbach zur Vor- und Nachbereitung verwendet werden. Im Übungsbuch finden sich für beide Werke entsprechende Querverweise.

Hamburg und Mainz   Carl-Christian Freidank
                                                          Sven Fischbach

Vorwort zur 4. Auflage

Die bewährte Konzeption des Übungsbuchs wurde auch in der 4. Auflage beibehalten. Die Überarbeitung konnte sich deshalb auf die Beseitigung einiger weniger Druckfehler beschränken. Zudem wurden die Betragsangaben von DM auf Euro umgestellt. Auf vielfachen Wunsch haben die Autoren die Neuauflage um drei weitere Übungsklausuren ergänzt.

Hamburg und Mainz   Carl-Christian Freidank
                                                          Sven Fischbach

Vorwort zur 3. Auflage

Sowohl die vergriffene 2. Auflage des Übungsbuches als auch die im Mai 1997 erschienene 6., vollständig überarbeitete und erweiterte Auflage des Lehrbuchs zur Kostenrechnung vom selben Autor waren die Gründe für eine Neuauflage. Das vorliegende Übungsbuch zur Kostenrechnung wurde zum einen an das genannte Lehrbuch angepasst und damit auch aktualisiert und inhaltlich erweitert. Zum anderen sind einige Druckfehler beseitigt worden. Die Verfasser danken Herrn Dipl.-Kaufmann Sven Schäfer für vier Aufgabenentwürfe, die in das Übungsbuch eingeflossen sind.

Für Anregungen und Verbesserungsvorschläge sind die Autoren weiterhin dankbar.

Hamburg und Frankfurt (Main)　　　　　　　　　　　　　Carl-Christian Freidank
　　　　　　　　　　　　　　　　　　　　　　　　　　　　　　Sven Fischbach

Vorwort zur 2. Auflage

Die innerhalb eines Jahres vergriffene 1. Auflage des Übungsbuches machte eine Neuauflage erforderlich, die sich auf die Korrektur einiger Druckfehler beschränken konnte. Die Verfasser danken dem Chefredakteur des Verlages, Herrn Dipl.-Volkswirt Martin M. Weigert, für die Realisierung der 2. Auflage in kürzester Zeit.

Hamburg und Erfurt　　　　　　　　　　　　　　　　　　　Carl-Christian Freidank
　　　　　　　　　　　　　　　　　　　　　　　　　　　　　　Sven Fischbach

Vorwort zur 1. Auflage

Die Kostenrechnung stellt innerhalb der Betriebswirtschaftslehre ein zentrales und gut ausgebautes Fachgebiet dar. Aufgrund ihres hohen Stellenwertes in der betrieblichen Praxis als Verrechnungs-, Planungs- und Kontrollinstrument kommt der Kostenrechnung innerhalb der unterschiedlichen wirtschaftswissenschaftlichen Ausbildungsgänge herausragende Bedeutung zu. Die Verfasser konnten sich im Rahmen ihrer akademischen Lehrtätigkeiten davon überzeugen, dass das Verständnis der vielfältigen Begriffe und Verfahren der Kostenrechnung durch Übungsbeispiele und Fallstudien wesentlich erleichtert wird. Die vorliegenden "Übungen zur Kostenrechnung" wenden sich deshalb insbesondere an Studierende der verschiedenen Fach- und Hochschulen, die mit Hilfe von Übungsaufgaben einen verständlichen Einstieg in das komplexe Themengebiet der Kostenrechnung suchen und sich aufgabenorientiert auf Klausuren vorbereiten wollen.

Der erste Teil des Buchs enthält (bereits vielfach in universitären Lehrveranstaltungen und Klausuren erprobte) *Übungsaufgaben* zu den einzelnen Teilgebieten der Kostenrechnung. Die Verfasser empfehlen eine sukzessive Bearbeitung dieser Aufgaben: Am Anfang eines jeden Kapitels finden sich einfachere Übungen, die den *Einstieg* in das jeweilige Themengebiet erleichtern sollen. Daran anschließende, anspruchsvollere Aufgaben ermöglichen eine *Vertiefung* des Stoffes. Dem Leser, der lediglich bestimmte Teilbereiche der Kostenrechnung auffrischen möchte, soll das der Inhaltsübersicht folgende Aufgabenverzeichnis mit Verweisen auf die jeweiligen Inhalte der einzelnen Aufgaben weiterhelfen. Abgeschlossen wird der erste Teil des Buches durch eine *Übungsklausur*, die eine *Kontrolle* des erarbeiteten Wissens ermöglichen soll.

Die ausführlichen *Lösungen* zu den Übungsaufgaben und zur Übungsklausur sowie weiterführende Literaturhinweise finden sich im zweiten Teil des Buches.

Die Konzeption dieser Sammlung von Übungsaufgaben ist in formeller und materieller Sicht auf das ebenfalls im Oldenbourg Verlag erschienene Lehrbuch

> *Kostenrechnung. Einführung in die begrifflichen, theoretischen, verrechnungstechnischen sowie planungs- und kontrollorientierten Grundlagen des innerbetrieblichen Rechnungswesens von Carl-Christian Freidank unter Mitarbeit von Sven Fischbach, 5., überarbeitete und erweiterte Auflage, München und Wien 1994*

abgestimmt. Insbesondere diese Schrift wird dem Leser zur theoretischen Vor- und Nachbereitung der Übungsaufgaben empfohlen.

Ferner wird im Rahmen der Literaturhinweise auf das Lehrbuch

> *Finanzbuchhaltung und Jahresabschluss. Eine Einführung in die Technik und Vorschriften zur Rechnungslegung deutscher Unternehmen mit Aufgaben und Lösungen, Band 1: Einzelkaufmännisch geführte Handels- und Industriebetriebe von Carl-Christian Freidank und Hans Eigenstetter, Stuttgart 1992*

Bezug genommen.

Durch Verbesserungsvorschläge haben Frau Dipl.-Kauffrau Anja Fischbach, Herr Dipl.-Kaufmann Christoph Stute sowie die Herren stud. rer. pol. Markus Krog und Thomas Weseloh zur Entstehung dieses Buches beitragen. Die Verfasser sind für inhaltliche und formale Anregungen auch weiterhin dankbar.

Hamburg
                                                                     Carl-Christian Freidank
                                                                            Sven Fischbach

INHALTSÜBERSICHT

Vorwort V
Inhaltsübersicht IX
Aufgabenverzeichnis XI
Abkürzungs- und Symbolverzeichnis IX

Erster Teil: Übungen 1

I. Einführung und Begriffsklärungen 1
II. Grundbegriffe der Kostentheorie 7
III. Das Instrumentarium der Kostenrechnung 13
    A. Stellung und Funktionen der Kosten- und Leistungsrechnung im System des betrieblichen Rechnungswesens 13
    B. Teilbereiche der Kosten- und Leistungsrechnung 14
        1. Die Kostenartenrechnung 14
        2. Die Kostenstellenrechnung 24
        3. Die Kostenträgerstückrechnung 28
        4. Die Kurzfristige Erfolgsrechnung 35
IV. Systeme der Kostenrechnung 41
    A. Systeme auf der Basis von Vollkosten 41
    B. Teilkosten- und Deckungsbeitragsrechnungen 48
        1. Direct Costing, Grenz-Plankostenrechnungen und Deckungsbeitragsrechnungen 48
        2. Der Einsatz von Partialkosten- und Deckungsbeitragsrechnungen als unternehmerische Entscheidungshilfe 56
V. Weiterentwicklungen der Kostenrechnung und des Kostenmanagements 68
    A. Die Prozesskostenrechnung 68
    B. Target Costing und Kostenmanagement 75
VI. Übungsklausuren 77
    A. Übungsklausur 1 77
    B. Übungsklausur 2 81
    C. Übungsklausur 3 84
    D. Übungsklausur 4 87
    E. Übungsklausur 5 89
    F. Übungsklausur 6 93
    G. Übungsklausur 7 97

	H.	Übungsklausur 8	101
	I.	Übungsklausur 9	104
	J.	Übungsklausur 10	107

Zweiter Teil: Lösungen 112

I.	Einführung und Begriffsklärungen..	112
II.	Grundbegriffe der Kostentheorie	132
III.	Das Instrumentarium der Kostenrechnung	148

	A.	Stellung und Funktionen der Kosten- und Leistungsrechnung im System des betrieblichen Rechnungswesens	148
	B.	Teilbereiche der Kosten- und Leistungsrechnung.........................	152
		1. Die Kostenartenrechnung	152
		2. Die Kostenstellenrechnung	174
		3. Die Kostenträgerstückrechnung..	187
		4. Die Kurzfristige Erfolgsrechnung...	200

IV.	Systeme der Kostenrechnung...	218
	A. Systeme auf der Basis von Vollkosten	218
	B. Teilkosten- und Deckungsbeitragsrechnungen	233
	1. Direct Costing, Grenz-Plankostenrechnungen und Deckungsbeitragsrechnungen	233
	2. Der Einsatz von Partialkosten- und Deckungsbeitragsrechnungen als unternehmerische Entscheidungshilfe.........	252

V.	Weiterentwicklungen der Kostenrechnung und des Kostenmanagements	285
	A. Die Prozesskostenrechnung..	285
	B. Target Costing und Kostenmanagement..	296

VI.	Übungsklausuren	301
	A. Übungsklausur 1	301
	B. Übungsklausur 2	309
	C. Übungsklausur 3	315
	D. Übungsklausur 4	320
	E. Übungsklausur 5	326
	F. Übungsklausur 6	332
	G. Übungsklausur 7	337
	H. Übungsklausur 8	343
	I. Übungsklausur 9	347
	J. Übungsklausur 10	351

AUFGABENVERZEICHNIS

Seite*

I. Einführung und Begriffsklärungen 1/112

Aufgabe I.1:	Kostenlehre	1/112
Aufgabe I.2:	Kostenbegriff	1/112
Aufgabe I.3:	Kostenbegriff	1/113
Aufgabe I.4:	Begriffe Auszahlung, Ausgabe und Aufwand	1/113
Aufgabe I.5:	Begriffe Kosten und Aufwand	1/116
Aufgabe I.6:	Begriffe Auszahlung, Ausgabe, Aufwand und Kosten	2/117
Aufgabe I.7:	Erfolgs- und Vermögensermittlung	2/117
Aufgabe I.8:	Begriffe Kosten und Aufwand	3/121
Aufgabe I.9:	Begriffe Leistung und Ertrag	3/121
Aufgabe I.10:	Begriffe Kosten und Aufwand	3/122
Aufgabe I.11:	Begriffe Leistung und Ertrag	4/122
Aufgabe I.12:	Ermittlung von Ergebnissen	4/123
Aufgabe I.13:	Kalkulatorische Buchungen im Ein- und Zweikreissystem	5/123
Aufgabe I.14:	Monetärer Grenznutzen	5/130
Aufgabe I.15:	Begriffe Kosten und Aufwand	6/131

II. Grundbegriffe der Kostentheorie 7/132

Aufgabe II.1:	Beschäftigungsgrad	7/132
Aufgabe II.2:	Fixe und variable Kosten	7/133
Aufgabe II.3:	Nutz- und Leerkosten	7/133
Aufgabe II.4:	Proportionale und variable Kosten	7/134
Aufgabe II.5:	Typen variabler Kosten	8/134
Aufgabe II.6:	Charakteristika von Kostenverläufen	8/135
Aufgabe II.7:	Grenzkosten	8/136
Aufgabe II.8:	Grenzkosten	9/136

---

* Die erste Ziffer gibt jeweils die Seitenzahl der Übung an, die zweite die Seitenzahl der Lösung.

Aufgabe II.9:	Analyse bei linearem Kostenverlauf	9/136
Aufgabe II.10:	Analyse bei nichtlinearem Kosten- und linearem Erlösverlauf	9/138
Aufgabe II.11:	Mathematische Kostenauflösung	10/141
Aufgabe II.12:	Variationen der Faktorqualität	10/142
Aufgabe II.13:	Optimale Produktionsmenge	11/143
Aufgabe II.14:	Optimale Losgröße	11/143
Aufgabe II.15:	Anpassungsprozesse	11/144
Aufgabe II.16:	Einzel- und Gemeinkosten	11/144
Aufgabe II.17:	Kostenbegriffe, Gewinnschwelle und kostendeckender Umsatz	11/145
Aufgabe II.18:	Fixe und variable Kosten, Einzel- und Gemeinkosten	12/146
Aufgabe II.19:	Echte und unechte Gemeinkosten	12/147

III. Das Instrumentarium der Kostenrechnung 13/148

A. Stellung und Funktionen der Kosten- und Leistungsrechnung im System des betrieblichen Rechnungswesens 13/148

Aufgabe III.1:	Teilbereiche des betrieblichen Rechnungswesens	13/148
Aufgabe III.2:	Aufgaben der Kostenrechnung	13/149
Aufgabe III.3:	Aufgaben der Kostenrechnung	13/150
Aufgabe III.4:	Teilbereiche der Kostenrechnung	13/151

B. Die Teilbereiche der Kostenrechnung 14/152

1. Die Kostenartenrechnung 14/152

Aufgabe III.5:	Kostenarten	14/152
Aufgabe III.6:	Materialkosten	14/153
Aufgabe III.7:	Ermittlung des Materialverbrauchs	15/154
Aufgabe III.8:	Bewertung des Materialverbrauchs	15/155
Aufgabe III.9:	Bewertung des Materialverbrauchs	15/155
Aufgabe III.10:	Personalkosten	16/157
Aufgabe III.11:	Kalkulatorische Abschreibungen	17/158

Aufgabe III.12:	Kalkulatorische und buchhalterische Abschreibungen	17/159
Aufgabe III.13:	Wiederbeschaffungskosten	18/160
Aufgabe III.14:	Kalkulatorische und bilanzsteuerliche Abschreibungen	18/161
Aufgabe III.15:	Kalkulatorische Abschreibungen	19/163
Aufgabe III.16:	Kalkulatorische Abschreibungen und Kalkulatorische Zinsen	19/164
Aufgabe III.17:	Kalkulatorische Zinsen und monetärer Grenznutzen	19/166
Aufgabe III.18:	Kalkulatorische Zinsen und Abzugskapital	19/166
Aufgabe III.19:	Kalkulatorische Zinsen	20/167
Aufgabe III.20:	Kalkulatorische Zinsen bei wertorientierter Unternehmensführung	21/169
Aufgabe III.21:	Kalkulatorische Wagnisse	23/171
Aufgabe III.22:	Opportunitätskosten	23/172

2. Die Kostenstellenrechnung **24/174**

Aufgabe III.23:	Kostenstellen	24/174
Aufgabe III.24:	Betriebsabrechnungsbogen und Innerbetriebliche Leistungsverrechnung	24/174
Aufgabe III.25:	Innerbetriebliche Leistungsverrechnung	25/176
Aufgabe III.26:	Innerbetriebliche Leistungsverrechnung	26/179
Aufgabe III.27:	Innerbetriebliche Leistungsverrechnung	27/182

3. Die Kostenträgerstückrechnung **28/187**

Aufgabe III.28:	Fertigungstypen	28/187
Aufgabe III.29:	Einstufige Divisionskalkulation	28/187
Aufgabe III.30:	Mehrstufige Divisionskalkulation	29/188
Aufgabe III.31:	Mehrstufige Divisionskalkulation	29/189
Aufgabe III.32:	Äquivalenzziffernrechnung	30/190
Aufgabe III.33:	Äquivalenzziffernrechnung	30/191
Aufgabe III.34:	Zuschlagskalkulation und innerbetriebliche Leistungsverrechnung	31/192
Aufgabe III.35:	Zuschlagskalkulation	32/194

Aufgabe III.36:	Zuschlagskalkulation	32/194
Aufgabe III.37:	Zuschlagskalkulation	33/195
Aufgabe III.38:	Retrograde Zuschlagskalkulation	33/197
Aufgabe III.39:	Kuppelkalkulation	33/197
Aufgabe III.40:	Kalkulation mit Maschinenstundensätzen, Kalkulatorische Abschreibungen, Kalkulatorische Zinsen und Verrechnung von Gemeinkosten	34/198

4. Die Kurzfristige Erfolgsrechnung 35/200

Aufgabe III.41:	Kurzfristige Erfolgsrechnung und handelsrechtlicher Jahresabschluss	35/200
Aufgabe III.42:	Verwaltungsgemeinkosten	35/200
Aufgabe III.43:	Herstell-, Herstellungskosten und Zuschlagskalkulation	35/201
Aufgabe III.44:	Umsatzkostenverfahren, Vergleich Voll- und Teilkostenrechnung	36/202
Aufgabe III.45:	Kalkulation, Gesamtkosten- und Umsatzkostenverfahren	37/203
Aufgabe III.46:	Gesamtkosten-, Umsatzkostenverfahren und Zuschlagskalkulation	38/205
Aufgabe III.47:	Gesamtkostenverfahren und Zuschlagskalkulation	40/214

IV. Systeme der Kostenrechnung 41/218

A. Systeme auf der Basis von Vollkosten 41/218

Aufgabe IV.1:	Systeme der Kostenrechnung	41/218
Aufgabe IV.2:	Normalkostenrechnung	41/218
Aufgabe IV.3:	Ist-, Normalkostenrechnung und Zuschlagskalkulation	41/219
Aufgabe IV.4:	Starre Plankostenrechnung	42/220
Aufgabe IV.5:	Flexible Plankostenrechnung	43/222
Aufgabe IV.6:	Flexible Plankostenrechnung	43/223
Aufgabe IV.7:	Flexible Plankostenrechnung	44/225
Aufgabe IV.8:	Auswertung von Abweichungen	44/226
Aufgabe IV.9:	Einfache kumulative Abweichungsanalyse	45/227
Aufgabe IV.10:	Differenzierte kumulierte Abweichungsanalyse	46/228

Aufgabe IV.11:	Abweichungen höheren Grades	46/229
Aufgabe IV.12:	Preis- und Verbrauchsabweichung	46/230
Aufgabe IV.13:	Variatorenrechnung	47/232

B. Teilkosten- und Deckungsbeitragsrechnungen **48/233**

1. Direct Costing, Grenz-Plankostenrechnung und Deckungsbeitragsrechnungen **48/233**

Aufgabe IV.14:	Einstufiges Direct Costing	48/233
Aufgabe IV.15:	Deckungsbeitrag und Break-even-point	48/233
Aufgabe IV.16:	Betriebsabrechnung auf Teilkostenbasis	48/234
Aufgabe IV.17:	Ein- und mehrstufige Deckungsbeitragsrechnung, Sortimentssteuerung	50/236
Aufgabe IV.18:	Einstufige Deckungsbeitragsrechnung mit Kurzfristiger Erfolgsrechnung	51/237
Aufgabe IV.19:	Gesamtkosten- und Umsatzkostenverfahren, Vergleich Voll- und Teilkostenrechnung	51/238
Aufgabe IV.20:	Einstufige Deckungsbeitragsrechnung, Umsatzkostenverfahren in tabellarischer und buchhalterischer Form	52/242
Aufgabe IV.21:	Relative Einzelkostenrechnung	53/249
Aufgabe IV.22:	Mehrstufige Deckungsbeitragsrechnung und Kalkulation	55/251

2. Der Einsatz von Partial- und Deckungsbeitragsrechnungen als unternehmerische Entscheidungshilfe **56/252**

Aufgabe IV.23:	Optimales Produktionsprogramm und Preisuntergrenze	56/252
Aufgabe IV.24:	Deckungsbeitrag und Preisuntergrenzen	56/253
Aufgabe IV.25:	Preisuntergrenzen	57/254
Aufgabe IV.26:	Optimales Produktionsprogramm, Preisuntergrenzenbestimmung und Sensibilitätsanalyse	58/256
Aufgabe IV.27:	Optimales Produktionsprogramm	58/261
Aufgabe IV.28:	Simultane Produktionsprogrammplanung	59/263
Aufgabe IV.29:	Produktionsvollzugsplanung	61/263
Aufgabe IV.30:	Simultane Produktionsvollzugs- und -programmplanung	61/265

Aufgabe IV.31:	Break-even-point	63/272
Aufgabe IV.32:	Erfolgs- und Programmplanung in Mehrproduktunternehmen	63/273
Aufgabe IV.33:	Eigenfertigung und Fremdbezug	64/275
Aufgabe IV.34:	Break-even-Analyse bei stufenweiser Fixkostendeckungsrechnung	65/277
Aufgabe IV.35:	Preisobergrenzen bei Engpässen	66/280
Aufgabe IV.36:	Preisobergrenzen bei Mehrproduktartenfertigung	67/282
Aufgabe IV.37:	Preisgrenzenbestimmung im Falle abbaufähiger Fixkosten	67/283

V. Weiterentwicklungen der Kostenrechnung und des Kostenmanagements ... 68/285

A. Die Prozesskostenrechnung ... 68/285

Aufgabe V.1:	Bezugsgrößenkalkulation und Prozesskostenrechnung	68/285
Aufgabe V.2:	Prozesskostenrechnung	69/287
Aufgabe V.3:	Prozesskostenrechnung	69/289
Aufgabe V.4:	Prozesskostenrechnung	70/289
Aufgabe V.5:	Prozesskostenrechnung	72/292
Aufgabe V.6:	Prozesskostenrechnung	72/292
Aufgabe V.7:	Mindestauftragsgröße	74/295

B. Target Costing und Kostenmanagement ... 75/296

Aufgabe V.8:	Target Costing	75/296
Aufgabe V.9:	Zielkostenspaltung	75/296
Aufgabe V.10:	Zielkostenmanagement	75/297
Aufgabe V.11:	Allowable Costs, Komponenten und Funktionsmethode	75/298
Aufgabe V.12:	Methoden des Kostenmanagements	76/299

VI.	Übungsklausuren	77/301
A.	Übungsklausur 1	77/301
B.	Übungsklausur 2	81/309
C.	Übungsklausur 3	84/315
D.	Übungsklausur 4	87/320
E.	Übungsklausur 5	89/326
F.	Übungsklausur 6	93/332
G.	Übungsklausur 7	97/337
H.	Übungsklausur 8	101/343
I.	Übungsklausur 9	104/347
J.	Übungsklausur 10	107/351

Abkürzungs- und Symbolverzeichnis

a	Ausbringungsgüterartenindex
A	Anzahl der gesamten Ausbringungsgüterarten mit a = 1,2,... A; Matrizenbezeichnung
AB	Anfangsbestand
Abs.	Absatz
a. F.	alte Fassung
AfA	Absetzung(en) für Abnutzung
AG	Aktiengesellschaft
AK	Anschaffungs- (Herstellungs-)kosten
Allg.	allgemeine
a.o.	außerordentlich
B	Matrizenbezeichnung; Beschäftigte
BAB	Betriebsabrechnungsbogen
BEP^m	mengenmäßiger Break-even-point
BEP^w	wertmäßiger Break-even-point
BMF	Bundesministerium für Finanzen
Bsp.	Beispiel
bzw.	beziehungsweise
ΔB	Beschäftigungsabweichung
cand.	candidatus
CAPM	Capital Asset Pricing Model
Co.	Compagnie (Kompanie)
Ct.	Cent
DB	Deckungsbeitrag
DB^p	gesamter Plan-Deckungsbeitrag
db^p	absoluter Plan-Stückdeckungsbeitrag
Db^p_{eng}	engpassbezogener Plan-Stückdeckungsbeitrag
DBV^p	Plan-Deckungsbeitragsvolumen
d.h.	das heißt
e	Netto-Verkaufserlös pro Stück
E	gesamte Netto-Verkaufserlöse
EB	Endbestand

EK	Einzelkosten
eng^p	planmäßige Engpassbelastung (Engpass-Durchlaufzeit) pro Stück
etc.	et cetera
e^p	Plan-Netto-Verkaufserlös pro Stück
E^p	gesamte Plan-Netto-Verkaufserlöse
EStG	Einkommensteuergesetz
EStR	Einkommensteuer-Richtlinien
EUR	Euro (€)
ΔEB	"echte" Beschäftigungsabweichung
f.	folgende (Seite)
F & E	Forschung und Entwicklung
FGK	Fertigungsgemeinkosten
FL	Fertigungslohn
FM	Fertigungsmaterial
g	Stückgewinn
G	Gewinn
G´	Grenzgewinn
GewStG	Gewerbesteuergesetz
ggf.	gegebenenfalls
GmbH	Gesellschaft mit beschränkter Haftung
GK	Gemeinkosten
ΔG	Gesamtabweichung
H	Haben
HiKSt	Hilfskostenstelle
HKSt	Hauptkostenstelle
i^E	Zinssatz für das Eigenkapital
i.d.R.	in der Regel
IAS	International Accounting Standard(s)
IFRS	International Financial Reporting Standards
IT	Informationstechnologie
i.V.m.	in Verbindung mit
jur.	juris
k	Kosten pro Stück

K	Gesamtkosten, Primär- und Sekundärkosten einer Kostenstelle
K'	Grenzkosten
K'_{min}	minimale Grenzkosten
K^A	Kosten der Abweichungsanalyse
K^B	Kosten der Abweichungsbeseitigung
Kf	fixe Kosten
Kfz	Kraftfahrzeug
kg	Kilogramm
KG	Kommanditgesellschaft
KH	gesamte Herstellkosten
k^i	Istkosten pro Bezugsgrößeneinheit
k^l	Leerkosten pro Bezugsgrößeneinheit
k_{min}	minimale Stückkosten pro Bezugsgrößeneinheit
kh	Herstellkosten pro Stück
km	Kilometer
kWh	Kilowattstunde
kf^p	fixe Plankosten pro Bezugsgrößeneinheit
Kf^i	gesamte fixe Ist-(Gemein-)Kosten
Kf^p	gesamte fixe Plan-(Gemein-)Kosten
$K^i(x^i)$	gesamte Ist-(Gemein-)Kosten auf der Basis von Istpreisen
$K^{i*}(x^i)$	gesamte Ist-(Gemein-)Kosten auf der Basis von Planpreisen
K^l	Leerkosten
K^n	Nutzkosten
ko	Opportunitätskosten
KO	Kostenobergrenze eines variablen Einsatzfaktors
KP	Primärkosten einer Kostenstelle
k^p	Plankosten pro Bezugsgrößeneinheit
K^p	gesamte Plankosten
K^P_{SW}	planmäßig anfallende Stilllegungs-, Stillstands- und Wiederanlaufkosten

$K^p(x^p) \cdot \dfrac{x^i}{x^p}$	verrechnete Plan-(Gemein-)Kosten bei Ist-Beschäftigung
$K^p(x^i)$	gesamte Soll-(Gemein-)Kosten [Plan-(Gemein-)Kosten bei Ist-Beschäftigung]
$K^p(x^p)$	gesamte Plan-(Gemein-)Kosten
ks	Selbstkosten pro Stück
KStG	Körperschaftsteuergesetz
kv	variable Kosten pro Stück
kv^p	variable Plankosten pro Stück
Kv^p	gesamte variable Plankosten
KV^p	Plan-(Gemein-)Kostenverrechnungssatz
$Kv^{p*}(x^p)$	gesamte variable Plankosten ohne Kostenanteil des untersuchenden variablen Einsatzfaktors
kv_{min}	minimale variable Kosten pro Stück
KWV	gesamte Verwaltungs- und Vertriebskosten
ΔK	gesamte Kostenabweichung
ΔKf^p_{ab}	während der Stillstandszeit abbaufähige fixe Plankosten
l	Liter
LKW	Lastkraftwagen
Max!	Maximum
ME	Mengeneinheiten
MGK	Materialgemeinkosten
Min.	Minute(n)
n	Kostenstellenindex
N	Anzahl der gesamten Kostenstellen mit n = 1, 2, ..., N
p	Preis pro Einsatzgüterart (Mengeneinheit); Verrechnungspreis einer innerbetrieblichen Leistungseinheit
PC	Personalcomputer
PKW	Personenkraftwagen
p^i	Istpreis pro Mengeneinheit
POG	Preisobergrenze eines variablen Einsatzfaktors
POG_{eng}	engpassbezogene Preisobergrenze eines variablen Einsatzfaktors
p^p	Planpreis pro Mengeneinheit
PUG^e	erfolgsorientierte absolute Preisuntergrenze pro Stück

PUG^e_{eng}	engpassbezogene Preisuntergrenze pro Stück
Δp	Abweichung zwischen Iststück- und Planstückpreis
ΔP	gesamte Preisabweichung
q	Abschreibungsbetrag
R	Richtlinie; Restriktion; Rest- oder Schrottwert
RE	Rechnungseinheit
r^i	Istverzehr pro Mengeneinheit
r^p	Planverzehr pro Mengeneinheit
Δr	Abweichung zwischen Iststück- und Planstückverzehr
RS	rechte Seite des Simplextableaus
S	Soll
S.	Seite
SG	Schlüsselgröße
Si	Sicherheitsgrad
sog.	sogenannt
SolZG	Solidaritätszuschlagsgesetz
St	(Kosten-)Stelle
St.	Stück
Std.	Stunde(n)
t	Periodenindex mit t = 0,1,2,...,T; Tonnen
T	betriebsgewöhnliche Nutzungsdauer
Tsd.	Tausend
u	prozentuale Beschäftigungsvariation
u.a.	unter anderem, und andere
v	Variator
vgl.	vergleiche
VtGK	Vertriebsgemeinkosten
VwGK	Verwaltungsgemeinkosten
Vw&VtGK	Verwaltungs- und Vertriebsgemeinkosten
ΔV	gesamte Verbrauchsabweichung
w	Abschreibungsprozentsatz
wa	Wahrscheinlichkeit, dass einer Abweichung eine kontrollierbare Ursache zugrunde liegt (mit $0 > w \leq 1$)

$\overline{w}a$	kritische Wahrscheinlichkeit
WACC	Weighted Average Cost of Capital
WBW	Wiederbeschaffungswert
x	Beschäftigung; Ausbringungsmenge; Absatzmenge; Matrizenbezeichnung; Leistungsabgabe einer Kostenstelle
x^i	Ist-Beschäftigung
x_k	kritische Produktionsmenge
x^p	Plan-Beschäftigung, Plan-Absatzmenge
x^{po}	Plan-Beschäftigung auf der Basis eines optimalen Produktionsprogramms
x_{pt}	optimale Losgröße
x_{opt}	optimale Produktionsmenge
z	Äquivalenzziffer
z.B.	zum Beispiel
ZE	Zeiteinheiten
zu	Zuschlagssatz
=	gleich
<	kleiner als
>	größer als
≤	kleiner oder gleich, höchstens gleich
≥	größer oder gleich, höchstens gleich
+	plus, und
-	minus, weniger
·	mal
:	geteilt durch, zu
%	Hundertstel, von Hundert, Prozent
()[]{}	runde, eckige, geschweifte Klammer auf, zu
Σ	Summe
Δ	Delta (Veränderungszeichen)
€	Euro (EUR)
§	Paragraphenzeichen
&	und

Erster Teil: Übungen

I. Einführung und Begriffsklärungen

Aufgabe I.1: Kostenlehre

Beschreiben Sie die (allgemeine) Aufgabe der betriebswirtschaftlichen Kostenlehre und unterscheiden Sie deren Teilbereiche.

Aufgabe I.2: Kostenbegriff

Erläutern Sie den wertmäßigen Kostenbegriff und zeigen Sie Unterschiede zum pagatorischen Kostenbegriff auf.

Aufgabe I.3: Kostenbegriff

Kosten werden definiert als

( ) Wert aller verbrauchten Güter und Dienstleistungen einer Rechnungsperiode

( ) Wert des sachzielbezogenen Verzehrs von Gütern und Dienstleistungen einer Rechnungsperiode

( ) Wert aller zugegangenen Güter und Dienstleistungen einer Rechnungsperiode

( ) Wert aller erwirtschafteten Güter und Dienstleistungen einer Rechnungsperiode.

Aufgabe I.4: Begriffe Auszahlung, Ausgabe und Aufwand

Grenzen Sie schrittweise die Begriffe Auszahlung, Ausgabe und Aufwand voneinander ab. Nennen Sie je Schritt ein Beispiel.

Aufgabe I.5: Begriffe Kosten und Aufwand

Zeigen Sie die Abgrenzung von Kosten und Aufwendungen anhand des sogenannten "Schmalenbach-Diagramms" auf.

Aufgabe I.6: Begriffe Auszahlung, Ausgabe, Aufwand und Kosten

Eine Unternehmung kauft im Mai Schmierstoffe für eine Maschine, bezahlt diese im Juni und verbraucht sie betriebsbedingt im August des Jahres. In welchem Monat fallen an.

Auszahlung _____

Ausgabe _____

Aufwand _____

Kosten _____

Aufgabe I.7: Erfolgs- und Vermögensermittlung

Das Rechnungswesen eines industriellen Einzelunternehmens, das nur zwei Jahre (01 und 02) existiert, weist folgende Ein- und Auszahlungen aus:

(1)	02.01.01	Eigenkapitaleinzahlung des Eigners (= Anfangsbestand Eigenkapital)	400.000 €
(2)	03.03.01	Auszahlung für die Beschaffung von Produktionsfaktoren, die sofort verbraucht werden	200.000 €
(3)	04.04.01	Auszahlung von Löhnen und Gehältern für 01	156.000 €
(4)	01.07.01	Auszahlung für die Gewährung eines Darlehens	80.000 €
(5)	07.07.01	Einzahlung von Kunden aus Produktverkäufen	900.000 €
(6)	01.11.01	Einzahlung aufgrund der Aufnahme von Fremdkapital	400.000 €
(7)	11.11.01	Auszahlung der Fremdkapitalzinsen für 01 und 02	42.000 €
(8)	12.12.01	Auszahlung für die Beschaffung von Produktionsfaktoren, die jeweils zur Hälfte in 01 und 02 verbraucht werden	250.000 €
(9)	30.12.01	Mieteinzahlung für den Zeitraum Oktober 01 bis März 02	120.000 €
(10)	02.02.02	Eigenkapitalauszahlung an den Eigner (Entnahme)	100.000 €

(11)	05.06.02	Einzahlung von Zinsen für das gewährte Darlehen für 01 und 02	9.000 €
(12)	07.07.02	Eigenkapitaleinzahlung des Eigners (Einlage)	30.000 €
(13)	08.07.02	Auszahlung von Löhnen und Gehältern für 02	158.000 €
(14)	10.10.02	Einzahlung von Kunden aus Produktverkäufen	140.000 €
(15)	31.12.02	Auszahlung für Fremdkapitaltilgung	400.000 €
(16)	31.12.02	Einzahlung aufgrund des zurückgezahlten Darlehens vom 01.07.01	80.000 €
(17)	30.12.02	Eigenkapitalauszahlung an den Eigner (= Endbestand Eigenkapital)	693.000 €

(a) Ermitteln Sie den Totalerfolg des Unternehmens durch Bestands- und Stromgrößenvergleich auf der Basis von Ein- und Auszahlungen.

(b) Ermitteln Sie den Erfolg für die Jahre 01 und 02 durch Stromgrößenvergleich auf der Basis von Erträgen und Aufwendungen.

(c) Ermitteln Sie den Cash Flow (= Saldo aus Erträgen und Aufwendungen, die in derselben Periode zu Einzahlungen und Auszahlungen geführt haben) für die Jahre 01 und 02.

(d) Ermitteln Sie den Zahlungsmittelbestand zum 31.12.01 und 31.12.02.

Aufgabe I.8: Begriffe Kosten und Aufwand

Gehen Sie von den Aufwendungen aus und entwickeln Sie schrittweise die Kosten. Nennen Sie für jeden Schritt ein Beispiel bezüglich eines typischen Industrieunternehmens.

Aufgabe I.9: Begriffe Leistung und Ertrag

Definieren Sie die Begriffe Leistung und Ertrag.

Aufgabe I.10: Begriffe Kosten und Aufwand

Im Rechnungswesen eines Industrieunternehmens werden folgende Kosten und Aufwendungen für eine Periode erfasst.

Grundkosten:	(1) Rohstoffverbräuche	600.000 €
	(2) Lohnkosten	250.000 €
Anderskosten:	Kalkulatorische Abschreibungen	120.000 €
Zusatzkosten:	Kalkulatorischer Unternehmerlohn	30.000 €
Neutrale Aufwendungen:	(1) Bilanzielle Abschreibungen	180.000 €
	(2) betriebsfremde Aufwendungen (Spenden)	70.000 €

Ermitteln Sie die gesamten Kosten und die gesamten Aufwendungen der Periode.

Aufgabe I.11: Begriffe Leistung und Ertrag

Im Rechnungswesen einer Industrieunternehmung liegen folgende Leistungen und Erträge vor (vgl. Aufgabe I.10 zu deren Kosten und Aufwendungen).

Grundleistungen:	Verkaufserlöse	1.200.000 €
Andersleistungen:	Zuschreibungen auf Produktionsfaktoren bis zu ihrem Marktwert in Höhe von	150.000 €
Zusatzleistungen:	Ansatz einer selbst geschaffenen Marke in der Leistungsrechnung in Höhe von	80.000 €
Neutrale Erträge:	(1) Zuschreibungen auf Produktionsfaktoren bis zu ihren Anschaffungskosten von	100.000 €
	(2) sachzielfremde Erträge (Mieten)	40.000 €

Ermitteln Sie die gesamten Leistungen und die gesamten Erträge der Periode.

Aufgabe I.12: Ermittlung von Ergebnissen

Verwenden Sie die Daten aus den Aufgabe I.10 und Aufgabe I.11 um für die Industrieunternehmung

(a) das Neutrale Ergebnis,

(b) das Kalkulatorische Betriebsergebnis und

(c) das Jahresergebnis

zu ermitteln.

Aufgabe I.13: Kalkulatorische Buchungen im Ein- und Zweikreissystem

Verbuchen Sie für das Industrieunternehmen die einzelnen Beträge der Aufgabe I.10, Aufgabe I.11 und Aufgabe I.12 auf den entsprechenden Bestands-, Erfolgs- und Abschlusskonten unter Zugrundelegung

(a) des Gemeinschaftskontenrahmens der Industrie (GKR) sowie

(b) des Industrie-Kontenrahmens (IKR).

Zusätzlich ist das Neutrale Ergebnis, das Kalkulatorische Betriebsergebnis und das Jahresergebnis der in Rede stehenden Einzelunternehmung buchhalterisch zu erfassen. Gehen Sie davon aus, dass keine Bestandsveränderungen an fertigen und unfertigen Erzeugnissen vorliegen und sämtliche Ansprüche oder Verpflichtungen aus Rechtsgeschäften sofort über das Konto "Kasse" bzw. "Flüssige Mittel" auszubuchen sind.

Aufgabe I.14: Monetärer Grenznutzen

In einem Industrieunternehmen wurden identische Rohstoffe zu folgenden Anschaffungskosten in der Rechnungsperiode 08 erworben:

    01.01.08   10 Stück à 5 €

    10.01.08   5 Stück à 6 €

    15.01.08   7 Stück à 8 €.

(a) Wie hoch ist der monetären Grenznutzen, wenn die Wiederbeschaffungskosten des Rohstoffs am Verbrauchstag (19.01.08)

 (a.a) auf 10 € steigen bzw.

 (a.b) auf 7 € fallen?

(b) Erläutern Sie, wann sich der monetäre Grenznutzen exakt bestimmen lässt.

Aufgabe I.15: **Begriffe Kosten und Aufwand**

Ordnen Sie die folgenden Geschäftsvorfälle eines Industrieunternehmens den folgenden Begriffen - soweit möglich - zu:

(a) Grundkosten

(b) Anderskosten

(c) Zusatzkosten

(d) Zweckaufwand

(e) Neutraler Aufwand.

(1) Verbrauch von Fertigungsmaterial im Wert von 10.000 €.

(2) Als Folge eines Konkurses muss eine Forderung über 2.000 € abgeschrieben werden.

(3) Verbuchung von 4.000 € Kalkulatorischem Unternehmerlohn.

(4) Gewerbesteuernachzahlung über 8.000 €.

(5) Eine gebrauchte Spezialmaschine wird 2.000 € unter ihrem Buchwert verkauft.

(6) Bezahlung der monatlichen Stromrechnung (600 €).

(7) Verrechnung von 3.000 € Kalkulatorischen Abschreibungen auf einen Firmenwagen.

(8) Die unentgeltlich mitarbeitende Ehefrau des Unternehmers bekäme im Falle einer tariflichen Entlohnung 2.500 € ausbezahlt.

(9) An die Kfz-Werkstatt werden 6.000 € überwiesen (5.600 € für die Reparatur eines Unfallschadens an einem Lieferwagen, 400 € für dessen Inspektion).

(10) Geldspende an eine soziale Einrichtung über 1.000 €.

(11) Kauf einer Maschine für 34.000 €.

(12) Überweisung der Fertigungslöhne (72.000 €).

(13) Verrechnung von 4.000 € Abschreibungen auf eine Finanzanlage, die zu Spekulationszwecken angeschafft wurde.

(14) Verrechnung von 3.200 € Eigenkapitalzinsen.

(15) Überweisung einer Tilgungsrate (6.000 €) für ein aufgenommenes Darlehen.

(16) Ein Angestellter überweist 200 € Zinsen für das ihm gewährte Mitarbeiterdarlehen (5.000 €).

II. Grundbegriffe der Kostentheorie

Aufgabe II.1: Beschäftigungsgrad

Die Firma Pött & Pann stellt Kuchenformen her. Pro Fertigungsstunde werden auf der wöchentlich 75 Stunden genutzten Anlage 210 Formen produziert. Die wöchentliche Optimalkapazität (bezogen auf 5 Arbeitstage je Woche) beträgt 30.000 Kuchenformen.

(a) Ermitteln Sie den wöchentlichen Beschäftigungsgrad für das Unternehmen.

(b) Erläutern Sie den Aussagegehalt des Beschäftigungsgrades.

(c) Erörtern Sie die Möglichkeit eines Beschäftigungsgrades von 100% oder höher.

Aufgabe II.2: Fixe und variable Kosten

Unterscheiden Sie die fixen Kosten von den variablen Kosten. Geben Sie jeweils ein Beispiel.

Aufgabe II.3: Nutz- und Leerkosten

Eine nur zu 60% ausgelastete Kostenstelle hat (absolut) fixe Kosten in Höhe von 72.000 €. Ermitteln Sie

(a) rechnerisch und

(b) graphisch

die Nutz- und die Leerkosten.

Aufgabe II.4: Proportionale und variable Kosten

Grenzen Sie proportionale und variable Kosten voneinander ab.

Aufgabe II.5: Typen variabler Kosten

Erklären Sie die folgenden Kostenbegriffe und nennen Sie jeweils Beispiele.

(a) Proportionale Kosten

(b) Progressive Kosten

(c) Degressive Kosten

(d) Regressive Kosten

Aufgabe II.6: Charakteristika von Kostenverläufen

Kennzeichnen Sie durch Ankreuzen die zutreffenden Aussagen bezüglich der Charakteristika

(a) absolutfixer Kosten,

(b) proportionale Kosten und

(c) progressiver Kosten.

Aussage	Absolut-fixe Kosten	Proportio-nale Kosten	Progressive Kosten
Bei Beschäftigungserhöhungen sinken die Stückkosten			
Bei Beschäftigungserhöhungen steigen die Gesamtkosten			
Der Elastizitätskoeffizient ist gleich 1			
Der Elastizitätskoeffizient bleibt konstant			
Das Steigungsmaß entspricht den Stückkosten			

Aufgabe II.7: Grenzkosten

Was ist unter dem Begriff Grenzkosten zu verstehen?

Aufgabe II.8: Grenzkosten

Wann sind Grenzkosten und variable Kosten je Stück identisch?

Aufgabe II.9: Analyse bei linearem Gesamtkostenverlauf

Für eine Fertigungskostenstelle wurde festgestellt, dass folgende Kostenfunktion Gültigkeit besitzt:

$$K = 120.000\ € + 150\ € \cdot x.$$

Während die Ist-Beschäftigung der letzten Periode 500 Stunden betrug, wurde die Plan-Beschäftigung für diesen Abschnitt mit 750 Stunden angesetzt.

Ermitteln Sie für die Fertigungskostenstelle

(a) die gesamten Leerkosten,

(b) die Leerkosten pro Bezugsgrößeneinheit,

(c) die Stückkosten bei Realisierung des Betriebsoptimums und

(d) die Grenzkosten.

Aufgabe II.10: Analyse bei nichtlinearem Kosten- und linearem Erlösverlauf

Eine Kostenanalyse ergibt für ein Einproduktunternehmen die folgende Gesamtkostenfunktion:

$$K = 800\ € + 60\ € \cdot x - 1{,}2\ € \cdot x^2 + 0{,}08\ € \cdot x^3.$$

Die Erlösfunktion lautet: $E = 150\ € \cdot x$.

(a) Ermitteln Sie

 (a.a) das Minimum der Grenzkostenfunktion,

 (a.b) das Betriebsminimum,

 (a.c) das Betriebsoptimum sowie

 (a.d) das Gewinnmaximum.

(b) Stellen Sie eine Wertetabelle auf.

Aufgabe II.11: Mathematische Kostenauflösung

Bestimmen Sie

(a) die Grenzkosten,

(b) die Fixkosten und

(c) die lineare Gesamtkostenfunktion

eines betrieblichen Abrechnungsbereiches, wenn in dieser Kostenstelle bei einer Beschäftigung von 13.000 Stück Kosten in Höhe von 120.000 € anfallen und bei einer Kapazitätsauslastung von 21.000 Stück 160.000 € Kosten gemessen werden.

Aufgabe II.12: Variationen der Faktorqualität

Ein Automobilzulieferer könnte eine für die Fertigung von Kunststoffteilen benötigte Stanzmaschine für den Restbuchwert an ein ausländisches Unternehmen verkaufen. Folgende Daten sind über diese und die dann zu tätigende Ersatzinvestition bekannt.

Alte Maschine:	Restbuchwert	20.000 €
	voraussichtliche Restnutzungsdauer	4 Jahre
	jährliche Wartungskosten	4.200 €
	variable Produktionskosten	8 €/Stück
Neue Maschine:	Anschaffungskosten	110.000 €
	voraussichtliche Nutzungsdauer	10 Jahre
	jährliche Wartungskosten	1.600 €
	variable Produktionskosten	5,50 €/Stück

Bei welcher Produktionsmenge lohnt sich die Ersatzinvestition, wenn unter der Voraussetzung linearer Abschreibung das Unternehmen einen kalkulatorischen Zinsfuß von 8% zugrunde legt und für beide Maschinen kein Schrottwert am Ende der Nutzungsdauer erwartet wird? Erläutern Sie Ihre Lösung.

Aufgabe II.13: Optimale Produktionsmenge

Ein Unternehmen setzt zur Fertigung eines bestimmten Produktes ausschließlich Maschinen vom Typ A und B ein, die nacheinander in Anspruch genommen werden. Bestimmen Sie unter Berücksichtigung der nachstehenden Angaben die optimale Produktionsmenge für dieses Produkt, von dem pro Periode maximal 220 Leistungseinheiten zu einem Preis von 26 € abgesetzt werden können.

Folgende Angaben sind über die beiden Maschinen bekannt.

Daten	Maschine A	Maschine B
Periodenkapazität	40 Stück	100 Stück
fixe Kosten pro Periode	250 €	600 €
proportionale Kosten pro Ausbringungseinheit	8 €	2 €

Aufgabe II.14: Optimale Losgröße

Eine Papierfabrik produziert auf einer Maschine drei verschiedene Papiersorten. Für die nächste Periode ist u.a. eine Produktion von 60.000 t des Recyclingpapiers "Öko-Offset" geplant. Ermitteln Sie die optimale Losgröße dieser Papiersorte, bei deren Produktion Rüstkosten in Höhe von 2.000 € und proportionale Kosten der Lagerhaltung von 60 € je Tonne und Periode anfallen.

Aufgabe II.15: Anpassungsprozesse

Erläutern Sie die Auswirkungen von zeitlichen, quantitativen und intensitätsmäßigen Anpassungsprozessen auf die Kostenstruktur einer Unternehmung.

Aufgabe II.16: Einzel- und Gemeinkosten

Unterscheiden Sie die Einzel- von den Gemeinkosten. Führen Sie jeweils ein Beispiel an.

Aufgabe II.17: Kostenbegriffe, Gewinnschwelle und kostendeckender Umsatz

Ein Gruppe von Studenten publiziert die Zeitschrift "Uni-Echo", die für einen Preis von 5 € verkauft wird. Bei einer Auflage von 2.000 Stück betragen die Kosten 16.000 €, bei einer Auflage von 5.000 Stück 22.000 €. Bestimmen Sie

(a) die Grenzkosten,

(b) die Fixkosten,

(c) die lineare Gesamtkostenfunktion,

(d) die variablen Kosten bei einer Auflage von 6.000 Stück,

(e) den mengenmäßigen Break-even-point und

(f) den kostendeckenden Umsatz.

Aufgabe II.18: Fixe und variable Kosten, Einzel- und Gemeinkosten

Ordnen Sie den nachfolgend aufgeführten Kostenarten in einem Mehrproduktunternehmen dem(n) entsprechenden Kostenbegriff(en) durch Ankreuzen zu:

(1) Dieselkraftstoff für einen Lastwagen

(2) umsatzabhängige Provision für Außendienstmitarbeiter

(3) Fertigungslöhne für Fließbandarbeiter

(4) lineare Zeitabschreibung auf einen Lastwagen

(5) Gehalt des Geschäftsführers

(6) Leistungsabschreibung auf eine Maschine.

	Beschäftigungsvariable Kosten	Beschäftigungsfixe Kosten	Produkt-Einzelkosten	Produkt-Gemeinkosten
(1)				
(2)				
(3)				
(4)				
(5)				
(6)				

Aufgabe II.19: Echte und unechte Gemeinkosten

Unterscheiden Sie echte und unechte Gemeinkosten.

III. Das Instrumentarium der Kostenrechnung

A. Stellung und Funktionen der Kosten- und Leistungsrechnung im System des betrieblichen Rechnungswesens

Aufgabe III.1: Teilbereiche des betrieblichen Rechnungswesens

Nennen und erläutern Sie die Teilbereiche des betrieblichen Rechnungswesens.

Aufgabe III.2: Aufgaben der Kostenrechnung

Erläutern Sie die Aufgaben der Kostenrechnung im Rahmen des Betrieblichen Rechnungswesens.

Aufgabe III.3: Aufgaben der Kostenrechnung

Warum kann die Kostenrechnung eine Liquiditäts- und Investitionsrechnung nicht ersetzen?

Aufgabe III.4: Teilbereiche der Kostenrechnung

Systematisieren und beschreiben Sie die Teilbereiche der Kostenrechnung.

B. Die Teilbereiche der Kostenrechnung

1. Die Kostenartenrechnung

Aufgabe III.5: Kostenarten

Nennen Sie jeweils mindestens zwei Beispiele für die folgenden Kostenarten:

(a) Materialkosten

(b) Personalkosten

(c) Sondereinzelkosten

(d) sonstige Gemeinkosten

(e) Kalkulatorische Kosten.

Aufgabe III.6: Materialkosten

Unterscheiden Sie die folgenden Begriffe:

(a) Waren

(b) Rohstoffe

(c) Hilfsstoffe

(d) Betriebsstoffe

(e) Erzeugnisse

(f) Materialeinzelkosten

(g) Materialgemeinkosten

(h) Gemeinkostenmaterial.

Aufgabe III.7: Ermittlung des Materialverbrauchs

Ein Industrieunternehmen stellte in der vergangenen Periode 30 Stück des Produktes 08/15 und 40 Stück des Produktes 08/16 her. Zur Produktion von 08/15 wurden 20 kg Rohstoff (einschließlich Abfall und unvermeidbarem Ausschuss) pro Stück, für 08/16 hingegen nur 12 kg pro Stück benötigt. Folgende Materialzugänge wurden laut Lagerkartei erfasst.

Datum		Menge
	AB	200 kg
13.02.	Einkauf	400 kg
04.03.	Einkauf	250 kg
10.06.	Einkauf	300 kg
26.10.	Einkauf	100 kg
	EB laut Inventur	120 kg

Die Materialentnahmescheine weisen einen Abgang von 1.100 kg aus. Ermitteln Sie den mengenmäßigen Verbrauch und den Endbestand nach der

(a) Skontrationsmethode,

(b) retrograden Methode und

(c) Befundrechnung.

Stellen Sie die Vor- und Nachteile dieser Verfahren dar.

Aufgabe III.8: Bewertung des Materialverbrauchs

Welche grundsätzlichen Möglichkeiten zur Bewertung des Materialverbrauchs gibt es?

Aufgabe III.9: Bewertung des Materialverbrauchs

Ein Großhändler bittet Sie, den Verbrauch und den Endbestand des Spezialschmierstoffes "Flutsch" zum 31.12. der Periode 03 zu bewerten. Es stehen Ihnen folgende Informationen zur Verfügung.

Bestandsveränderungen	Menge	Preis je Liter
Anfangsbestand am 01.01.03	0 l	
1. Zugang in 03	700 l	16 €
2. Zugang in 03	300 l	22 €
3. Zugang in 03	1.200 l	20 €
Abgang in 03	1.900 l	

(a) Benutzen Sie zur Bewertung des Verbrauchs die folgenden Verfahren:

    (a.a) Durchschnittsmethode,

    (a.b) Last in first out-Methode (Lifo-Methode),

    (a.c) First in first out-Methode (Fifo-Methode),

    (a.d) Highest in first out-Methode (Hifo-Methode) und

    (a.e) Lowest in first out-Methode (Lofo-Methode).

(b) Vergleichen Sie die Ergebnisse und erörtern Sie mögliche Unterschiede. Gehen Sie dabei auch auf Abhängigkeiten zu den gewählten Bewertungsverfahren ein.

Aufgabe III.10:   **Personalkosten**

Unterscheiden Sie die Begriffe

(a) Gehälter

(b) Fertigungslöhne

(c) Hilfslöhne

(d) Zeitlöhne

(e) Akkordlöhne

(f) Prämienlöhne

(g) Sozialkosten.

Aufgabe III.11: Kalkulatorische Abschreibungen

Wie hoch muss der Abschreibungsprozentsatz sein, wenn bei Anwendung des geometrisch-degressiven Abschreibungsverfahrens (Buchwertverfahren) der gesamte kalkulatorische Werteverzehr einer Maschine in der Kostenrechnung auf die Jahre ihrer Nutzung verteilt werden soll und folgende Daten vorliegen?

Anschaffungskosten:	40.000 €
Wiederbeschaffungskosten:	48.000 €
erwarteter Schrottwert:	6.000 €
betriebsgewöhnliche Nutzungsdauer:	8 Jahre

Erstellen Sie unter Verwendung des ermittelten Abschreibungsprozentsatzes den entsprechenden Abschreibungsplan der Maschine für die zugrunde gelegte achtjährige betriebsgewöhnliche Nutzungsdauer.

Aufgabe III.12: Kalkulatorische und buchhalterische Abschreibungen

Für Spezialmaschinen sind folgende Preisindizes gegeben.

Jahr	Index
01	100%
02	103%
03	108%
04	115%
05	121%
06	135%
07	142%
08	150%
09	160%

(a) Zu Beginn des Jahres 03 wurde eine Maschine für 120.000 € erworben. Der Restwert am Ende der vierjährigen Nutzungsdauer wird mit 16.000 € angenommen. Ermitteln Sie den kalkulatorischen Abschreibungssatz nach dem Buchwertverfahren (geometrisch-degressive Methode).

(b) Wie hoch sind die kalkulatorischen Abschreibungen dieser Maschine im Jahr 04?

(c) Diskutieren Sie mögliche Unterschiede zur bilanzsteuerrechtlich zulässigen Buchwertabschreibung.

Aufgabe III.13: **Wiederbeschaffungskosten**

Legen Sie kurz dar, welche Zielsetzungen mit der Bewertung von Materialverbräuchen und der Bewertung von Potentialfaktornutzungen zu Wiederbeschaffungskosten in der Kostenrechnung verfolgt werden.

Aufgabe III.14: **Kalkulatorische und bilanzsteuerliche Abschreibungen**

Die Spedition "Speedy" hat zu Beginn des Jahres 05 einen LKW für 120.000 € erworben. Laut AfA-Tabelle weist dieser eine betriebsgewöhnliche Nutzungsdauer von fünf Jahren auf. Der Betrieb schätzt die voraussichtliche Nutzungsdauer jedoch auf 6 Jahre bei einer angenommenen Fahrleistung von 500.000 km. Bezüglich der Wiederbeschaffungskosten ist mit einer jährlichen Preissteigerungsrate von 10% zu rechnen. Sowohl aus kalkulatorischer als auch aus bilanzieller Sicht soll die lineare Abschreibung Verwendung finden. Mit einem Schrottwert am Ende der Nutzungsdauer ist nicht zu rechnen.

(a) Erstellen Sie den bilanzsteuerlichen Abschreibungsplan für diesen LKW.

(b) Erstellen Sie unter Verfolgung des Ziels der realen Substanzerhaltung des Unternehmensvermögens den kalkulatorischen Abschreibungsplan für den LKW.

(c) Welche Auswirkungen hätten folgende Änderungen des Sachverhalts auf die vorzunehmenden Abschreibungen:

(c.a) Der Wiederbeschaffungswert des LKW beträgt am Ende der Nutzungsdauer im Jahr 10 voraussichtlich 84.000 €.

(c.b) Durch eine Erhöhung der Mineralölsteuer verdoppelt sich der Benzinpreis.

(c.c) Die steuerlich vorgeschriebene betriebsgewöhnliche Nutzungsdauer beträgt 8 Jahre.

Aufgabe III.15: Kalkulatorische Abschreibungen

In Abänderung der vorstehenden Aufgabe wird nun unterstellt, dass sich der Kostenrechner der Firma "Speedy" entschließt, nur Abschreibungen auf die historischen Anschaffungskosten des LKW vorzunehmen, der zu Beginn des ersten Nutzungsjahres beschafft wurde und eine geschätzte Nutzungsdauer von sechs Jahren aufweist. Am Ende des vierten Nutzungsjahres zeigt der Tachometer des LKW 310.000 km an.

(a) Wie hoch ist der kalkulatorische Restbuchwert am Ende des vierten Nutzungsjahres bei Durchführung einer linearen Zeitabschreibung?

(b) Wie hoch wäre der kalkulatorische Restbuchwert, wenn der Wertverzehr des LKW zu 35% zeit- und zu 65% leistungsabhängig erfasst würde?

Aufgabe III.16: Kalkulatorische Abschreibungen und kalkulatorische Zinsen

Zum Beladen ihrer LKW kaufte die Firma "Speedy" Anfang des Geschäftsjahres 04 einen Gabelstapler. Dessen Anschaffungskosten beliefen sich auf 25.000 € und entsprechen den Wiederbeschaffungskosten. Am Ende der achtjährigen Nutzungsdauer wird ein Schrottwert von 1.000 € erwartet. Gewählt wird die lineare Abschreibung. Der kalkulatorische Zinssatz beläuft sich auf 9%.

(a) Ermitteln Sie die jährlich zu berücksichtigenden kalkulatorischen Zinsen nach der Durchschnittsmethode.

(b) Ermitteln Sie die nach der Kombination aus Rest- und Durchschnittsmethode für das Geschäftsjahr 09 anzusetzenden kalkulatorischen Zinsen.

Aufgabe III.17: Kalkulatorische Zinsen und monetärer Grenznutzen

Stellen Sie das theoretische Prinzip der Kostenbewertung nach dem monetären Grenznutzen bezüglich der Wahl des Zinssatzes zur Berechnung der kalkulatorischen Zinskosten dar.

Aufgabe III.18: Kalkulatorische Zinsen und Abzugskapital

Begründen Sie, warum Kundenanzahlungen und Lieferantenkredite als sogenanntes Abzugskapital bei der Ermittlung des betriebsnotwendigen Kapitals vom betriebsnotwendigen Vermögen abgesetzt werden müssen.

Aufgabe III.19: Kalkulatorische Zinsen

Gegeben ist die folgende Schlussbilanz eines Maschinenbauunternehmens.

Aktiva	Schlussbilanz (in €)		Passiva
bebaute Grundstücke	720.000	Eigenkapital	960.000
Maschinen	310.000	Verbindlichkeiten aus Lieferungen	130.000
Beteiligungen	125.000		
Roh-, Hilfs- und Betriebsstoffe	80.000	Bankverbindlichkeiten	640.000
		Kundenanzahlungen	20.000
fertige Erzeugnisse	370.000		
Forderungen	115.000		
Wertpapiere	20.000		
Kasse - Bank	10.000		
	1.750.000		1.750.000

Verwenden Sie die vorstehende Schlussbilanz und die nachfolgend aufgeführten Informationen zur Ermittlung des betriebsnotwendigen Vermögens und der kalkulatorischen Zinsen für das Geschäftsjahr 10, das dem Kalenderjahr entspricht. Gehen Sie dabei von einem kalkulatorischen Zinssatz von 9% aus.

(1) Der Tageswert der betrieblich genutzten Gebäude übersteigt den Buchwert um 40.000 €.

(2) Zum Betriebsvermögen gehören zwei Wohnungen (je 70.000 € Buchwert). Eine ist an unternehmensexterne Personen vermietet (Monatsmiete 720 €), die andere steht leer.

(3) Die Maschinen, deren Marktwerte nicht gestiegen sind, beinhalten infolge von steuerrechtlichen Sonderabschreibungen stille Reserven in Höhe von 30.000 €.

(4) Es sind geringwertige Wirtschaftsgüter von insgesamt 40.000 € nach § 6 Abs. 2 EStG sofort abgeschrieben worden.

(5) Die Beteiligungen dienen dem unternehmerischen Sachziel und erbringen einen Gewinnanteil von 10%. Sie sind zum Tageskurs (gleich Anschaffungskurs) von 250% bilanziert.

(6) Bei den Wertpapieren handelt es sich um spekulativ gehaltene Aktien einer österreichischen Ölfirma, die zum Anschaffungskurs von 70% bewertet wurden.

Ansonsten entsprechen die übrigen Bilanzwerte den kostenrechnerischen Zielsetzungen.

Aufgabe III.20: **Kalkulatorische Zinsen bei wertorientierter Unternehmenssteuerung**

Die wertorientierte Steuerung einer deutschen börsennotierten Aktiengesellschaft erfolgt nach der Weighted Average Cost of Capital-Method (WACC-Methode) unter Berücksichtigung des Capital Asset Pricing-Models mit Steuerungswirkungen (Tax-CAPM). Anhand der nachstehenden Informationen aus dem internen und externen Rechnungswesen sollen die kalkulatorischen Zinsen mittels eines wertorientierten Rechenansatzes bestimmt werden. Diesem soll der durchschnittliche, gewogene und kalkulatorisch adjustierte Kapitalkostensatz zugrunde liegen, da der Vorstand explizit eine Berücksichtigung der Struktur des betriebsnotwendigen Kapitals im Rahmen der Ermittlung der kalkulatorischen Zinsen wünscht. Es gelten folgende Ausgangsdaten.

(1) Eines der Gebäude wird nicht zur Leistungserstellung benötigt (Buchwert: 200.000 T€).

(2) Der Marktwert der betrieblich genutzten Gebäude beträgt 500.000 T€.

(3) Die Maschinen, deren Marktwerde nicht gestiegen sind, beinhalten stille Reserven in Höhe von 75.000 T€.

(4) Geringwertige Wirtschaftgüter wurden in Höhe von 35.000 T€ sofort abgeschrieben.

(5) Die Beteiligungen dienen dem unternehmerischen Sachziel und erbringen einen Gewinnanteil von 10%. Sie sind zum Tageskurs (gleich Anschaffungskurs) von 200% bilanziert.

(6) Die Bewertungen der Roh-, Hilfs- und Betriebsstoffe, die zur Hälfte zu Spekulationszwecken angeschafft wurden, erfolgte zu Anschaffungskosten, welche dem aktuellen Marktwert entsprechen.

Aktiva	verkürzte Schlussbilanz in € zu Buchwerten		Passiva
bebaute Grundstücke	400.000	Eigenkapital	900.000
Maschinen	525.000	Bankverbindlichkeiten	420.000
Beteiligungen	200.000	Kundenanzahlungen	75.000
Roh-, Hilfs- und Betriebsstoffe	110.000	Verbindlichkeiten aus Lieferungen und Leistungen	105.000
fertige Erzeugnisse	125.000		
Forderungen	75.000		
Bank	50.000		
Kasse	15.000		
	1.500.000		1.500.000

Die übrigen Bilanzwerte entsprechen den Zielsetzungen einer marktwertorientierten Kapitalverzinsung. Der zu Bestimmung der kalkulatorischen Zinsen notwendige kalkulatorische Eigenkapitalkostensatz soll für dieses verschuldete Unternehmen unter Berücksichtigung des Tax-CAPM und den nachstehenden Angaben berechnet werden. Der risikolose Zinssatz einer Alternativinvestition beträgt 5%, die erwartete Marktrendite 11,5%, der Betafaktor für das verschuldete Unternehmen 1,45 und als persönlicher Steuersatz ist der Abgeltungssteuersatz zuzüglich des Solidaritätszuschlages ohne Kirchensteuerbelastung zugrunde zu legen. Der Zinssatz für die Aufnahme von Fremdkapital beläuft sich auf 5,25 % und der Hebesatz der Standartgemeinde auf 195 %.

(a) Berechnen Sie den kalkulatorischen Zinssatz nach der WACC-Methode unter Berücksichtigung des Tax-CAPM.

(b) Berechnen Sie die kalkulatorischen Zinsen für die börsennotierte Aktiengesellschaft.

Aufgabe III.21: **Kalkulatorische Wagnisse**

Einem Unternehmer sind folgende Angaben über Umsatz und ausgefallene Forderungen bekannt.

Jahr	Umsatz	Vertriebsausfall
10	320.000 €	13.700 €
11	350.000 €	14.100 €
12	230.000 €	9.200 €
13	310.000 €	15.700 €
14	380.000 €	22.600 €
15	420.000 €	25.200 €

(a) Für das Jahr 16 wird ein Umsatz von 460.000 € erwartet. Errechnen Sie das kalkulatorische Vertriebswagnis und beurteilen Sie Ihr Ergebnis.

(b) Beschreiben Sie Wagnisse, die in der Kostenrechnung berücksichtigt werden. Erklären Sie diese Praxis und zeigen Sie Unterschiede zur Finanzbuchhaltung auf.

Aufgabe III.22: **Opportunitätskosten**

Erläutern Sie die Bedeutung von Opportunitätskosten für kostenrechnerische Entscheidungskalküle.

2. Die Kostenstellenrechnung

Aufgabe III.23: **Kostenstellen**

Unterscheiden Sie

(a) Hauptkostenstellen,

(b) Nebenkostenstellen und

(c) Hilfskostenstellen.

Aufgabe III.24: **Betriebsabrechnungsbogen und innerbetriebliche Leistungsverrechnung**

Ein Maschinenbauunternehmen ist in acht Kostenstellen unterteilt. Für diese wurden für die vergangene Periode 1.700.500 € an Gemeinkosten ermittelt, die sich wie folgt auf die Kostenstellen verteilen:

Allgemeine Hilfsstelle	28.000 €
Fertigungshilfskostenstelle 1	44.000 €
Fertigungshilfskostenstelle 2	19.000 €
Fertigungshauptkostenstelle 1	240.000 €
Fertigungshauptkostenstelle 2	179.000 €
Verwaltungsstelle	341.000 €
Materialstelle	761.000 €
Vertriebsstelle	88.500 €.

(a) Verwenden Sie die gegebenen Informationen zur Erstellung eines Betriebsabrechnungsbogens.

(b) Erläutern Sie die Ziele und den Aufbau eines Betriebsabrechnungsbogens.

(c) Ermitteln Sie die Gemeinkosten der Hauptkostenstellen. Beachten Sie dabei die folgenden Hinweise:

- Die Kosten der Allgemeinen Hilfsstelle entfallen zu gleichen Teilen auf die übrigen Kostenstellen.
- Die Leistungen der Fertigungshilfskostenstelle 1 sind im Verhältnis 5:3 auf die Hauptkostenstellen 1 und 2 zu verteilen.
- Die Fertigungshilfskostenstelle 2 erbringt ausschließlich Leistungen für die Hauptkostenstelle 2.

Aufgabe III.25: Innerbetriebliche Leistungsverrechnung

Für die Produktion der Aluwerke-Süd werden auf dem Betriebsgelände ein Elektrizitätswerk und ein Wasserwerk als Vorkostenstellen betrieben. Deren primäre Kosten und Leistungsabgaben gehen aus folgender Aufstellung hervor.

Daten	Elektrizitätswerk	Wasserwerk
primäre Kosten	31.000 €	43.470 €
Bezugsgrößen	124.100 kWh	290.400 l
Leistungsabgabe an:		
• Elektrizitätswerk	100 kWh	0 l
• Wasserwerk	23.184 kWh	600 l
• Endkostenstelle A	79.816 kWh	224.800 l
• Endkostenstelle B	21.000 kWh	65.000 l

(a) Erläutern Sie, warum innerbetriebliche Leistungsverrechnungen vorgenommen werden.

(b) Ermitteln Sie bei den Aluwerken-Süd die Verrechnungspreise für die innerbetriebliche Leistungsverteilung mit Hilfe des Block- bzw. Anbauverfahren.

(c) Führen Sie bei den Aluwerken-Süd eine innerbetriebliche Leistungsverrechnung mit Hilfe des Treppen- bzw. Stufenleiterverfahrens durch.

(d) Führen Sie bei den Aluwerken-Süd eine innerbetriebliche Leistungsverrechnung mit Hilfe des Gleichungs- bzw. des mathematischen Verfahrens durch.

(e) Beurteilen Sie die Ergebnisse.

Aufgabe III.26: Innerbetriebliche Leistungsverrechnung

In einem Unternehmen mit vier Kostenstellen liegen für die vergangene Periode folgende Angaben vor.

Hilfskostenstelle A	
primäre Kosten	48.000 €
produzierte Leistungseinheiten	66.000 Stück
davon für Hilfskostenstelle B	1.000 Stück
davon für Hauptkostenstelle L	13.000 Stück
davon für Hauptkostenstelle M	50.000 Stück

Hilfskostenstelle B	
primäre Kosten	95.000 €
produzierte Leistungseinheiten	25.000 Stück
davon für Hilfskostenstelle A	4.000 Stück
davon für Hauptkostenstelle L	15.000 Stück
davon für Hauptkostenstelle M	5.000 Stück

Hauptkostenstelle L	
primäre Kosten	100.000 €

Hauptkostenstelle M	
primäre Kosten	100.000 €

(a) Ermitteln Sie die Gesamtkosten der Hauptkostenstellen L und M nach dem Treppenverfahren.

(b) Ermitteln Sie die Gesamtkosten der Hauptkostenstellen L und M nach dem Gleichungsverfahren.

(c) Diskutieren Sie die Ergebnisse.

Aufgabe III.27: **Innerbetriebliche Leistungsverrechnung**

Die nachstehende Tabelle zeigt eine Matrix, die für ein Unternehmen die innerbetrieblichen wechselseitigen Leistungsbeziehungen der Hilfs- und Hauptkostenstellen wiedergibt.

von Stelle an Stelle	Hilfskostenstellen			Hauptkostenstellen			Summe
	St_1	St_2	St_3	St_4	St_5	St_6	
St_1	1/20	1/5	1/10	0	1/10	1/20	0,5
St_2	1/4	1/10	0	1/20	1/10	1/10	0,6
St_3	2/5	0	1/5	0	0	1/4	0,85
St_4	0	2/5	1/5	0	1/20	1/10	0,75
St_5	1/10	1/5	1/4	1/10	0	1/20	0,7
St_6	1/5	1/10	1/4	0	1/20	0	0,6
S	1	1	1	0,15	0,3	0,55	4

An primären Kosten sind folgende Beträge angefallen:

St_1 = 150.000 €; St_4 = 750.000 €

St_2 = 200.000 €; St_5 = 1.200.000 €

St_3 = 450.000 €; St_6 = 2.500.000 €.

Nehmen Sie eine innerbetriebliche Leistungsverrechnung nach dem Kostenstellenausgleichverfahren vor.

3. Die Kostenträgerstückrechnung

Aufgabe III.28: Fertigungstypen

Ordnen Sie die folgenden Produktionsarten den Begriffen Massenfertigung, Sortenfertigung, Serienfertigung und Einzelfertigung zu.

(a) Produktion von Limonaden

(b) Produktion von Strom

(c) Produktion von Passagierschiffen

(d) Produktion von Mineralwasser

(e) Produktion von Mittelklasse-PKWs

(f) Produktion von Smartphones

(g) Produktion von Bier.

Aufgabe III.29: Einstufige Divisionskalkulation

Ein Freizeit-Winzer produzierte und verkaufte im letzten Jahr 6.000 Liter Wein. Seine gesamten Kosten beliefen sich auf 9.000 €.

(a) Ermitteln Sie die Kosten für eine Flasche Wein (à 1 Liter).

(b) Erläutern Sie, unter welchen Voraussetzungen eine einstufige Divisionskalkulation angewendet werden kann.

Aufgabe III.30: Mehrstufige Divisionskalkulation

Die Firma Plasto-Press stellt drei verschiedene Erzeugnisse aus Kunststoff her. Die folgenden Angaben sind für das Jahr 08 bekannt.

Erzeugnisarten	Eimer	Gießkannen	Schüsseln
Herstellkosten	309.000 €	177.500 €	92.000 €
Kosten für Verwaltung & Vertrieb	76.000 €	20.700 €	23.000 €
Lagerbestand am 1.01.08	0 Stück	0 Stück	0 Stück
Produktion in 08	412.000 Stück	71.000 Stück	230.000 Stück
Lagerendbestand am 31.12.08	32.000 Stück	2.000 Stück	0 Stück

Ermitteln Sie für diese Erzeugnisse

(a) die Herstellkosten pro Stück und

(b) die Selbstkosten pro Stück.

Aufgabe III.31: Mehrstufige Divisionskalkulation

Ein Industriebetrieb hat während einer Abrechnungsperiode 450 Stück seiner homogenen Erzeugnisse abgesetzt. Die Erzeugnisse durchlaufen nacheinander drei Fertigungsstufen und werden nach jeder Fertigungsstufe auf ein Zwischenlager genommen. Die Bestände der Zwischenlager haben sich wie folgt entwickelt.

Lagerungsprozesse	Lagerbestand am Anfang der Periode	Lagerbestand am Ende der Periode
Lager nach Fertigungsstufe I	100 Stück	180 Stück
Lager nach Fertigungsstufe II	100 Stück	100 Stück
Lager nach Fertigungsstufe III	200 Stück	150 Stück

In den einzelnen Fertigungsstufen sind nachstehende Kosten entstanden:

Fertigungsstufe I	5.280 €
Fertigungsstufe II	5.400 €
Fertigungsstufe III	6.000 €.

Ferner wurden 3.375 € Verwaltungs- und Vertriebskosten in der Abrechnungsperiode gemessen, die den abgesetzten Erzeugnissen angelastet werden.

Ermitteln Sie die Herstellkosten pro Stück und die Selbstkosten pro Stück.

Aufgabe III.32:   Äquivalenzziffernrechnung

In einem Chemie-Unternehmen fielen in der vergangenen Periode Herstellkosten in Höhe von 1.556.100 € an. Produziert wurden die Schmierstoffe S1, S2, S3 und S4, wobei S1 in der Herstellung 20% aufwendiger als S2 und S3 wiederum 10% aufwendiger als S2 ist. S1 verursacht schließlich doppelt so hohe Kosten wie S4. Folgende Mengen wurden hergestellt:

S1	28.000 l
S2	74.000 l
S3	37.000 l
S4	41.000 l.

Ermitteln Sie für die vier Schmierstoff-Sorten die jeweiligen Herstellkosten pro Liter.

Aufgabe III.33:   Äquivalenzziffernrechnung

Die Firma Tidi-Textil stellt Pudelmützen in verschiedenen Qualitäten her. Die Herstellkosten belaufen sich auf 88.350 € monatlich. Ermitteln Sie unter Berücksichtigung der in der nachfolgenden Tabelle angegebenen Äquivalenzziffern und monatlichen Produktionsmengen die Herstellkosten der fünf produzierten Sorten.

III. Das Instrumentarium der Kostenrechnung 31

Sorte (a)	Äquivalenzziffern (z_a)	Produktionsmenge (x_a)
a = 1 Cotton-Standard	1,0	4.200 Stück
a = 2 Cotton-Luxus	1,3	900 Stück
a = 3 Cashmere	2,1	1.300 Stück
a = 4 Plastofit	0,6	2.500 Stück
a = 5 Sympatex	1,5	3.100 Stück

Aufgabe III.34: Zuschlagskalkulation und innerbetriebliche Leistungsverrechnung

Die Firma SH-Computersysteme bietet ihren Kunden neben selbst gefertigten Datenbankservern als Service eine qualifizierte Schulung und Beratung an. Gegeben sind die folgenden Informationen.

Kostenstellen	Allg. HiKSt	Hauptkostenstellen		
Kosten/Bezugsgrößen	PKW	Service	Fertigung	Verwaltung & Vertrieb
primäre Kosten	16.000 €	82.000 €	414.920 €	105.130 €
Bezugsgrößen	40.000 km	2.000 Std.	240 Stück	KH des Absatzes
Umlage von				
– PKW		30.000 km	8.000 km	2.000 km
– Service			40 Std.	190 Std.
– Fertigung				5 Stück
Absatzleistung		1.770 Std.	235 Stück	
Umlage von				
– Pkw				
– Service				
– Fertigung				
Gesamtkosten				
Kalkulationssätze				

(a) Berechnen Sie die Kalkulationssätze nach dem Treppenverfahren.

(b) Ermitteln Sie anhand der von Ihnen berechneten Kalkulationssätze mit Hilfe der Zuschlagsrechnung und unter Berücksichtigung eines Gewinnaufschlags von 40% den Nettopreis für

(b.a) eine Servicestunde (Schulung und Beratung) und

(b.b) einen Datenbankserver.

Aufgabe III.35: Zuschlagskalkulation

Ermitteln Sie nach dem Schema der differenzierenden Zuschlagskalkulation die Selbstkosten und den Netto-Angebotspreis für einen Kostenträger, dem 500 € Materialeinzelkosten und 400 € Fertigungseinzelkosten direkt zugerechnet werden. Folgende Zuschlagssätze sind gegeben:

        20%   Materialgemeinkosten

       150%   Fertigungsgemeinkosten

        25%   Verwaltungs- und Vertriebsgemeinkosten.

Weiterhin ist zu berücksichtigen, dass pro Stück ein Gewinn von 700 € erwirtschaftet werden soll und durchschnittlich ein 10%iger Rabatt auf den Netto-Angebotspreis gewährt wird.

Aufgabe III.36: Zuschlagskalkulation

In Aufgabe III.24 auf S. 24 wurde für ein Maschinenbauunternehmen eine innerbetriebliche Leistungsverrechnung durchgeführt. Die Gemeinkosten in Höhe von 1.700.500 € konnten den 5 Hauptkostenstellen wie folgt zugerechnet werden.

Kosten-stellen	Fertigungshaupt-kostenstellen		Material-stelle	Verwaltungs-stelle	Vertriebs-stelle
	1	2			
Gemein-kosten	274.000 €	224.000 €	765.000 €	345.000 €	92.500 €

Weiterhin wurden die nachstehenden Einzelkosten erfasst:

Fertigungsmaterial	1.912.500 €
Fertigungslohn	199.200 €
Sondereinzelkosten der Fertigung	625.300 €.

Ein skandinavischer Kunde bestellt 600 Stück eines technischen Spezialgerätes, dem pro Stück 420 € an Fertigungsmaterial und 380 € an Fertigungslohn zugerechnet werden können. Für den Auftrag fallen Sondereinzelkosten der Fertigung in Höhe von 49.200 € an.

Kalkulieren Sie den 20% Umsatzsteuer und einen Gewinnaufschlag von 12% enthaltenden Brutto-Angebotspreis für ein Spezialgerät.

Aufgabe III.37: Zuschlagskalkulation

Welche Gründe sind dafür verantwortlich, dass die traditionelle elektive Zuschlagskalkulation zunehmend an Bedeutung verliert?

Aufgabe III.38: Retrograde Zuschlagskalkulation

Die Werner GmbH hat ein elektronisches Gerät entwickelt, das am Markt voraussichtlich für 540 € (inkl. 20% Umsatzsteuer) absetzbar sein wird. Wie hoch dürfen die Materialeinzelkosten höchstens sein, wenn mit einem Stückgewinn von 85 € kalkuliert wird und Fertigungslohneinzelkosten pro Stück von 40,00 € anfallen? Gehen Sie bei Ihrer Kalkulation von folgenden Normal-Zuschlagssätzen aus:

Fertigungsgemeinkostenzuschlagssatz	150 %
Materialgemeinkostenzuschlagssatz	20 %
Verwaltungsgemeinkostenzuschlagssatz	15 %
Vertriebsgemeinkostenzuschlagssatz	10 %

Aufgabe III.39: Kuppelkalkulation

Bei der Produktion von Haupterzeugnis A fallen neben Kosten von 4.300 € pro Periode auch noch Kuppelprodukt B an. Damit das Nebenerzeugnis ebenfalls marktfähig wird, müssen nach der Spaltung weitere 1.200 € an Folgekosten pro Periode aufgewendet werden. Die Verkaufserlöse für Produkt B belaufen sich auf 2.900 €. Ermitteln Sie die Kosten für Erzeugnis A nach der Restwertmethode.

Aufgabe III.40: **Kalkulation mit Maschinenstundensätzen, kalkulatorische Abschreibungen, kalkulatorische Zinsen und Verrechnung von Gemeinkosten**

Die Formo-Fit AG hat für 197.000 € eine linear abzuschreibende Stanzmaschine erworben, deren Schrottwert am Ende der geplanten 8jährigen Nutzungsdauer mit 9.000 € angenommen wird. Der Stromverbrauch der Maschine, die jährlich 3.200 Stunden eingesetzt werden soll, beträgt 5 kW pro Stunde, wobei die kWh mit 0,15 € veranschlagt wird. Die Platzkosten belaufen sich auf monatlich 600 €. Weiterhin können der Maschine pro Jahr 3.000 € Wartungskosten und 4.690 € sonstige Kosten zugerechnet werden. Zur Ermittlung der kalkulatorischen Zinsen wird ein Zinssatz von 7% zugrunde gelegt.

(a) Errechnen Sie den für ein Jahr maßgebenden Stundensatz der Maschine.

(b) Erörtern Sie den Nutzen der Maschinenstundensatzkalkulation für die Kostenrechnung. Diskutieren Sie ferner mögliche Alternativen.

4. Die Kurzfristige Erfolgsrechnung

Aufgabe III.41: Kurzfristige Erfolgsrechnung und handelsrechtlicher Jahresabschluss

Warum sind wirksame kurzfristige Erfolgskontrollen nur mit einer Kostenträgerzeitrechnung und nicht mit der handelsrechtlichen Gewinn- und Verlustrechnung durchzuführen?

Aufgabe III.42: Verwaltungsgemeinkosten

Skizzieren Sie kurz die unterschiedliche Behandlung der Verwaltungsgemeinkosten in der Kurzfristigen Erfolgsrechnung sowie in der bilanzrechtlichen Gewinn- und Verlustrechnung.

Aufgabe III.43: Herstell-, Herstellungskosten und Zuschlagskalkulation

Bei der Herstellung eines Arzneimittels in Packungen zu je 500 Pillen fallen folgende Einzelkosten pro Packung an:

(1)	Materialkosten	2,50 €
(2)	Fertigungslöhne in der Fertigungsstelle "Aufbereitung"	10,00 €
(3)	Sondereinzelkosten der Fertigung	0,75 €
(4)	Sondereinzelkosten des Vertriebes (Verpackungsmaterial)	1,00 €.

Für die Verrechnung der anteiligen Gemeinkosten gelten folgende Zuschlagssätze und Bezugsgrößen:

(1)	Materialgemeinkosten	fix 10% der Materialeinzelkosten
(2)	Fertigungsgemeinkosten der Fertigungsstelle "Aufbereitung"	fix 50% der Fertigungslöhne variabel 50% der Fertigungslöhne
(3)	Fertigungsgemeinkosten der Fertigungsstelle "Pillenherstellung" (Maschinenstunden-Verrechnungssatz = 0,2 Std./Packung)	variabel 100 €/Std. fix 50 €/Std.
(4)	Forschungs- und Entwicklungsgemeinkosten	fix 15% der gesamten Fertigungskosten der Fertigungsstellen "Aufbereitung" und "Pillenherstellung"
(5)	Verwaltungsgemeinkosten	fix 4% der Herstellkosten

(6)　Vertriebsgemeinkosten.　　　　　　　　　　fix 9% der Herstellkosten.

Ermitteln Sie die Herstell- und Selbstkosten der Kostenrechnung sowie die mindestens ansetzbaren Herstellungskosten nach Handels- und Steuerrecht für eine Packung zu je 500 Pillen des Arzneimittels.

Aufgabe III.44: Umsatzkostenverfahren, Vergleich Voll- und Teilkostenrechnung

(a) Ermitteln Sie unter Zugrundelegung der schon vermerkten Beträge auf den folgenden Konten buchhalterisch das kostenrechnerische Betriebsergebnis nach dem Umsatzkostenverfahren. Berücksichtigen Sie, dass in den Gesamtkosten Verwaltungs- und Vertriebskosten in Höhe von 25.000 € enthalten sind und die Zugänge mit den vollen (fixen und variablen) Herstellkosten bewertet werden sollen.

S	Kostenartenkonten		H
	100.000 €		

S	Fertige Erzeugnisse		H
AB	300.000 €	EB	250.000 €

S	Verkaufserlöse		H
			180.000 €

S	Betriebsergebniskonto		H

(b) Würde sich das Betriebsergebnis ändern, wenn die Bestände und Zugänge der Rechnungsperiode lediglich mit variablen Herstellkosten zur Bewertung gekommen wären?

Aufgabe III.45: **Kalkulation, Gesamtkosten- und Umsatzkostenverfahren**

In einem Unternehmen mit Einproduktartenfertigung sind Periodenkosten von 1.000.000 € entstanden. Davon entfielen 100.000 € auf die Vertriebskosten.

Folgende Erzeugnisbewegungen wurden vorgenommen:

AB	5.000 Stück à 70 €
Zugänge = Produktionsmenge	10.000 Stück
EB (ausschließlich aus Zugängen)	6.000 Stück
Verkäufe	9.000 Stück à 200 €.

(a) Ermitteln Sie die Herstellkosten pro Stück (k_h) der Produktionsperiode.

(b) Ermitteln Sie das Betriebsergebnis nach dem Gesamtkostenverfahren auf den folgenden Konten.

S	Kostenartenkonten	H

S	Fertige Erzeugnisse	H

S	Bestandsveränderungen	H

S	Verkaufserlöse	H

S	Betriebsergebniskonto	H

(c) Ermitteln Sie das Betriebsergebnis nach dem Umsatzkostenverfahren auf den folgenden Konten.

S	Kostenartenkonten	H

S	Fertige Erzeugnisse	H

S	Verkaufserlöse	H

S	Betriebsergebniskonto	H

(d) Welche Beträge enthalten jeweils das Konto Fertige Erzeugnisse und das Betriebsergebniskonto nach dem Gesamtkosten- und dem Umsatzkostenverfahren bei einem Umsatz von 0?

Aufgabe III.46: Gesamtkosten-, Umsatzkostenverfahren und Zuschlagskalkulation

Die Zahlen der Betriebsbuchhaltung eines Produktionsunternehmens, das drei unterschiedliche Produkte (A, B, C) herstellt, sind für den Monat Mai (Periode 05) bereits unter Berücksichtigung des aufgestellten Betriebsabrechnungsbogens (BAB 05) wie folgt gegliedert.

	Fertigungsmaterial	100.000 €
+	Materialgemeinkosten laut BAB 05	60.000 €
+	Fertigungslohn	160.000 €
+	Fertigungsgemeinkosten laut BAB 05	240.000 €
=	Herstellkosten der Periode 05	560.000 €
+	Verwaltungsgemeinkosten laut BAB 05	114.820 €
+	Vertriebsgemeinkosten laut BAB 05	28.705 €
=	Selbstkosten der Periode 05	703.525 €

Die folgende Tabelle gibt Auskunft über die Erzeugnisbewegungen, die Herstellkosten pro Stück des Anfangsbestands (kh/AB) und die Netto-Verkaufserlöse pro Stück der Abgänge (e/Abgänge).

Produkte	AB in Stück	kh/AB in €	Zugänge in Stück	Abgänge in Stück	e/Abgänge in €	EB in Stück
A	400	250	600	700	400	300
B	500	110	1.400	1.000	120	900
C	200	370	700	800	480	100

Das Unternehmen geht bei der Verbrauchsreihenfolge nach der First in First out-Methode vor: Die auf Lager befindlichen Erzeugnisse werden stets zuerst verkauft.

Während das Fertigungsmaterial der Produkte A, B und C sich auf 50 €, 20 € und 60 € beläuft, betragen die Fertigungslöhne pro Stück 80 €, 30 € und 100 €.

(a) Ermitteln Sie die Herstellkosten der Produkte A, B und C.

(b) Führen Sie eine Kurzfristige Erfolgsrechnung (auf Vollkostenbasis) nach dem Gesamtkostenverfahren durch.

(c) Erstellen Sie dafür ein Kostenträgerzeitblatt.

(d) Führen Sie eine Kurzfristige Erfolgsrechnung (auf Vollkostenbasis) nach dem Umsatzkostenverfahren durch.

(e) Führen Sie die Kurzfristige Erfolgsrechnung für beide Verfahren in buchhalterischer Form durch.

Aufgabe III.47: **Gesamtkostenverfahren und Zuschlagskalkulation**

Die Zahlen der Betriebsbuchhaltung eines Produktionsunternehmens, das zwei unterschiedliche Produkte (A und B) herstellt, sind für den Monat Juni wie folgt gegliedert.

	Fertigungsmaterial	100.000 €
+	Materialgemeinkosten	50.000 €
+	Fertigungslöhne	150.000 €
+	Fertigungsgemeinkosten	300.000 €
=	Herstellkosten Juni	600.000 €
+	Verwaltungsgemeinkosten	87.600 €
+	Vertriebsgemeinkosten	46.720 €
=	Selbstkosten Juni	734.320 €

Die folgende Tabelle gibt Auskunft über die Erzeugnisbewegungen, die Herstellkosten pro Stück des Anfangsbestandes (kh/AB) und die Netto-Verkaufserlöse pro Stück der Abgänge (e/Abgänge).

Produkte	AB in Stück	kh/AB in €	Zugänge in Stück	Abgänge in Stück	e/Abgänge in €	EB in Stück
A	500	320	900	1.000	450	400
B	600	150	2.300	1.900	140	1.000

Die auf Lager befindlichen Erzeugnisse werden im Unternehmen stets zuletzt veräußert (Last in First out-Methode).

Während das Fertigungsmaterial der Produkte A und B sich auf 60 €/Stück und 20 €/ Stück beläuft, betragen die Fertigungslöhne pro Stück 90 € und 30 €.

(a) Ermitteln Sie die Herstellkosten der Produkte A und B mit Hilfe der elektiven Zuschlagskalkulation.

(b) Führen Sie die Kurzfristige Erfolgsrechnung (auf Vollkostenbasis) nach dem Gesamtkostenverfahren in tabellarischer Form durch.

(c) Erstellen Sie für diesen Zweck ein Kostenträgerzeitblatt.

IV. Systeme der Kostenrechnung

A. Systeme auf der Basis von Vollkosten

Aufgabe IV.1: Systeme der Kostenrechnung

Nennen Sie die wichtigsten Mängel einer Istkostenrechnung, die dazu geführt haben, das innerbetriebliche Rechnungswesen zunächst zu einer Normalkostenrechnung und dann zu einer flexiblen Plankostenrechnung auf Voll- und Teilkostenbasis weiterzuentwickeln.

Aufgabe IV.2: Normalkostenrechnung

Die Ist-Gemeinkosten einer Materialkostenstelle beliefen sich im vergangenen Jahr auf 230.000 €. Der Ist-Zuschlagssatz liegt bei 8%, der Normal-Zuschlagssatz bei 6%. Wie hoch ist die Über- bzw. Unterdeckung?

Aufgabe IV.3: Ist-, Normalkostenrechnung und Zuschlagskalkulation

Leider liegen von der Schludel GmbH für das vergangene Geschäftsjahr nur unvollständige Angaben über die Ist- und Normalkostenzuschläge vor.

(a) Vervollständigen Sie die nachfolgende Übersicht.

(b) Welche Auswirkungen haben die Differenzen zwischen Ist- und Normalkosten auf die Selbstkosten eines Produktes, dem 100 € an Ist-Einzelmaterial- und 200 € an Ist-Einzellohnkosten zugerechnet werden können?

Kosten, Zuschlagssätze und Abweichungen	Hauptkostenstellen		
	Material	Fertigung	Verwaltung & Vertrieb
Ist- Einzelkosten	80.000 €	120.000 €	---
Ist-Gemeinkosten	20.000 €	60.000 €	35.000 €
Ist-Zuschlagssatz			
Normal-Gemeinkosten			
Normal-Zuschlagssatz	20%	70%	10%
Unterdeckung (-)			
Überdeckung (+)			

Aufgabe IV.4: Starre Plankostenrechnung

In einem Industrieunternehmen wird eine Fertigungsmaschine als eigenständige Kostenstelle geführt. Grundlage der Kostenplanung für den Monat März sind folgende Gemeinkostenarten:

Materialkosten	40.000 €
Lohnkosten	12.000 €
Gehaltskosten	5.000 €
sonstige Personalkosten	16.000 €
Platzkosten	2.000 €
kalkulatorische Abschreibungen	2.500 €
kalkulatorische Zinsen	800 €
sonstige Kosten	4.200 €.

(a) Ermitteln Sie den Plan-Gemeinkostenverrechnungssatz für die geplante Beschäftigung von 330 Stunden.

(b) Am Ende des Monats wird eine Ist-Maschinenlaufzeit von 220 Stunden errechnet. Die Ist-Gemeinkosten belaufen sich auf 74.000 €. Führen Sie graphisch und rechnerisch eine Abweichungsanalyse durch und beurteilen Sie deren Ergebnisse.

Aufgabe IV.5:   **Flexible Plankostenrechnung**

Benennen Sie die in der folgenden Abbildung durch Ziffern gekennzeichneten Größen mit den in der flexiblen Plankostenrechnung üblichen Bezeichnungen.

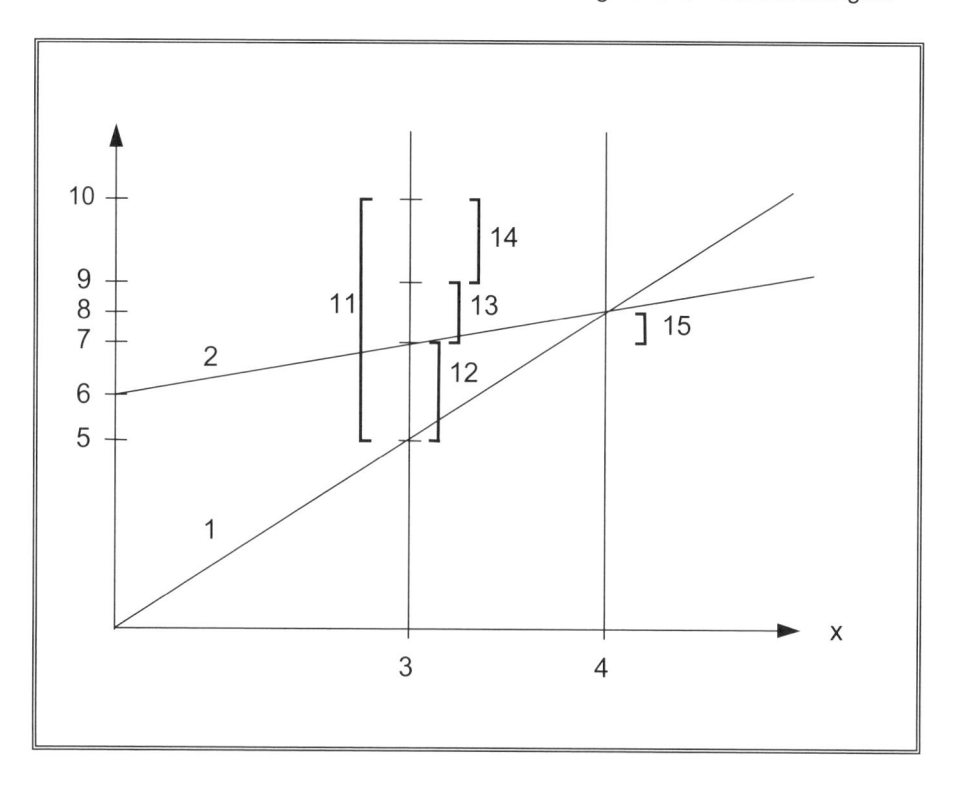

Aufgabe IV.6:   **Flexible Plankostenrechnung**

Für die Kostenstelle 341 wurden für eine Plan-Beschäftigung von 400 Stück Plankosten von 60.000 € ermittelt, die zu 50% fixen Charakter tragen. Die Istkosten auf der Basis von Planpreisen in Höhe von 72.000 € ergaben sich bei einer Ist-Beschäftigung von 500 Stück.

(a)   Ermitteln Sie rechnerisch

     (a.a)   die Verbrauchsabweichung,

     (a.b)   die Beschäftigungsabweichung,

(a.c) die "echte" Beschäftigungsabweichung und

(a.d) die Gesamtabweichung.

(b) Erörtern Sie mögliche Gründe dieser Abweichungen und deren Aussagewert.

(c) Legen Sie dar, wann negative Beschäftigungsabweichungen im Rahmen der Flexiblen Plankostenrechnung bei der Kostenkontrolle auftreten können.

Aufgabe IV.7: Flexible Plankostenrechnung

Für die Fertigungshauptstelle eines Maschinenbaubetriebes, der mit einer flexiblen Plankostenrechnung auf Vollkostenbasis arbeitet, wurde in der soeben beendeten Rechnungsperiode eine Plan-Beschäftigung von 8.000 Stück erwartet. Auf dieser Grundlage und unter Berücksichtigung von 26.000 € Plan-Fixkosten (= Ist-Fixkosten) ergab sich ein Plan-Kostenverrechnungssatz auf Vollkostenbasis von 7 €/Stück. Nach Abschluss der Rechnungsperiode wurden 80.000 € Ist-Gesamtkosten bei einer Ist-Beschäftigung von 12.000 Stück gemessen. Die Istkosten sind auf der Grundlage von Planpreisen ermittelt worden. Ermitteln Sie analytisch und graphisch

(a) die Verbrauchsabweichung,

(b) die Beschäftigungsabweichung und

(c) die "echte" Beschäftigungsabweichung.

Aufgabe IV.8: Auswertung von Abweichungen

Für den Controller eines Industrieunternehmens bieten sich zwei Strategien zur Auswertung einer Kostenabweichung an, der eine kontrollierbare und eine unkontrollierbare Entstehungsursache zugrunde liegen kann. Während die erste Auswertungsstrategie „Analyse und Beseitigung der Abweichung" lautet, bezieht sich die zweite Auswertungsstrategie auf „Unterlassung" dieser Handlungen. Als Entscheidungshilfen liegen folgende Plangrößen vor.

K^A	(Kosten der Abweichungsanalyse)	= 3.300 €
K^B	(Kosten der Abweichungsbeseitigung)	= 9.000 €
ko	(Opportunitätskosten, die bei Nichtbeseitigung der kontrollierbaren Abweichungsursachen anfallen)	= 12.000 €

wa (noch offene Wahrscheinlichkeit, dass der Abweichung eine kontrollierbare Ursache zugrunde liegt)

(a) Welche Vorgehensweise würden Sie dem Controller bezüglich der Auswertungsstrategie empfehlen? Begründen Sie Ihren Vorschlag.

(b) Würde sich an Ihrer Empfehlung etwas ändern, wenn unter sonst gleichen Bedingungen die Opportunitätskosten, die bei Nichtbeseitigung der kontrollierbaren Abweichungsursachen anfallen, voraussichtlich 15.000 € betragen?

Aufgabe IV.9: Einfache kumulative Abweichungsanalyse

Die Chemopaint GmbH & Co. KG plant für das II. Quartal des Geschäftsjahres 08 die Erstellung von 250 Generatoren. Diese erhalten eine Spezialbeschichtung, deren Kosten mit Hilfe der nachfolgenden Daten geplant werden sollen.

Materialpreis	5 €/kg
Materialverbrauch (proportional)	8 kg/Generator
sonstige Kosten (fix)	6.000 €/Quartal

Die Ist-Beschäftigung beträgt im II. Quartal 200 Generatoren. Die gesamten Istkosten für die Spezialbeschichtung belaufen sich bei einem Materialpreis von 6,50 €/kg und einem Materialverbrauch (proportional) von 9 kg/Generator auf 11.700 €.

Ermitteln Sie nach dem System der einfachen kumulativen Abweichungsanalyse unter der Prämisse fixe Istkosten = fixe Plankosten

(a) die (Basis-)Plankosten

(b) die Preisabweichung

(c) die Verbrauchsabweichung

(d) die "echte" Beschäftigungsabweichung und

(e) die Gesamtabweichung aus (b), (c) und (d).

Aufgabe IV.10: Differenzierte kumulierte Abweichungsanalyse

Zeigen Sie unter Rückgriff auf die Daten der vorhergehenden Aufgabe die Durchführung der differenzierten kumulativen Abweichungsanalyse mit einer separaten Berechnung der Abweichungen höheren Grades auf. Vergleichen Sie diese mit den Ergebnissen der einfachen und kumulativen Abweichungsanalyse und interpretieren Sie die Resultate.

Aufgabe IV.11: Abweichungen höheren Grades

Zeigen Sie in knapper Form die Gründe für das Entstehen von Abweichungen höheren Grades auf. Gehen Sie im Rahmen Ihrer Darlegungen auch auf die im Schrifttum diskutierte Methode der kumulativen Abweichungsanalyse bezüglich der Abweichungsermittlung und des Ausweises der Abweichungen höheren Grades ein.

Aufgabe IV.12: Preis- und Verbrauchsabweichung

Im Rahmen der Plankalkulation sind einem Erzeugnis 60 € an Plan-Einzelmaterialkosten direkt zugerechnet worden, die sich aus 20 Mengeneinheiten, bewertet zu 3 € pro Stück, zusammensetzen. Die entsprechenden Ist-Einzelmaterialkosten in Höhe von 100 € errechnen sich aus 25 verbrauchten Mengeneinheiten, für die am Beschaffungsmarkt 4 € gezahlt wurden.

(a) Ermitteln Sie die Preis- und Verbrauchsabweichung nach der kumulativen Abweichungsanalyse in einfacher und differenzierter Form.

(b) Stellen Sie Ihre Ergebnisse auch in graphischer Form dar (eine maßstabsgerechte Darlegung ist nicht erforderlich).

(c) Interpretieren Sie Ihre Resultate.

Aufgabe IV.13: Variatorenrechnung

Die XY-Industrie-Aktiengesellschaft arbeitet mit einer flexiblen Plankostenrechnung auf Vollkostenbasis und hat in der Fertigungskostenstelle I für die dort angefallenen Gemeinkostenarten folgende Plandaten ermittelt. Tragen Sie in die nachstehende Tabelle die einzelnen Sollkosten bei Ist-Beschäftigungsgraden von 75% und 120% ein.

Plankostenarten	Variator	Gesamte Plankosten	Sollkosten	
			75%	120%
Gemeinkostenmaterial	6	80.000 €		
Einzellohnkosten	8	240.000 €		
Hilfslohn- und Gehaltskosten	5	110.000 €		
Kalkulatorische Abschreibungen	0	70.000 €		
Einzelmaterialkosten	10	500.000 €		
Summe		1.000.000 €		

B. Teilkosten- und Deckungsbeitragsrechnungen

1. Direct Costing, Grenz-Plankostenrechnung und Deckungsbeitragsrechnungen

Aufgabe IV.14: Einstufiges Direct Costing

Ein Einproduktunternehmen verkauft in einer Rechnungsperiode 2.000 Taschenrechner zu je 20 €. Die variablen Stückkosten betragen 11 €, die gesamten Fixkosten belaufen sich auf 6.000 €. Ermitteln Sie den Betriebserfolg der Periode.

Aufgabe IV.15: Deckungsbeitrag und Break-even-point

Eine Postkartendruckerei produzierte im letzten Quartal 420.000 Ansichtskarten, die zu einem Preis von 0,25 € je Stück an den Handel abgegeben wurden. Die fixen Kosten betragen 25.000 € je Quartal, die gesamten variablen Kosten beliefen sich in der zu betrachtenden Periode auf 63.000 €.

(a) Wie hoch ist der Deckungsbeitrag je Ansichtskarte?

(b) Wie hoch ist der Periodenerfolg?

(c) Bei welcher Auflage wird der Break-even-point (Gewinnschwelle) erreicht?

Aufgabe IV.16: Betriebsabrechnung auf Teilkostenbasis

Ein Industrieunternehmen hat für die monatliche Aufstellung des Betriebsabrechnungsbogens (BAB) die in der nachstehenden Tabelle angeführten Daten planmäßig ermittelt. Beachten Sie, dass das Unternehmen nur die beiden Produkte A und B herstellt, die ausschließlich in den Fertigungshauptstellen I (Produkt A) und II (Produkt B) erzeugt werden.

(a) Stellen Sie den Betriebsabrechnungsbogen nach dem Konzept einer Grenzplankostenrechnung auf. Die innerbetriebliche Leistungsverrechnung soll nach dem Stufenleiter-/Treppenverfahren durchgeführt werden.

(b) Berechnen Sie den Plan-Stückdeckungsbeitrag für Produkt A, das voraussichtlich einen Plan-Netto-Absatzpreis in Höhe von 400 € erzielen wird. Berücksichtigen Sie hierbei, dass das Unternehmen keine Trennung in Einzel- und Gemeinkosten vornimmt und sämtliche Kosten auch für Kalkulationszwecke über den BAB verrechnet.

Kostenstellen	Allgemeine Hilfskostenstelle	Hauptkostenstellen		
Plankosten/ Plan-Bezugsgrößen	Kantine	Fertigung I	Fertigung II	Verwaltung und Vertrieb
Primäre Grenz-Plankosten	60.000 €	120.000 €	360.000 €	18.000 €
Primäre fixe Plankosten	25.000 €	58.000 €	34.000 €	75.000 €
Plan-Bezugsgrößen	12.000 Beschäftigte	700 Std.	1.400 Stück	Herstellung der Absatzleistungen
Planmäßige Umlage				
• Kantine	–	4.000 B	5.000 B	3.000 B
• Fertigung I	–	–	175 Std.	50 Std.
• Fertigung II	–	–	–	90 Stück
Planmäßige Absatzleistungen	–	475 Std.	1.310 Stück	–

Aufgabe IV.17: Ein- und mehrstufige Deckungsbeitragsrechnung, Sortimentssteuerung

Ein Hersteller von Küchengeräten produziert in seinen beiden Betriebsbereichen 5 verschiedene Geräte. Die gesamten Fixkosten des Unternehmens belaufen sich in einer Periode auf 25.000 €, wovon 12.000 € dem Bereich A und 7.000 € dem Bereich B direkt zugerechnet werden können. Weiterhin sind die in der folgenden Tabelle abgebildeten Absatzmengen, Stückerlöse und variablen Kosten je Stück bekannt.

Bereich	A		B		
Produkt	1	2	3	4	5
Absatzmenge	300 Stück	405 Stück	200 Stück	100 Stück	150 Stück
Stückerlöse	40 €	50 €	100 €	30 €	90 €
variable Stückkosten	24 €	29 €	7 €	37 €	42 €
DB I					
DB II					
- fixe Bereichskosten					
DB III					
DB IV					
- fixe Unternehmenskosten					
Betriebserfolg					

(a) Vervollständigen Sie die vorstehende Tabelle und ermitteln Sie den unternehmensbezogenen Betriebserfolg mit Hilfe der mehrstufigen Deckungsbeitragsrechnung.

(b) Beurteilen Sie das Produktionsprogramm.

(c) Vergleichen Sie das Vorgehen mit dem der einstufigen Deckungsbeitragsrechnung.

(d) Nennen Sie Fälle, bei denen die mehrstufige Deckungsbeitragsrechnung nicht als produktpolitisches Steuerungsinstrument geeignet ist.

Aufgabe IV.18: Einstufige Deckungsbeitragsrechnung mit Kurzfristiger Erfolgsrechnung

Die Spielwarenfabrik "Kinderglück" verkauft Teddybären zu einem Stückpreis von 49 €. Für das vergangene Geschäftsjahr liegen folgende Daten vor:

Anfangsbestand	0 Stück
Produktionsmenge	5.000 Stück
Absatzmenge	4.200 Stück
variablen Herstellkosten	14 € je Stück
fixe Herstellkosten der Periode	112.000 €.

(a) Ermitteln Sie den Stück-Nettoerfolg (Vollkostenbasis) und den Stück-Bruttoerfolg (Stück-Deckungsbeitrag). Welcher dieser Erfolgsbegriffe ist aussagefähiger?

(b) Errechnen Sie den Erfolg des abgelaufenen Geschäftsjahres in tabellarischer Form nach dem Umsatzkostenverfahren

(b.a) bei Anwendung der Methode der Vollkostenrechnung und

(b.b) bei Anwendung der Methode der Teilkostenrechnung.

Legen Sie kurz dar, auf welche Gründe die Erfolgsdifferenz zwischen beiden Methoden zurückzuführen ist.

Aufgabe IV.19: Gesamtkosten- und Umsatzkostenverfahren, Vergleich Voll- und Teilkostenrechnung

Im Januar des Geschäftsjahres 08 produzierte die Firma Omega 200 Fensterrahmen, von denen 150 Stück zu einem Nettopreis von 220 € je Stück abgesetzt wurden. Folgende weitere Angaben sind bekannt:

Fixe Herstellkosten	20.000 €
Variable Herstellkosten pro Stück	50 €
Fixe Vertriebskosten	4.000 €
Variable Vertriebskosten pro Stück	20 €.

(a) Ermitteln Sie das Betriebsergebnis mit Hilfe des Gesamtkostenverfahrens auf Teilkostenbasis in Kontendarstellung. Gehen Sie davon aus, dass am Anfang des Monats Januar keine Lagerbestände vorlagen.

(b) Wie würde sich das Betriebsergebnis verändern, wenn zu dessen Ermittlung

    (b.a) das Umsatzkostenverfahren auf Teilkostenbasis,

    (b.b) das Gesamtkostenverfahren auf Vollkostenbasis oder

    (b.c) das Umsatzkostenverfahren auf Vollkostenbasis

    Verwendung fände. Begründen Sie Ihre Auffassung.

(c) Unterstellt wird nun unter sonst gleichen Ausgangsdaten ein Anfangsbestand von 35 Fensterrahmen mit variablen Herstellkosten von 45 € und vollen Herstellkosten von 140 € pro Stück. Ermitteln Sie das Betriebsergebnis

    (c.a) nach dem Umsatzkostenverfahren auf Teilkostenbasis und

    (c.b) nach dem Umsatzkostenverfahren auf Vollkostenbasis.

    Gehen Sie davon aus, dass in dem Unternehmen die zuerst produzierten Fensterrahmen auch zuerst verkauft werden.

Aufgabe IV.20: **Einstufige Deckungsbeitragsrechnung, Umsatzkostenverfahren in tabellarischer und buchhalterischer Form**

In Abänderung von Aufgabe III.46 auf 38 wird nun unterstellt, dass die angefallenen Kosten der Periode 05 sich wie folgt in fixe und variable Bestandteile aufspalten lassen.

Kostenarten in €	Fixe Bestandteile	Variable Bestandteile	Summe
Fertigungsmaterial	---	100.000	100.000
+ Materialgemeinkosten	54.000	6.000	60.000
+ Fertigungslohn	---	160.000	160.000
+ Fertigungsgemeinkosten	192.000	48.000	240.000
= Herstellkosten	246.000	314.000	560.000
+ Verwaltungsgemeinkosten	90.943	23.877	114.820
+ Vertriebsgemeinkosten	20.746	7.959	28.705
= Selbstkosten der Periode	357.689	345.836	703.525

Die Anfangsbestände der Produkte A, B und C wurden mit variablen Herstellkosten in Höhe von 160 €, 50 € bzw. 180 € bewertet.

(a) Ermitteln Sie den kalkulatorischen Betriebserfolg nach dem Umsatzkostenverfahren mit summarischer Fixkostenabdeckung.

(b) Erklären Sie die auftretenden Unterschiede zum in von Aufgabe III.46 auf 38 wird ermittelten Ergebnis der Kurzfristigen Erfolgsrechnung bei Vollkostenrechnung.

(c) Führen Sie die Kurzfristige Erfolgsrechnung nach dem Umsatzkostenverfahren in buchhalterischer Form durch.

Aufgabe IV.21: Relative Einzelkostenrechnung

Die Gehrke KG stellt die Produkte Alpha und Beta her. Für die Periode 04 sollen folgende Daten planmäßig gelten.

Produkt	Alpha	Beta
Produktionsmenge	2.000 Stück	3.000 Stück
Materialkosten je Stück	8,00 €	17,00 €
Verpackungskosten je Stück	1,20 €	2,00 €
Absatzmenge	2.000 Stück	3.000 Stück
Verkaufspreis	20,00 €	40,00 €
Umsatzprovision - Jahresgrundprovision - variabel	 500,00 € 10%	 600,00 € 15%

Zurechnungsobjekte (Bezugsgrößen) für die ermittelten Kosten sind neben den Produkten der Periode 03 die auf der nachfolgenden Seite aufgeführten Kostenstellen und Abteilungen.

(a) Erstellen Sie auf der Basis der vorliegenden Informationen eine Grundrechnung der Kosten nach den Prinzipien der relativen Einzelkosten- und Deckungsbeitragsrechnung.

(b) Zeigen Sie die Unterschiede zwischen einer Grundrechnung und einem traditionellen Betriebsabrechnungsbogen auf.

Bereiche	Kostenstellen			Abteilungen	
Kosten in €	I	II	III	A	B
Betriebsstoffe (erzeugnisabhängig)	700	1.400	300	0	0
Energie					
- erzeugnisabhängig	2.800	5.600	3.200	0	0
- erzeugnisunabhängig	900	1.000	2.000	1.300	2.100
Büromaterial	0	0	0	1.900	4.100
Löhne (monatliche Kündigung)	12.200	6.400	5.000	0	0
Gehälter (vierteljährliche Kündigung)	4.000	5.100	5.100	12.300	14.700
Überstundenlöhne	0	1.700	0	0	0
Miete (vierteljährliche Kündigung)	5.000	5.000	0	0	0
Reparaturkosten	2.000	0	31.000	0	12.000

Aufgabe IV.22: Mehrstufige Deckungsbeitragsrechnung und Kalkulation

Ein Industrieunternehmen arbeitet mit einer mehrstufigen Plan-Deckungsbeitragsrechnung und hat für den kommenden Planungszeitraum im Hinblick auf die drei Produktgruppen (A, B, C) die in der folgenden Tabelle dargestellten Ergebnisse ermittelt.

Kostenrechnungssystem und Kostenträger / Plan-Kostenkategorie und Plan-Deckungsbeiträge (in Tsd. €)	Mehrstufige Deckungsbeitragsrechnung		
	A	B	C
1 Plan-Netto-Verkaufserlöse	8.000	20.000	16.000
2 Proportionale Kostenträger-Einzelkosten	- 1.200	- 5.000	- 4.000
3 Proportionale (geschlüsselte) Kostenträger-Gemeinkosten	- 800	- 3.000	- 1.600
4 = Deckungsbeitrag I	= 6.000	= 12.000	= 10.400
5 Fixe Kostenträger-Gruppen-Einzelkosten	- 1.000	- 1.400	- 1.800
6 = Deckungsbeitrag II	= 5.000	= 10.600	= 8.600
7 Fixe Kostenträger-Gruppen-Einzelkosten	- 4.200		
8 = Deckungsbeitrag III	= 11.400		= 8.600
9 Fixe Unternehmens-Einzelkosten	- 3.900		
10 = Plan-Gewinn der Periode	= 16.100		

Führen Sie die Plan-Selbstkostenkalkulation auf Vollkostenbasis für eine Leistungseinheit des angeführten Kostenträger A durch. Diesem Produkt sind 260 € an proportionalen Plan-Selbstkosten unmittelbar zuzurechnen.

2. Der Einsatz von Partialkosten- und Deckungsbeitragsrechnungen als unternehmerische Entscheidungshilfe

Aufgabe IV.23: Optimales Produktionsprogramm und Preisuntergrenze

Der Schmidt KG steht für die Fertigung der Produkte A und B eine Spezialmaschine mit einer Periodenkapazität von voraussichtlich 1.000 Stunden zur Verfügung. Die Fixkosten können in diesem Zeitabschnitt nicht verändert werden.

Plandaten	Produkte	
	A	B
maximale Plan-Absatzmenge (in Stück)	2.000	1.600
Plan-Nettoverkaufspreis (€/Stück)	29	39
variable Plankosten (€/Stück)	17	21
planmäßige Maschinenbeanspruchung (Std./Stück)	0,2 Std.	0,5 Std.

(a) Ermitteln Sie unter Berücksichtigung der gegebenen Informationen das optimale Produktionsprogramm.

(b) Ein langjähriger Kunde möchte 200 Stück von Produkt A abnehmen. Ermitteln und interpretieren Sie dessen planmäßige erfolgsorientierte Preisuntergrenze.

Aufgabe IV.24: Deckungsbeitrag und Preisuntergrenzen

Die "Sound KG" produziert monatlich 6.000 Videokassetten, die für einen Stückpreis von 5 € an den Handel abgegeben werden. Pro Monat belaufen sich die gesamten Kosten auf 27.000 €, von denen 12.000 € beschäftigungsabhängigen (proportionalen) Charakter tragen.

(a) Das Unternehmen möchte den monatlichen Gewinn verdoppeln. Bei welcher Produktionsmenge würde dieses Ziel unter sonst gleichen Bedingungen erreicht?

(b) Ein Kaufhaus bietet dem Unternehmen einen Zusatzauftrag an, erwartet jedoch ein preisliches Entgegenkommen. Ermitteln Sie für die drei folgenden Szenarien die jeweilige erfolgsorientierte Preisuntergrenze. Begründen Sie Ihre Ergebnisse.

(b.a) Das Kaufhaus möchte einmalig 2.000 Kassetten abnehmen.

(b.b) Das Kaufhaus möchte einmalig 2.000 Kassetten abnehmen. Die maximale Produktionskapazität der Firma „Sound KG" beträgt 7.000 Kassetten.

(b.c) Das Kaufhaus möchte unbefristet monatlich 1.000 Kassetten abnehmen.

Aufgabe IV.25: **Preisuntergrenzen**

Der in Aufgabe III.36 auf S. 32 erwähnte skandinavische Kunde ist mit dem Brutto-Angebotspreis von 2.982 € (einschließlich 20% Umsatzsteuer) nicht einverstanden. Sein Angebot beträgt einschließlich Umsatzsteuer 2.500 € je Spezialgerät.

(a) Ermitteln Sie für diesen Auftrag die kurzfristige erfolgsorientierte Preisuntergrenze. Unterstellen Sie, dass eine Unterbeschäftigungssituation in dem produzierenden Unternehmen vorliegt.

(b) Wie verändert sich die Entscheidung, wenn durch die Annahme des Zusatzauftrages ein Engpass entstehen würde?

Aufgabe IV.26: Optimales Produktionsprogramm, Preisuntergrenzenbestimmung und Sensibilitätsanalyse

Zur Fertigung der drei Produkte A, B und C setzt die Firma Skaruppe zwei Maschinen Alpha und Beta ein, die nacheinander durchlaufen werden müssen. Die Maschine Alpha hat eine Periodenkapazität von 3.000 Zeiteinheiten (ZE), die Maschine Beta läuft maximal 2.400 Zeiteinheiten pro Periode. Weiterhin sind folgende Angaben bekannt.

Plandaten	A	B	C
maximale Plan-Absatzmenge	200 Stück	300 Stück	400 Stück
Plan-Nettoverkaufspreis (pro Stück)	12 €	13 €	8 €
variable Plan-Stückkosten	3 €	7 €	5 €
planmäßige Maschinenbeanspruchung			
- der Maschine Alpha	3 ZE/Stück	5 ZE/Stück	2 ZE/Stück
- der Maschine Beta	6 ZE/Stück	3 ZE/Stück	1 ZE/Stück

(a) Ermitteln Sie das gewinnmaximale Produktionsprogramm.

(b) Aufgrund von Verschleißerscheinungen reduziert sich die Laufzeit der Maschine Alpha auf 1.800 Zeiteinheiten. Erläutern Sie die Auswirkungen auf die Planung des gewinnmaximalen Produktionsprogramms und bestimmen Sie die optimale Lösung.

(c) Ermitteln Sie auf der Grundlage des nach (b) festgelegten optimalen Produktionsprogramms die erfolgsorientierten Preisuntergrenzen für die Erzeugnisse A, B und C. Interpretieren Sie die von Ihnen berechneten kritischen Werte.

Aufgabe IV.27: Optimales Produktionsprogramm

Ermitteln und kennzeichnen Sie das optimale Produktionsprogramm in der nachstehenden Graphik anhand der Funktionen für einen voraussichtlichen Beschaffungsengpass von maximal 800 Mengeneinheiten eines Rohstoffes Z, von dem planmäßig 2 Einheiten in das Endprodukt x_A sowie 4 Einheiten in das Endprodukt x_B eingehen, und die Maximierung des Plan-Deckungsbeitragsvolumens mit einem Plan-Stückdeckungsbeitrag von 1,25 € für x_A und 5 € für x_B.

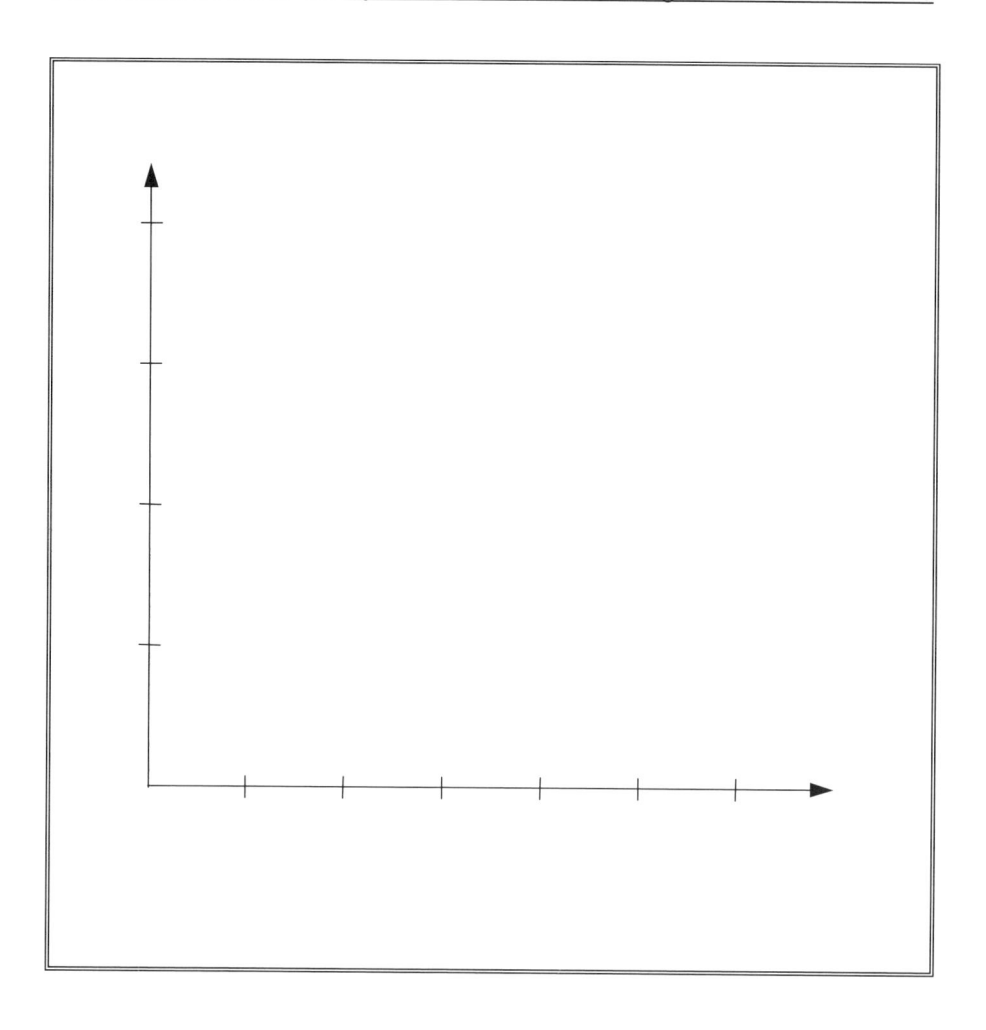

Aufgabe IV.28: Simultane Produktionsprogrammplanung

Eine Unternehmung, die die Erzeugnisse A und B herstellt, will für den nächsten Monat das optimale Produktionsprogramm ermitteln. Nach Aufstellung der Zielfunktion sowie der Produktions- und Beschaffungsrestriktionen wurde planmäßig folgende Lösung graphisch ermittelt (R = Restriktion; DVB^P = Plan-Deckungsbeitragsvolumen; x_A, x_B = Stückzahlen der Produkte A und B).

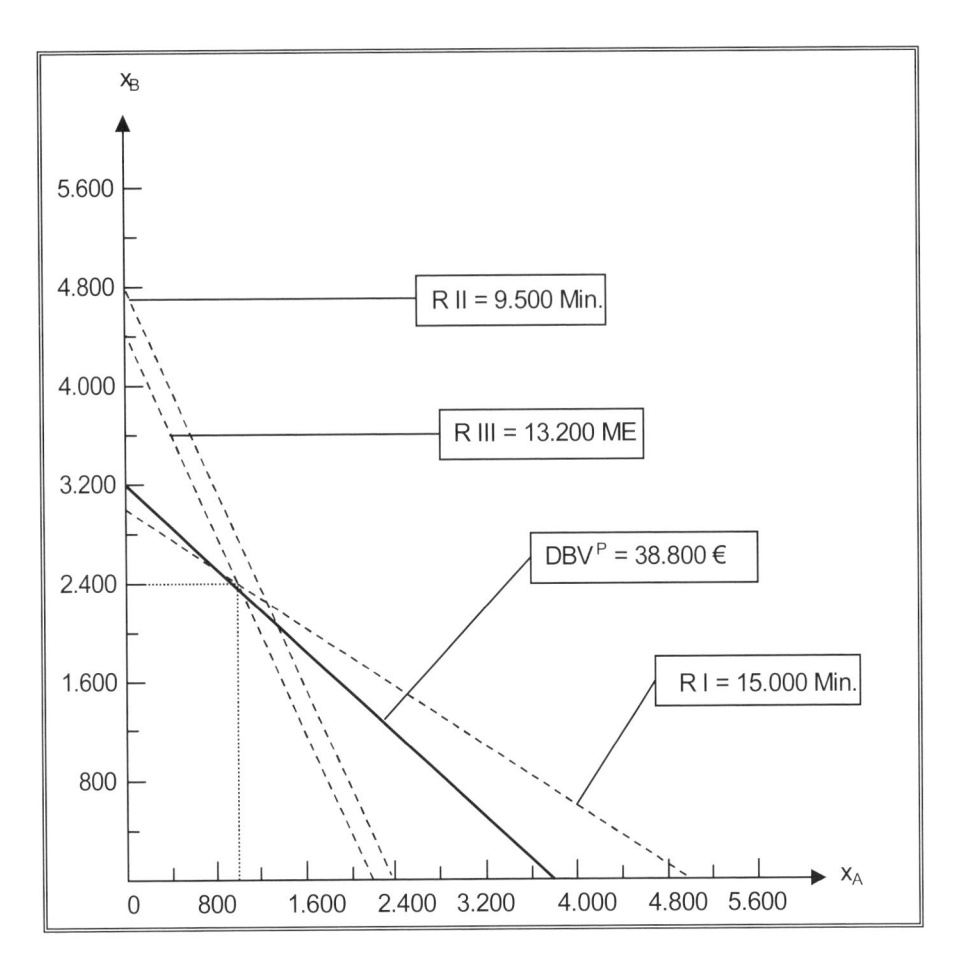

[Graphische Darstellung mit Achsen x_A und x_B, Restriktionen R I = 15.000 Min., R II = 9.500 Min., R III = 13.200 ME und Deckungsbeitragsvektor DBV^P = 38.800 €]

Die Funktionen lauten im Einzelnen:

$$R\,I = 3\text{ Min.} \cdot x_A + 5\text{ Min.} \cdot x_B$$

$$R\,II = 4\text{ Min.} \cdot x_A + 2\text{ Min.} \cdot x_B$$

$$R\,III = 6\text{ ME} \cdot x_A + 3\text{ ME} \cdot x_B$$

$$DVB^P = 10\,€ \cdot x_A + 12\,€ \cdot x_B.$$

Interpretieren Sie die graphische Lösung unter Berücksichtigung der zusätzlichen Angaben.

Aufgabe IV.29: Produktionsvollzugsplanung

Ein Unternehmen beabsichtigt, jeweils 1.000 Stück der Erzeugnisse Alpha und Beta auf 3 verschiedenen Anlagen (I, II und III) unterschiedlichen Alters zu fertigen. Jede dieser Anlagen kann die gesamte Monatsproduktion von 2000 Stück übernehmen. Die Erlöse je Stück betragen planmäßig 50 €. Darüber hinaus wird mit kurzfristig nicht abbaubaren Plan-Fixkosten von insgesamt 60.000 € pro Monat gerechnet. Weiterhin sind folgende Angaben bekannt.

Anlage	Plan-Fertigungsdauer		Plankosten pro Min.	
	Alpha	Beta	Vollkosten	Teilkosten
I	8 Min.	7 Min.	5,00 €	3,00 €
II	12 Min.	15 Min.	3,00 €	2,00 €
III	10 Min.	12 Min.	4,00 €	1,50 €

(a) Ermitteln Sie die optimale Maschinenbelegung und berechnen Sie die entsprechenden Betriebsergebnisse

    (a.a) bei Entscheidung auf Grundlage der Vollkostenrechnung und

    (a.b) bei Entscheidung auf Grundlage der Teilkostenrechnung.

(b) Beide Produkte könnten zu einem Preis von 17 € je Stück fremd bezogen werden. Überprüfen Sie vor dem Hintergrund der Lösung von (a) Ihre Entscheidung.

Aufgabe IV.30: Simultane Produktionsvollzugs- und -programmplanung

Ein Unternehmen mit gemischtem Fertigungsprogramm stellt drei unterschiedliche Produkte (A, B, C) her, die auf drei verschiedenen Anlagen gefertigt werden können und für die die in der nachfolgenden Tabelle aufgezeigten Plandaten pro Monat vorliegen. Zudem besteht für die Produkte B und C die Möglichkeit eines Fremdbezugs in Höhe von 900 bzw. 750 Stück.

Zu berücksichtigen ist ferner, dass die drei Anlagen pro Monat lediglich mit 9.000 Min. (Anlage I), 12.000 Min. (Anlage II) und 8.000 Min. (Anlage III) zur Verfügung stehen und die Fixkosten kurzfristig nicht zu beeinflussen sind.

(a) Ermitteln Sie die optimale Produktbereitstellung unter Beachtung der Fremdbezugsalternativen mit Hilfe der linearen Simultanplanung.

Produkte	Plan-Absatz-mengen in Stück	Eigenfertigung (I - III)							Fremdbezug (IV)
		Plan-Fertigungsdauer in Min.			variable Plan-Fertigungs-kosten pro Min. in €				Plan-Netto-Einkaufspreis pro Stück in €
		Anlagen			Anlagen				
		I	II	III	I	II	III		
A	2.000	13	9	5	2	3	5		---
B	1.800	6	8	4	3	4	4		17
C	2.300	10	7	4	2	2	6		14

(b) Stellen Sie die Änderung der unter (a) vorgenommenen linearen Simultanplanung dar, wenn die konstanten Plan-Netto-Verkaufspreise der Produkte A, B und C in Höhe von 30 €, 26 € bzw. 22 € in den Optimierungsansatz einbezogen werden und die Unternehmensleitung beabsichtigt, das Plan-Deckungsbeitragsvolumen zu maximieren.

Aufgabe IV.31: Break-even-point

Für die Kostenstelle Zahnpasta einer Chemieunternehmung liegen für die nächste Periode folgende lineare Funktionen der Plankosten sowie der Plan-Nettoerlöse vor:

$$K^P(x) = 59.400\,€ + 0{,}60\,€ \cdot x$$

$$E^P(x) = 1{,}50\,€ \cdot x.$$

(a) Ermitteln Sie

    (a.a) den mengenmäßigen und

    (a.b) den wertmäßigen Break-even-point.

(b) Bei Durchführung einer Werbekampagne mit Kosten von 32.400 € pro Periode erscheint eine 25%ige Preiserhöhung am Markt durchsetzbar zu sein. Ist diese Maßnahme aus kostenrechnerischer Sicht zu empfehlen?

Aufgabe IV.32: Erfolgs- und Programmplanung in Mehrproduktunternehmen

Ein Industrieunternehmen stellt die beiden Produkte A und B her, für die folgende proportionale Plan-Kosten- und Plan-Erlösfunktionen vorliegen:

(1) $Kv_A^P(x) = 19\,€ \cdot x_A$

(2) $Kv_B^P(x) = 14\,€ \cdot x_B$

(3) $E_A^P(x) = 39\,€ \cdot x_A$

(4) $E_B^P(x) = 26\,€ \cdot x_B.$

Die für den Planungszeitraum relevanten Plan-Fixkosten betragen für beide Produkte gemeinsam 48.000 €.

(a) Ermitteln Sie die Funktion des Deckungsbeitragsvolumens, die zur Abdeckung der Plan-Fixkosten führt. Wie würde weiterhin die Funktion verlaufen, die zu einer Erwirtschaftung eines planmäßigen Mindestgewinns von 12.000 € führt? Stellen Sie beide Funktionen auch graphisch dar und erläutern Sie den gesamten Sachverhalt.

(b) Ermitteln Sie das gewinnmaximale Produktionsprogramm und das zugehörige Plan-Ergebnis unter Berücksichtigung der folgenden zusätzlichen Informationen. Die maximalen Plan-Absatzmengen von A und B betragen 3.000 Stück bzw. 6.000 Stück. Für die Fertigung der beiden Produkte steht eine Spezialmaschine mit einer Periodenkapazität von voraussichtlich 20.000 Min. zur Verfügung. Produkt A benötigt eine planmäßige Maschinenbeanspruchung von 4 Min. je Stück, Produkt B hingegen von 2 Min. je Stück. Die Plan-Fixkosten in Höhe von 48.000 € sind kurzfristig nicht beeinflussbar.

Aufgabe IV.33: Eigenfertigung und Fremdbezug

Die Firma Hofmann benötigt jährlich 5.000 Stück eines Zubehörteils Z, das für 6,50 € je Stück von einem Lieferanten bezogen werden kann. Ebenso ist dieses Teil in Eigenfertigung herstellbar.

(a) Erörtern Sie, unter welchen kostenrechnerischen Gesichtspunkten die Entscheidung über Eigenfertigung oder Fremdbezug bei nicht veränderbaren Plan-Fixkosten zu fällen ist.

(b) Auf einer gesondert zu beschaffenden Maschine könnte die Firma Hofmann das Zubehörteil selbst fertigen. Die Investitionskosten beliefen sich auf 87.000 €, die linear über eine voraussichtlich siebenjährige Nutzungsdauer auf den geschätzten Schrottwert von 3.000 € abzuschreiben sind. Neben 400 € für die jährliche Wartungspauschale sind Kalkulatorische Zinsen in Höhe von 8% zu berücksichtigen. Die variablen Plan-Stückkosten belaufen sich auf 4 €.

(b.a) Ist die Eigenfertigungsalternative unter Berücksichtigung der planmäßig anfallenden fixen Plankosten auch auf lange Sicht lohnend?

(b.b) Ermitteln Sie die kritische Produktionsmenge, von der an die Eigenfertigung günstiger ist als der Fremdbezug des Zubehörteils.

Aufgabe IV.34: Break-even-Analyse bei stufenweiser Fixkostendeckung

Die Fruit AG stellt Säfte in den Geschmacksrichtungen Kirsch, Apfel, Orange und Tomate her. Dem Management werden für das kommende Jahr folgende Plandaten für die jeweiligen Sorten vorgelegt.

Getränkesorte	Verkaufsmenge	Netto-Absatzpreis pro Liter	Stück-deckungs-beitrag	Produktfixe Kosten
Kirsch	450.000 Liter	3,00 €	0,40 €	170.000 €
Apfel	500.000 Liter	2,40 €	0,60 €	200.000 €
Orange	550.000 Liter	2,70 €	0,50 €	210.000 €
Tomate	200.000 Liter	2,50 €	0,70 €	120.000 €

Für den Betrieb der Kantine sowie die Gebäudereinigung rechnet die Geschäftsleitung zusätzlich mit fixen Kosten in Höhe von 150.000 €.

(a) Führen Sie die Berechnung des wertmäßigen Break-even-points anhand des Verfahrens der globalen Fixkostenanalyse durch. Interpretieren Sie Ihr Ergebnis.

(b) Um wie viel Prozent darf der Umsatz planmäßig sinken, wenn alle vier Sorten unter sonst gleichen Bedingungen mengenproportional von einem Absatzeinbruch betroffen sind, ohne dass die Fruit AG einen Verlust erzielt?

(c) Wie ändern sich Ihre Ergebnisse zu (a), wenn Sie die stufenweise Fixkostenanalyse zugrunde legen? Interpretieren Sie Ihre Resultate.

Aufgabe IV.35: Preisobergrenzen bei Engpässen

Die Produktionskapazitäten eines Industrieunternehmens sind im kommenden Monat voraussichtlich durch die ausschließliche Herstellung des Massenproduktes A mit 14.400 Fertigungsminuten vollständig ausgelastet. Für diesen Monat liegt aber ein konkurrierender Zusatzauftrag über die Fertigung eines ähnlichen Massenproduktes B vor. Beide Erzeugnisse, die auf einer vollautomatisierten Anlage gefertigt werden können, unterscheiden sich bezüglich der Plan-Netto-Verkaufserlöse pro Stück (e^p), der proportionalen Plan-Stückkosten (kv^p) sowie der Planbearbeitungszeiten wie in der folgenden Tabelle gezeigt.

Erzeugnis	e^p	kv^p	Plan-Bearbeitungszeit
A	246 €	210 €	12 Min.
B	230 €	200 €	15 Min.

In die Massenprodukte A und B fließt eine Rohstoffart mit 4 bzw. 3 ME planmäßig ein, für die am Beschaffungsmarkt gegenwärtig ein Plan-Netto-Einkaufspreis in Höhe von 34 € pro ME gezahlt werden muss.

(a) Berechnen Sie mögliche Preisobergrenzen bezüglich der Rohstoffart unter der Prämisse, dass lediglich die proportionalen Plan-Netto-Verkaufserlöse (e^p) und die proportionalen Plan-Stückkosten Entscheidungsrelevanz (kv^p) besitzen.

(b) Interpretieren Sie Ihre Ergebnisse. Gehen Sie hierbei auch darauf ein, ab welchen kritischen Werten die Produktion aus erfolgswirtschaftlicher Sicht einzustellen wäre.

Aufgabe IV.36: Preisobergrenzen bei Mehrproduktartenfertigung

Ein Unternehmen fertigt die drei Produktarten A, B und C, in die eine Rohstoffart I in unterschiedlichen Mengen planmäßig eingeht. Der gegenwärtige Marktpreis für diesen Einsatzfaktor beträgt pro Mengeneinheit (ME) 5,60 €, wobei jedoch mit einer Preissteigerung zu rechnen ist. Die folgende Tabelle zeigt die entsprechenden Planungsdaten.

Plandaten \ Erzeugnisarten	A	B	C
Plan-Netto-Verkaufserlöse pro Stück	60 €	90 €	80 €
proportionale Plankosten pro Stück	48 €	82 €	56 €
geplante Absatzmengen in Stück	8.000	10.000	12.000
planmäßige Einsatzmengen der Rohstoffart I pro Produkteinheit	6 ME	2 ME	4 ME

(a) Berechnen Sie unter der Prämisse freier Kapazitäten und nicht beeinflussbarer Fixkosten in diesem Unternehmen die Preisobergrenzen der Rohstoffart I bezüglich der einzelnen Erzeugnisarten.

(b) Begründen und interpretieren Sie Ihre Berechnungen unter Vergleich mit der Alternative zur Ermittlung einer gemeinsamen Preisobergrenze für alle drei Erzeugnisse. Berechnen Sie diese gemeinsame Preisobergrenze.

Aufgabe IV.37: Preisobergrenzen im Falle abbaufähiger Fixkosten

Wie lauten die Formeln zur erfolgsorientierten Preisuntergrenzen- und Preisobergrenzenbestimmung im Falle unterbeschäftigter Unternehmenskapazitäten für Massenerzeugnisse, wenn fixe Kapazitätskosten während der Planperiode abgebaut werden können, aber mit planmäßiger Stilllegungs-, Stillstands- und Wiederanlaufkosten zu rechnen ist? Erläutern und begründen Sie die Formelkomponenten genau.

V. Weiterentwicklungen der Kostenrechnung und des Kostenmanagements

A. Die Prozesskostenrechnung

Aufgabe V.1: Bezugsgrößenkalkulation und Prozesskostenrechnung

Ein Industrieunternehmen stellt die Produkte A und B her. Für das Jahr 07 liegen folgende Angaben vor.

Kosten und Bezugsgrößen	Produkte	
	A	B
Fertigungsmaterial (gesamt)	2.000 €	18.000 €
Fertigungslöhne (gesamt)	4.000 €	36.000 €
benötigte Maschinenstunden	2 Std./Stück	6 Std./Stück
Produktionsmenge	200 Stück	600 Stück
Absatzmenge	160 Stück	480 Stück
Lagerbestand am 01.01.07	0 Stück	0 Stück
Lagerbestand am 31.12.07	40 Stück	120 Stück

Die Materialgemeinkosten betragen 30.000 €. Bezugsbasis zur Verrechnung der Fertigungsgemeinkosten in Höhe von 480.000 € sind die benötigten Maschinenstunden. Die Verwaltungs- und Vertriebsgemeinkosten belaufen sich auf 159.600 €.

(a) Führen Sie eine Bezugsgrößenkalkulation zur Ermittlung der Herstell- und Selbstkosten der beiden Produkte durch.

(b) Vergleichen und beurteilen Sie das Vorgehen traditioneller Kalkulationsverfahren mit dem der Prozesskostenkalkulation.

Aufgabe V.2: Prozesskostenrechnung

Für das in der vorangegangenen Aufgabe V.1 auf S. 68 vorgestellte Industrieunternehmen soll eine Kalkulation mit Hilfe der Prozesskostenrechnung durchgeführt werden. Eine Analyse der betrieblichen Abläufe ergab folgende Ergebnisse:

- Die Materialgemeinkosten sind zu 1/3 dem Produkt A und zu 2/3 dem Produkt B zuzurechnen.

- Bei den Fertigungsgemeinkosten wurde die große Abhängigkeit von den Maschinenstunden bestätigt. Lediglich die Rüstkosten in Höhe von insgesamt 40.000 € werden von beiden Erzeugnissen gleichermaßen verursacht.

- Die Verwaltungs- und Vertriebsgemeinkosten lassen sich wie folgt aufschlüsseln: Die Aktivitäten der Einkaufsabteilung von 62.000 € sind zu 80% Produkt B anzulasten. Lediglich 20% entfallen auf Produkt A. Dagegen verursacht A mit dort zuzurechnenden 32.000 € doppelt so hohe Vertriebskosten wie B. Eine weitgehende Leistungsmengenunabhängigkeit wurde bei den sonstigen Kosten (insbesondere allgemeine Verwaltung und Personalabteilung) ermittelt. Diese sind den Produkten zu gleichen Teilen zuzurechnen.

Führen Sie mit Hilfe dieser Informationen eine erneute Kalkulation als Prozesskostenrechnung durch und beurteilen Sie Ihr Ergebnis.

Aufgabe V.3: Prozesskostenrechnung

Ein industrielles Unternehmen stellt vier unterschiedliche Einbauteile her, die im Folgenden mit A, B, C und D bezeichnet werden. Die nachfolgende Tabelle zeigt die Kosten- und Beschäftigungswerte der vier Produkte.

Produkte	Einzel-materialkosten	Produktionsmenge	gesamte Einzel-materialkosten	Maschinenstunden	gesamte Maschinenstunden
A	20 € je Stück	10 Stück	200 €	2 Std. je Stück	20 Std.
B	50 € je Stück	10 Stück	500 €	10 Std. je Stück	100 Std.
C	20 € je Stück	100 Stück	2.000 €	2 Std. je Stück	200 Std.
D	50 € je Stück	100 Stück	5.000 €	10 Std. je Stück	1.000 Std.
Summe	---	220 Stück	7.700 €	---	1.320 Std.

Die Summe der angefallenen restlichen Kosten beträgt 330.000 € und setzt sich aus Lohnkosten (26.400 €), Materialgemeinkosten (132.000 €), Fertigungsgemeinkosten (39.600 €) und 132.000 € sonstigen Gemeinkosten zusammen.

Ermitteln Sie die Selbstkosten der vier Produkte A, B, C und D. Verteilen Sie dabei die restlichen Kosten auf Basis der Summe der Maschinenstunden.

Aufgabe V.4:   Prozesskostenrechnung

In Abänderung von Aufgabe V.3 auf S. 69 f. soll nun unterstellt werden, dass die Summe der restlichen Kosten in Höhe von 330.000 € unter Zugrundelegung einer Prozesskostenrechnung den Produkten A, B, C und D zugerechnet wird. In diesem Zusammenhang müssen bei Durchführung der Kalkulation die in der nachfolgenden Tabelle aufgeführten Aktivitäten der indirekten Leistungsbereiche zur Erstellung der einzelnen Erzeugnisse berücksichtigt werden.

V. Weiterentwicklungen der Kostenrechnung

Produkte / Prozesskosten	A	B	C	D	Summe
Lohnkosten: 26.400 €	20 Std.	100 Std.	200 Std.	1.000 Std.	1.320 Std.
Fertigungsgemeinkosten: 39.600 €	20 Std.	100 Std.	200 Std.	1.000 Std.	1.320 Std.
Materialgemeinkosten: 132.000 €	20 Std.	100 Std.	200 Std.	1.000 Std.	1.320 Std.
Rüstkosten: 60.000 €	2 Std.	2 Std.	4 Std.	4 Std.	12 Std.
Kosten der Einkaufsabteilung: 24.000 €	2 Prozesse	2 Prozesse	4 Prozesse	4 Prozesse	12 Prozesse
Kosten der Vertriebsabteilung: 48.000 €	1 Prozess	1 Prozess	1 Prozess	1 Prozess	4 Prozesse

Bei den Lohn-, Fertigungs- und Materialgemeinkosten haben die korrelierenden Maschinenstunden pro Erzeugnisart als Kostentreiber Verwendung gefunden. Die übrigen Gemeinkosten in Höhe von 132.000 € sind nach Maßgabe spezieller Kostentreiber zu verteilen. So ist vor Beginn eines jeden Produktionsganges die Umrüstung einer Maschine erforderlich, auf der alle vier Erzeugnisse zur Bearbeitung kommen. Pro Umrüstvorgang werden 5.000 €/Std. (60.000 € : 12 Std.) veranschlagt. Die Einkaufsabteilung wird in der Periode für die kleinvolumigen Produkte A und B je zweimal, für die großvolumigen Erzeugnisse C und D hingegen je viermal tätig. Als Kosten für jede Einkaufsaktivität wurde ein Prozesskostensatz von 2.000 € (24.000 € : 12 Vorgänge) festgelegt. Die Beanspruchung von Rüststunden durch die einzelnen Produkte entspricht somit der der Einkaufsabteilung im Hinblick auf vorgenommene Materialbestellungen. Im Gegensatz zur Einkaufsabteilung wird die Vertriebsabteilung pro Produktgruppe nur einmal tätig. Als Prozesskostensatz werden hier 12.000 € je Aktivität (48.000 € : 4 Vorgänge) veranschlagt.

Ermitteln Sie die Selbstkosten nach Maßgabe der Prozesskostenrechnung und vergleichen Sie das Ergebnis mit den Resultaten von Aufgabe V.3.

Aufgabe V.5: Prozesskostenrechnung

Erläutern Sie in knapper Form den Allokations-, Komplexitäts- und Degressionseffekt der Prozesskostenrechnung.

Aufgabe V.6: Prozesskostenrechnung

Die Chip-AG bietet einen Standard-PC und einen kundenspezifischen Spezial-PC auf dem Markt an. Kürzlich wurde eine Aktivitätsanalyse innerhalb des Unternehmens durchgeführt, um eine Kalkulation auf der Grundlage der Prozesskostenrechnung durchführen zu können. Die nachfolgende Abbildung gibt die Verteilung der Gesamtkosten des Unternehmens nach der Zuschlagskalkulation sowie die Aufteilung der Materialgemeinkosten, indirekten Fertigungsgemeinkosten und Vertriebskosten auf die in diesen Kostenstellen identifizierten Prozesse wieder.

Angaben in T €	Zuschlags-kalkulation	Aufteilung für die Prozesskosten-rechnung
Materialeinzelkosten	20.000	20.000
Materialgemeinkosten	6.000	
• Beschaffung		2.000
• Lagerung		4.000
Fertigungseinzelkosten	7.500	7.500
Direkte Fertigungsgemeinkosten	10.000	10.000
Indirekte Fertigungsgemeinkosten	10.000	
• Fertigungsteuerung		7.500
• Qualitätsprüfung		2.500
Herstellkosten	53.500	53.500
Vertriebskosten	5.000	
• Akquisition		3.000
• Fakturierung		1.000
• Versand		1.000
Allgemeine Verwaltungskosten	4.000	4.000
Selbstkosten	62.500	62.500

Die Aktivitätsanalyse hat zu einer Unterscheidung von Prozessen in konfigurationsabhängige Prozesse (werden stärker durch die Bearbeitung der jeweiligen Gerätekonfiguration bestimmt) und auftragsabhängige Prozesse (sind mehr auf die interne Abwicklung der Kundenaufträge gerichtet) geführt. Folgende Werte konnten auf dieser Grundlage ermittelt werden.

Konfigurationsabhängige Prozesse	Prozesskostensatz	Prozessmenge pro Stück	
		Standard-PC	Spezial-PC
Beschaffung	5 €	25	50
Lagerung	4 €	15	20
Fertigungssteuerung	5 €	15	40
Qualitätsprüfung	4 €	10	25

Auftragsabhängige Prozesse	Auftrag Standard-PC	Auftrag Spezial-PC
Akquisition	80 €	180 €
Fakturierung	70 €	130 €
Versand	60 €	110 €

Folgende Einzelkosten fallen für die Herstellung eines Standard-PC bzw. Spezial-PC an.

Kostenarten	Auftrag Standard-PC	Auftrag Spezial-PC
Materialkosten	500 €	600 €
Lohnkosten	200 €	250 €

(a) Welche Stückkosten (Selbstkosten) ergeben sich für die Herstellung eines Auftrags über jeweils einen Standard-PC und einen Spezial-PC? Nehmen Sie eine Verrechnung der Gemeinkosten auf der Grundlage der typischerweise im Rahmen der elektiven Zuschlagskalkulation verwandten Bezugsgrößen vor. Berücksichtigen Sie, dass die indirekten Fertigungsgemeinkosten auf die Summe von Fertigungseinzel- und direkten Fertigungsgemeinkosten verrechnet werden. Runden Sie die Zuschlagssätze auf volle Prozentzahlen.

(b) Welche Stückkosten (Selbstkosten) ergeben sich, wenn Sie die Berechnung auf der Grundlage der Prozesskostenrechnung für die Herstellung jeweils eines Auftrags über einen Standard-PC und einen Spezial-PC durchführen? Berücksichtigen Sie, dass die direkten Fertigungsgemeinkosten und die allgemeinen Verwaltungskosten weiterhin mit prozentualen Zuschlägen auf die Produkte berechnet werden.

(c) Nehmen Sie die Berechnung auf der Grundlage der Prozesskostenrechnung für Aufträge vor, die in Abänderung zu Frage (b) jeweils 10 Standard-PC bzw. 10 Spezial-PC umfassen.

(d) Erläutern Sie in diesem Zusammenhang den Degressionseffekt.

Aufgabe V.7: Mindestauftragsgröße

Ein Industrieunternehmen griff bisher auf eine Zuschlagskalkulation zurück und kalkulierte die Plan-Vertriebskosten mit einem konstanten Zuschlagssatz von 25% auf die Plan-Herstellkosten. Für das Hauptprodukt "Beta" wurden 7.200 € Plan-Herstellkosten pro Stück ermittelt, auf deren Grundlage dann die Plan-Vertriebskosten von 1.800 € zugeschlagen werden. Nach der Einführung einer Prozesskostenrechnung zeigte sich, dass für die Bearbeitung eines Auftrages für das Erzeugnis "Beta" mit Plan-Vertriebskosten in Höhe von 63.000 € zu rechnen ist.

(a) Ermitteln und interpretieren Sie die planmäßige Mindestauftragsgröße ("kritische Masse") für das Hauptprodukt "Beta".

(b) Berechnen Sie den Degressionseffekt bei einer Auftragsgröße von 50 Stück für das Hauptprodukt "Beta".

B. Target Costing und Kostenmanagement

Aufgabe V.8: **Target Costing**

Welche Informationsvorteile bietet das Target Costing-Konzept auf der Grundlage des "Market-into-Company-Verfahrens" im Hinblick auf die Entwicklung und Markteinführung neuer Produkte?

Aufgabe V.9: **Zielkostenspaltung**

Beschreiben Sie in knapper Form das Aussehen und die Funktion eines Zielkostenkontrolldiagramms (Value Control Chart).

Aufgabe V.10: **Zielkostenmanagement**

Legen Sie kurz dar, wie mit Hilfe der Prozesskostenrechnung das Target Costing-Konzept auf der Grundlage des "Market-into-Company-Verfahrens" unterstützt werden kann.

Aufgabe V.11: **Allowable Costs, Komponenten- und Funktionsmethode**

Die Close AG ist ein Unternehmen, das sich auf die Herstellung und Entwicklung hochwertiger Industrietore spezialisiert hat. Gegenwärtig befindet sich ein neues Industrietor namens Tortech in der Konzeptionsphase. Ziel ist es, dieses Produkt über einen Zeitraum von vier Jahren am Markt anzubieten. Die Gesellschaft möchte bei diesem Tor das Konzept des Target Costing anwenden, um den Kundenwünschen möglichst zu entsprechen und zugleich ein kostengünstiges Produkt zu offerieren.

Die Funktionsstruktur des neuen Modells Tortech ist in der folgenden Tabelle enthalten. Außerdem beinhaltet die Tabelle die Gewichtung der Produktfunktionen als Resultat einer Marktforschungsanalyse unter potenziellen Kunden.

Produktfunktion	Nutzenanteil
Haltbarkeit/Zuverlässigkeit	50%
Gebrauchskomfort	40%
Design	10%

Des Weiteren sind die Torkomponenten festgelegt worden, durch die die Produktfunktionen erreicht werden. Die Gewichtung der einzelnen Komponenten mit dem Ziel der Realisierung der einzelnen Produktfunktionen ist nachstehender Tabelle zu entnehmen.

Produkt-funktion / Komponente	Haltbarkeit / Zuverlässigkeit	Gebrauchs-komfort	Design
Motor	60 %	0 %	0 %
Torrahmen	20 %	0 %	20 %
Rollentor	20 %	100 %	80 %

Auf Basis der gegenwärtig bestehenden Produktionsmöglichkeiten ist von folgenden Kosten pro Komponente auszugehen.

Komponente	Geplante Kosten
Motor	1.000 €
Rollentor	760 €
Torrahmen	240 €

Das Marketing plant mit einer Gesamtabsatzmenge in Höhe von 2.000 Stück und einem Netto-Verkaufspreis in Höhe von 3.000 € je Tor. Als Zielgröße setzt die Close AG eine Umsatzrendite in Höhe von 20% an.

(a) Berechnen Sie ausgehend von der Market into Company Methode die Allowable Costs.

(b) Stellen Sie unter Berücksichtigung der angegebenen Daten die Komponenten- und Funktionenmatrix auf. Berechnen Sie die Kostenanteile pro Komponente und nehmen Sie zusätzlich einen Vergleich der Kosten- und Nutzenanteile für jede Komponente vor. Interpretieren Sie in diesem Zusammenhang die Gegenüberstellung bei jeder Komponente im Hinblick auf die Aussagekraft der Komponenten im Zielkostenkontrolldiagramm.

Aufgabe V.12: Methoden des Kostenmanagements

Systematisieren Sie die Ihnen bekannten Methoden des Kostenmanagements und skizzieren Sie kurz deren grundlegende Ansatzpunkte.

VI. Übungsklausuren

Die nachfolgenden Übungsklausuren entsprechen in ihrer Konzeption zahlreichen, an verschiedenen Universitäten, Fachhochschulen und Akademien gestellten Klausuren zur Kosten- und Leistungsrechnung in Diplom-, Bachelor- und Masterstudiengängen. Die jeweilige Bearbeitungszeit ist angegeben, wobei für jeden zu erreichenden Punkt einer Minute Bearbeitungszeit vorgesehen ist. Als Hilfsmittel wird ein Taschenrechner empfohlen.

A. Übungsklausur 1 (60 Minuten Bearbeitungszeit)

Klausur-Aufgabe 1 – 1   (7 Punkte)

Ein Industrieunternehmen weist folgende Anfangs- und Endbestände für das Geschäftsjahr 07 auf, die der handelsrechtlichen Jahresabschlussrechnung entnommen wurden.

Bilanzposten	Anfangsbestand 01.01.07	Endbestand 31.12.07
Grundstücke	1.200.000 €	1.200.000 €
davon unbebaut	200.000 €	200.000 €
Gebäude	1.850.000 €	1.950.000 €
Maschinen	350.000 €	410.000 €
Roh-, Hilfs- und Betriebsstoffe	90.000 €	50.000 €
fertige Erzeugnisse	410.000 €	190.000 €
Forderungen	110.000 €	350.000 €
Wertpapiere (Umlaufvermögen)	50.000 €	50.000 €
Verbindlichkeiten	670.000 €	730.000 €
Kundenanzahlungen	120.000 €	60.000 €

Die unbebauten Grundstücke wurden aus Spekulationsgründen angeschafft und sollen im Geschäftsjahr 08 veräußert werden. Ein leer stehendes Gebäude (Anfangsbestand 400.000 €/Endbestand 360.000 €) konnte im Laufe des Jahres an betriebsfremde Personen vermietet werden. Die Wertpapiere des

Umlaufvermögens wurden ebenfalls zu Spekulationszwecken angeschafft. Eine Veräußerung ist zunächst nicht geplant. In den Verbindlichkeiten sind ein unverzinsliches Darlehen eines Gesellschafters, das während des Geschäftsjahres 07 um 20.000 € auf 40.000 € reduziert werden konnte, sowie Lieferantenkredite in Höhe von durchschnittlich 110.000 € enthalten. Ansonsten entsprechen die bilanziellen Werte den kostenrechnerischen Zielsetzungen.

Ermitteln Sie die kalkulatorischen Zinsen für das Geschäftsjahr 07. Legen Sie Ihren Berechnungen einen Kalkulatorischen Zinssatz von 8% zugrunde.

Klausur-Aufgabe 1 – 2 (5 Punkte)

Ermitteln Sie die Herstellkosten eines Kostenträgers, für den die folgenden Angaben bekannt sind:

Netto-Verkaufspreis	1.955 €
Sondereinzelkosten der Fertigung	210 €
Sondereinzelkosten des Vertriebs	100 €
Zuschlagssatz für Verwaltungsgemeinkosten auf die Herstellkosten des Umsatzes	20%
Zuschlagssatz für Vertriebsgemeinkosten auf die Herstellkosten des Umsatzes	5%
Gewinnzuschlag auf die Selbstkosten	15%
Lagerbestandsverminderung	380 €.

Klausur-Aufgabe 1 – 3 (16 Punkte)

Die XY-GmbH stellt in einem Zweigbetrieb das Produkt A her. Für das Jahr 01 werden folgende Werte ermittelt:

Produktions- und Absatzmenge	20.000 Stück
Kapazitätsauslastung	70%
Einzelmaterialkosten	128.000 €
Einzellohnkosten	400.000 €
fixe Materialgemeinkosten	320.000 €
variable Materialgemeinkosten	25% der Einzelmaterialkosten

fixe Fertigungsgemeinkosten	300.000 €
variable Fertigungsgemeinkosten	70% der Einzellohnkosten
fixe Verwaltungs- und Vertriebsgemeinkosten	292.000 €
Netto-Verkaufspreis	118 €/Stück.

(a) Erstellen Sie für das Produkt A eine Stückkalkulation unter Rückgriff auf die elektive Zuschlagsrechnung

    (a.a) nach den Grundsätzen der Vollkostenrechnung und

    (a.b) nach den Grundsätzen der Teilkostenrechnung auf der Basis variabler Kosten.

(b) Ermitteln Sie den Periodenerfolg für das Jahr 01

    (b.a) nach den Grundsätzen der Vollkostenrechnung und

    (b.b) nach den Grundsätzen der einstufigen Deckungsbeitragsrechnung auf der Basis variabler Kosten.

(c) Ermitteln Sie den mengen- und wertmäßigen Break-even-point.

Klausur-Aufgabe 1 – 4   (16 Punkte)

Die Wittstock OHG plante für den Monat Juli des Geschäftsjahres 04 eine Produktion von 3.000 Buschmessern. Unter Berücksichtigung von 12.000 € Plan-Fixkosten, die den Ist-Fixkosten entsprechen, betragen die verrechneten Plankosten 9 € je Stück. Die tatsächliche Produktion belief sich auf 2.400 Messer bei preisbereinigten Istkosten von 23.600 €.

(a) Errechnen Sie in einer flexiblen Plankostenrechnung auf Vollkostenbasis für den Monat Juli

    (a.a) die Verbrauchsabweichung,

    (a.b) die Beschäftigungsabweichung und

    (a.c) die "echte" Beschäftigungsabweichung.

(b) Erläutern Sie die betriebswirtschaftliche Bedeutung dieser drei Abweichungsarten.

(c) Skizzieren Sie wesentliche Unterschiede dieses Vollkostensystems zur Grenz-Plankostenrechnung.

Klausur-Aufgabe 1 – 5   (6 Punkte)

Vergleichen Sie die Normalkostenrechnung mit der Istkostenrechnung und erläutern Sie, welche Gründe zur Entwicklung der Plankostenrechnung führten.

Klausur-Aufgabe 1 – 6   (10 Punkte)

Ein Industrieunternehmen fertigt auf einer Maschine mit einer voraussichtlichen Periodenkapazität von 8.000 Stunden die Produkte X, Y und Z. Die Plan-Fixkosten von 235.000 € können in diesem Zeitabschnitt nicht verändert werden.

(a) Bestimmen Sie unter Zugrundelegung der folgenden Plandaten das gewinnmaximale Produktionsprogramm.

Plandaten	Produkte		
	X	Y	Z
maximale Plan-Absatzmenge	400 Stück	600 Stück	800 Stück
Plan-Nettoverkaufspreis je Stück	50 €	70 €	90 €
variable Plankosten je Stück	15 €	30 €	60 €
planmäßige Maschinenbeanspruchung je Stück	5 Std.	8 Std.	2 Std.

(b) Ein Kunde möchte einmalig 100 Einheiten von Produkt Z abnehmen. Ermitteln Sie unter der Prämisse kurzfristig nicht veränderbarer Plan-Fixkosten die entsprechende Preisuntergrenze, bei deren Unterschreiten das in (a) ermittelte Produktionsprogramm seine Optimalität verliert.

B. Übungsklausur 2 (60 Minuten Bearbeitungszeit)

Klausur-Aufgabe 2 – 1 (40 Punkte)

Das Unternehmen Z stellt die Produkte A und B her, für die eine Plan-Kalkulation mit Hilfe der Prozesskostenrechnung vorgenommen werden soll. Für die Herstellung der Produkte fallen voraussichtlich 500 € Materialeinzelkosten und 400 € Fertigungseinzelkosten pro Stück an. Produkt B benötigt hingegen pro Stück planmäßig 600 € Materialeinzelkosten und 550 € Fertigungseinzelkosten pro Stück. Bei einer geschätzten Produktionsmenge der Produkte A und B von 5.000 Stück bzw. 9.000 Stück wurden die in der folgenden Tabelle aufgeführten Plan-Gemeinkosten differenziert nach leistungsmengeninduzierten (lmi) und leistungsmengenneutralen (lmn) Prozessen in bezug auf die entsprechenden Kostenstellen und die insgesamt benötigten Prozesse und Plan-Prozessmengen ermittelt. Da sich keine geeigneten Kostentreiber und Prozesse im Verwaltungsbereich finden ließen, sollen die Plan-Verwaltungsgemeinkosten in Höhe von 8.230.000 € mit Hilfe eines prozentualen Zuschlags auf die Plan-Herstellkosten verrechnet werden.

Kosten-stellen	Prozesse und Plan-Prozessmengen		Plan-Gemeinkosten	
	lmi	lmn	lmi	lmn
Einkauf	15.000 Beschaffungsprozesse	Abteilung leiten	6.000.000 €	900.000 €
Wareneingang	8.000 Wareneingangsprozesse	Abteilung leiten	4.000.000 €	700.000 €
Fertigung	50.000 Maschinenminuten	Abteilung leiten / Grundlagenforschung	12.500.000 €	2.200.000 €
Vertrieb	900 Kundenaufträge	Abteilung leiten / Marktanalysen	1.620.000 €	540.000 €
Summe	---	---	24.120.000 €	4.340.000 €

Für 100 Stück von Produkt A sind 120 Beschaffungs- und 52 Wareneingangsprozesse notwendig, für 100 Stück von Produkt B 100 Beschaffungs- und 60 Wareneingangsprozesse. Die Herstellung von 50 Stück der Produkte A und B verursachen 230 bzw. 150 Maschinenminuten im Fertigungsbereich. Ferner wird damit gerechnet, dass die geplanten Fertigungsmengen von A (5.000

Stück) und B (9.000 Stück) mit jeweils 300 bzw. 600 Kundenaufträgen abgesetzt werden können.

(a) Ermitteln Sie die lmi-Prozesskosten-, die lmn-Umlage- und die Gesamtprozesskostensätze jeweils für die Kostenstellen Einkauf, Wareneingang, Fertigung und Vertrieb.

(b) Führen Sie die Prozesskostenkalkulation für die Produkte A und B zum einen unter Zugrundelegung der Plan-Gesamtkosten und zum anderen bezogen auf ein Stück des jeweiligen Produkts durch.

(c) Würden die Stück-Selbstkosten für die Produkte A und B bei Anwendung einer differenzierten (elektiven) Zuschlagskalkulation den unter (b) ermittelten Ergebnissen entsprechen? Erläutern Sie kurz möglicherweise entstehende Abweichungen. Verzichten Sie bei Beantwortung der Teilaufgabe (c) auf eine Rechnung.

Klausur-Aufgabe 2 – 2   (20 Punkte)

Die XY-GmbH stellt die beiden Produkte A und B her. Für den September des Jahres 01 wurden folgende Daten ermittelt (es lagen keine Bestände am Monatsanfang vor).

Ist-Monatsdaten	Produkt A	Produkt B
Produktionsmenge	14.000 Stück	6.000 Stück
Absatzmenge	12.000 Stück	5.000 Stück
Verkaufserlöse	120.000 €	100.000 €
Materialkosten	42.000 €	50.000 €
Fertigungskosten	28.000 €	16.000 €
Verwaltungs- und Vertriebskosten	28.000 €	24.000 €

Ist-Monatsdaten		Produkt A	Produkt B
Materialkosten	92.000 €		
davon fix	12.000 €		
davon variabel	80.000 €	35.600 €	44.400 €
Fertigungskosten	44.000 €		
davon fix	26.000 €		
davon variabel	18.000 €	12.000 €	6.000 €
Verwaltungs- und Vertriebskosten	52.000 €		
davon fix	36.800 €		
davon variabel	15.200 €	7.200 €	8.000 €

(a) Führen Sie die Kurzfristige Erfolgsrechnung auf Voll- und Teilkostenbasis unter Rückgriff auf das Umsatzkostenverfahren in tabellarischer Form durch.

(b) Berechnen Sie die Gewinnschwelle (Break-even-point) der beiden Produkte für den Monat September des Jahres 01. Gehen Sie davon aus, dass sich die Kosten und Verkaufserlöse proportional zur Produktions- bzw. Absatzmenge verhalten.

C. Übungsklausur 3 (60 Minuten Bearbeitungszeit)

Klausuraufgabe 3 – 1 (10 Punkte)

Für die Fertigungshauptstelle eines Industriebetriebs, der mit einer flexiblen Plankostenrechnung auf Vollkostenbasis arbeitet, wurden für eine Plan-Beschäftigung von 800 Stück Plankosten von 120.000 € ermittelt, die zu 75% fixen Charakter tragen. Die Istkosten auf der Basis von Planpreisen in Höhe von 150.000 € ergaben sich bei einer Ist-Beschäftigung von 600 Stück. Ermitteln Sie rechnerisch

(a) die Verbrauchsabweichung,

(b) die Beschäftigungsabweichung,

(c) die "echte" Beschäftigungsabweichung und

(d) die Gesamtabweichung.

Klausuraufgabe 3 – 2 (9 Punkte)

Eine Ziegelei stellt fünf Ziegelsorten in unterschiedlichen Qualitäten her. Die gesamten Herstellkosten belaufen sich auf 1.155.000 € monatlich. Ermitteln Sie unter Berücksichtigung der in der nachfolgenden Tabelle angegebenen Äquivalenzziffern und monatlichen Produktionsmengen die Herstellkosten der fünf produzierten Sorten.

Ziegelsorten	Äquivalenzziffern	Produktionsmenge
1	1,4	180.000 Stück
2	0,6	110.000 Stück
3	2,5	60.000 Stück
4	1,0	240.000 Stück
5	1,8	190.000 Stück

Klausuraufgabe 3 – 3 (21 Punkte)

Ein Unternehmen stellt vier unterschiedliche Erzeugnisarten her, in die ein identischer Rohstoff eingeht. Für den kommenden Monat ergeben sich neben geplanten Fixkosten von 8.500.000 € die in der folgenden Tabelle ausgewiesenen Plandaten. Der Zulieferbetrieb ist in der Lage, für den kommenden Monat lediglich 560.000 Rohstoff-Mengeneinheiten (ME) bereitzustellen.

Plan-daten / Erzeugnisarten	Absatzmenge in Stück	Netto-Stückerlöse	variable Stückkosten	Benötigte Rohstoff-Mengeneinheiten (ME) pro Stück
A	6.100	1.800 €	1.300 €	40
B	8.300	2.750 €	2.130 €	50
C	5.600	1.980 €	1.170 €	75
D	7.200	860 €	410 €	30

(a) Ermitteln Sie das gewinnmaximale Plan-Produktionsprogramm, das maximale Plan-Deckungsbeitragsvolumen und den Plan-Erfolg unter der Prämisse, dass die Plan-Fixkosten für den kommenden Monat nicht beeinflussbar sind.

(b) Was würden Sie dem Unternehmen auf der Grundlage der Erfolgsplanung von (a) empfehlen?

(c) Bestimmen und interpretieren Sie auf der Basis Ihrer Ergebnisse zu (a) die Preisuntergrenzen der Erzeugnisse A, B und D unter der Prämisse, dass Erzeugnis C diese Produkte aus dem Produktionsprogramm zu verdrängen beabsichtigt.

Klausuraufgabe 3 – 4   (10 Punkte)

Für eine Fertigungskostenstelle wurde festgestellt, dass folgende Kostenfunktion Gültigkeit besitzt:

$$K = 252.000 \text{ €} + 80 \text{ €} \cdot x.$$

Während die Ist-Beschäftigung der letzten Periode 6.300 Stück betrug, wurde die Plan-Beschäftigung für diesen Zeitabschnitt mit 9.000 Stück angesetzt.

Ermitteln Sie für die Fertigungskostenstelle

(a) die gesamten Leerkosten,

(b) die Leerkosten pro Bezugsgrößeneinheit,

(c) die Stückkosten bei Realisierung des Betriebsoptimums und

(d) die Grenzkosten.

(e) Wo liegt der mengen- und wertmäßige Break-even-point für diese Kostenstelle, wenn unterstellt wird, dass die hier gefertigten Erzeugnisse mit einem konstanten Netto-Verkaufspreis von 130 € pro Stück veräußert werden können.

Klausuraufgabe 3 – 5   (6 Punkte)

Nennen Sie aus der Sicht der Abgrenzung zwischen Betriebs- und Finanzbuchhaltung je ein Beispiel für folgende Erfolgsarten.

(a)   Anderskosten

(b)   Zusatzkosten

(c)   Andersleistungen

(d)   Zusatzleistungen

(e)   betriebsfremde Aufwendungen

(f)   außerordentliche Erträge.

Klausuraufgabe 3 – 6   (4 Punkte)

Nennen Sie je ein Beispiel für folgende Konstellationen.

(a)   Zugänge von Aktiva, bei denen gilt: Ausgabe, kein Aufwand;

(b)   Abgänge von Geld-Verbindlichkeiten, bei denen gilt: Auszahlung, keine Ausgabe;

(c)   Abgänge von Passiva, bei denen gilt: Ertrag, keine Einnahme;

(d)   Zugänge von Geld-Verbindlichkeiten, bei denen gilt: Einzahlung, keine Einnahme.

D. Übungsklausur 4 (60 Minuten Bearbeitungszeit)

Klausuraufgabe 4 – 1 (40 Punkte)

Die Zahlen der Betriebsbuchhaltung eines Produktionsunternehmens, das drei unterschiedliche Produkte (A, B, C) herstellt, sind für den Monat Mai (Periode 05) bereits unter Berücksichtigung des aufgestellten Betriebsabrechnungsbogens (BAB 05) wie folgt gegliedert.

	Fertigungsmaterial	400.000 €
+	Materialgemeinkosten laut BAB 05	320.000 €
+	Fertigungslohn	280.000 €
+	Fertigungsgemeinkosten laut BAB 05	700.000 €
=	Herstellkosten der Periode 05	1.700.000 €
+	Verwaltungsgemeinkosten laut BAB 05	490.056 €
+	Vertriebsgemeinkosten laut BAB 05	326.704 €
=	Selbstkosten der Periode 05	2.516.760 €

Die folgende Tabelle gibt Auskunft über die Erzeugnisbewegungen, die Herstellkosten pro Stück des Anfangsbestands (kh/AB) und die Netto-Verkaufserlöse pro Stück der Abgänge (e/Abgänge).

Produkte	AB in Stück	kh/AB in €	Zugänge in Stück	Abgänge in Stück	e/Abgänge in €	EB in Stück
A	400	250	1.200	1.300	600	300
B	500	110	2.500	2.100	520	900
C	200	370	2.400	2.500	280	100

Das Unternehmen geht bei der Verbrauchsreihenfolge der Produkte nach der Last in First out-Methode vor: Die auf Lager befindlichen Erzeugnisse werden stets zuletzt verkauft.

Während das Fertigungsmaterial der Produkte A, B und C sich auf 70,00 €, 40,00 € und 90,00 € beläuft, betragen die Fertigungslöhne pro Stück 25,00 €, 71,20 € und 30,00 €.

(a) Ermitteln Sie die Herstellkosten der Produkte A, B und C.

(b) Führen Sie eine Kurzfristige Erfolgsrechnung (auf Vollkostenbasis) nach dem Gesamtkostenverfahren in tabellarischer Form durch.

(c) Erstellen Sie dafür ein Kostenträgerzeitblatt, das eine produktgruppenbezogene Erfolgsanalyse ermöglicht.

(d) Führen Sie eine Kurzfristige Erfolgsrechnung (auf Vollkostenbasis) nach dem Umsatzkostenverfahren in tabellarischer Form durch.

Klausuraufgabe 4 – 2   (20 Punkte)

Der verkürzte und noch unvollständige Betriebsabrechnungsbogen eines Industrieunternehmens mit gemischtem Fertigungsprogramm hat für die letzte Rechnungsperiode folgendes Aussehen.

Kostenstelle / Kostenarten (in €)/ Bezugsgrößen	Hilfskostenstellen			Hauptkostenstellen	
	Kantine	Fuhrpark	Reparatur	Fertigung	Verwaltung & Vertrieb
primäre Kosten	420.000	128.500	270.000	2.088.000	187.500
Bezugsgröße	1.200 Beschäftigte (B)	72.000 km	1.100 Std.	3.000 Stück	HK der Absatzleistung
innerbetrieblicher Leistungsaustausch		250 B	480 B	240 B	230 B
			8.000 km	14.000 km	50.000 km
				800 Std.	300 Std.
					200 Stück

(a) Vervollständigen Sie unter Berücksichtigung der Struktur des innerbetrieblichen Leistungsaustausches nach Maßgabe des Treppenverfahrens die vorliegende Abrechnung, indem Sie den endgültigen Betriebsabrechnungsbogen erstellen. Berücksichtigen Sie, dass in dem Industrieunternehmen keine Differenzierung nach Einzel- und Gemeinkosten erfolgt.

(b) Wie hoch sind die Kalkulationssätze der beiden Hauptkostenstellen Fertigung sowie Verwaltung und Vertrieb?

(c) Ermitteln Sie die Stück-Selbstkosten eines Erzeugnisses.

E. Übungsklausur 5 (60 Minuten Bearbeitungszeit)

Klausuraufgabe 5 – 1 (7 Punkte)

(a) Wie hoch muss der Abschreibungsprozentsatz sein, wenn bei Anwendung des geometrisch-degressiven Abschreibungsverfahrens (Buchwertmethode) der gesamte kalkulatorische Wertverzehr einer Maschine auf die Jahre ihrer Nutzung verteilt werden soll und folgende Daten vorliegen:

    (a.a) Wiederbeschaffungskosten: 320.000 €

    (a.b) Anschaffungskosten: 265.000 €

    (a.c) Schrottwert: 20.000 €

    (a.d) geschätzte Nutzungsdauer: 9 Jahre.

(b) Unter welchen Voraussetzungen könnte die unter (a) angesprochene Maschine auch in der Steuerbilanz geometrisch-degressiv nach dem Buchwertverfahren abgeschrieben werden und wie hoch wäre dann der maximale Abschreibungsprozentsatz?

Klausur-Aufgabe 5 – 2 (6 Punkte)

Welche Besonderheiten sind in einem Industriebetrieb bezüglich der Kurzfristigen Erfolgsrechnung sowie der Handels- und Steuerbilanz zu beachten, wenn neben nicht speicherbaren Leistungen auch speicherbare erstellt werden?

Klausur-Aufgabe 5 – 3 (3 Punkte)

Wie unterscheiden sich Waren, fertige und unfertige Erzeugnisse?

Klausur-Aufgabe 5 – 4 (6 Punkte)

Nennen und erläutern Sie die Ihnen bekannten Leistungsarten, die in einem Industrieunternehmen auftreten können. Gehen Sie auch auf die Wertkomponenten dieser Leistungsarten ein.

Klausur-Aufgabe 5 – 5 (16 Punkte)

Für die Fertigungshauptstelle eines Maschinenbaubetriebes, der mit einer flexiblen Plankostenrechnung auf Vollkostenbasis arbeitet, wurde in der soeben beendeten Rechnungsperiode eine Plan-Beschäftigung von 7.000 Stück erwartet. Auf dieser Grundlage und unter Berücksichtigung von 14.000 € Plan-Fixkosten (= Ist-Fixkosten) ergab sich ein Plan-Kostenverrechnungssatz auf Vollkostenbasis von 8 €/Stück. Nach Abschluss der Rechnungsperiode wurden 52.000 € Ist-Gesamtkosten bei einer Ist-Beschäftigung von 10.000 Stück gemessen. Die Istkosten sind auf der Grundlage fester Plan-Verrechnungspreise ermittelt worden. Ermitteln Sie (a) analytisch und (b) graphisch

- die Verbrauchsabweichung,
- die Beschäftigungsabweichung und
- die "echte" Beschäftigungsabweichung.

In die graphische Darstellung sind alle relevanten Achsen-, Funktions- und Abweichungsbezeichnungen einzutragen.

Klausur-Aufgabe 5 – 6   (14 Punkte)

Die Y-Aktiengesellschaft hat für die abgelaufene Rechnungsperiode einen Betriebsabrechnungsbogen erstellt, der in den Endkostenstellen zu den in der nachfolgenden Tabelle aufgezeigten Ergebnissen geführt hat.

Ermitteln Sie anhand dieser innerbetrieblichen Abrechnung die Materialkosten, die Fertigungskosten, die Herstellkosten, die Herstellungskosten, die Selbstkosten und den Netto-Absatzpreis eines Produktes, dem 2.000 € Material-Einzelkosten direkt zugerechnet werden und das folgende Bearbeitungszeiten in den einzelnen Fertigungshauptstellen aufweist, mit Hilfe der Zuschlagskalkulation.

Abstechen:	30 Min.
Fräsen:	45 Min.
Härten:	25 Min.
Schleifen:	20 Min.

Berücksichtigen Sie, dass die Y-AG mit einem durchschnittlichen Gewinnaufschlag von 10% für alle Produkte kalkuliert.

	Kostenstellen						
	Material	Fertigung				Verwaltung	Vertrieb
		Abstechen	Fräsen	Härten	Schleifen		
End-kosten	24.352 €	308.000 €	360.000 €	2.035.000 €	364.000 €	772.838 €	463.702,80 €
Bezugs-größen	304.400 € (Material-einzel-kosten)	88.000 Min. (Fertigungs-minuten)	72.000 Min. (Fertigungs-minuten)	110.000 Min. (Fertigungs-minuten)	91.000 Min. (Fertigungs-minuten)	3.091.352 € (Herstell-kosten der abgesetzten Produkte)	3.091.352 € (Herstell-kosten der abgesetzten Produkte)

Klausur-Aufgabe 5 – 7   (8 Punkte)

Welche Aussage(n) ist (sind) richtig?

(a) Kalkulatorische Kosten dürfen im handels- und steuerrechtlichen Jahresabschluss nur insoweit verrechnet werden, als ihnen Aufwendungen gegenüberstehen.

(b) Einzahlungen erhöhen, Ausgaben vermindern den Zahlungsmittelbestand.

(c) Bei linearem Gesamtkostenverlauf liegt das Betriebsoptimum (niedrigste Stückkosten) stets im Schnittpunkt der Durchschnitts- und Grenzkostenfunktion.

(d) Bei der Vollauslastung einer Fertigungskostenstelle werden die gesamten Fixkosten zu Nutzkosten.

(e) Block- und Treppenverfahren führen unter sonst gleichen Bedingungen bei der Verrechnung der sekundären Gemeinkosten stets zu identischen Kalkulationssätzen im Rahmen der sich anschließenden Kostenträgerstückrechnung.

(f) Obwohl Verwaltungskostenstellen den Charakter von Hilfskostenstellen tragen, werden sie im Betriebsabrechnungsbogen als Hauptkostenstellen behandelt, weil die Quantifizierung der Abgabe innerbetrieblicher Verwaltungsleistungen dieser Stellen nur mit großen Schwierigkeiten verbunden bzw. häufig unmöglich ist.

(g) Die Begriffe "kalkulatorische Herstellkosten" und "bilanzrechtliche Herstellungskosten" schließen beide Verwaltungskosten mit ein.

(h) Die mehrstufige Form der Divisionskalkulation kommt primär in Industrieunternehmen zur Anwendung, die mehrere verschiedene, nur geringfügig differenzierte Erzeugnisse durch unterschiedliche, voneinander unabhängige Fertigungsprozesse herstellen.

(i) Zusatzlöhne werden Akkordlohnarbeitern für von ihnen nicht zu vertretende Mehrverbräuche an Zeit gezahlt.

(j) Keine Aussage ist richtig.

F. Übungsklausur 6 (60 Minuten Bearbeitungszeit)

Klausuraufgabe 6 – 1 (6 Punkte)

Nennen Sie drei Gründe, die dazu geführt haben, die Einsatzmöglichkeiten der traditionellen Kostenrechnungssysteme als Planungs-, Kontroll- und Steuerungsinstrument kritisch zu überdenken.

Klausuraufgabe 6 – 2 (6 Punkte)

Welche grundlegenden Analysemöglichkeiten bietet eine mehrstufige Deckungsbeitragsrechnung im Rahmen des Kostenmanagements?

Klausuraufgabe 6 – 3 (8 Punkte)

Skizzieren Sie in knapper Form die Möglichkeit der genauen Erfassung wechselseitiger Leistungsbeziehungen einzelner Kostenstellen untereinander im Rahmen der Erstellung eines Betriebsabrechnungsbogens. Beschreiben Sie ferner die grundsätzliche Struktur eines simultanen Gleichungssystems, das für diese Zwecke formuliert werden muss.

Klausuraufgabe 6 – 4 (22 Punkte)

Eine Maschine mit Anschaffungskosten in Höhe von 180.000 € soll über vier Jahre abgeschrieben werden. Der Schrottwert nach vier Jahren beträgt voraussichtlich 20.000 €. Über die Nutzungsdauer von vier Jahren wird mit einer Gesamtkapazität der Anlage von 320.000 Stück gerechnet, die sich wie folgt auf die einzelnen Perioden verteilt:

Jahre (t)	Stück (x_t)
1	100.000
2	60.000
3	90.000
4	70.000.

	Abschreibungsverfahren									
	linear		digital-degressiv		Buchwert-abschreibung		digital-progressiv		Leistungsabschreibung		
t	q_t	R_t	q_t	R_t	q_t	R_t	q_t	R_t	x_t	q_t	R_t
t = 1											
t = 2											
t = 3											
t = 4											
Summe											

(a) Stellen Sie alternative Abschreibungspläne für die gesamte Nutzungsdauer der Maschine nach den folgenden Abschreibungsmethoden auf:

(a.a) lineare Abschreibung

(a.b) arithmetisch-degressive (digitale) Abschreibung

(a.c) geometrisch-degressive Abschreibung (Buchwertmethode)

(a.d) arithmetisch-progressive (digitale) Abschreibung

(a.e) leistungsabhängige Abschreibung.

Aus dem Abschreibungsplan müssen die jeweiligen Restbuchwerte am Periodenende (R_t) sowie der jährliche Abschreibungsbetrag (q_t) hervorgehen. Tagen Sie Ihre Endergebnisse in die obige Tabelle ein.

(b) Wie hoch müsste der Abschreibungsprozentsatz (w_t) sein, wenn die Anwendung des geometrisch-degressiven Abschreibungsverfahrens der gesamte Werteverzehr der Maschine auf die Jahre ihrer Nutzung verteilt werden soll und die Wiederbeschaffungskosten 240.000 € bei konstantem Schrottwert betragen?

Klausuraufgabe 6 – 5   (10 Punkte)

Welche Aussage(n) ist (sind) richtig?

(a) Die kurzfristige Erfolgsrechnung lässt sich mit Hilfe des Umsatzkostenverfahrens ohne Bestandsaufnahme der fertigen und/oder unfertigen Erzeugnisse durchführen.

(b) Die Beschäftigungsabweichung ergibt sich aus der Differenz zwischen den Sollkosten und den verrechneten Plankosten bei Ist-Beschäftigung.

(c) Bei der Vollauslastung einer Produktionsstelle werden ihre gesamten Fixkosten zu Nutzkosten.

(d) Bei der Restwertmethode werden die verbundenen Kosten den Nebenprodukten in Höhe der (geschätzten) Verkaufserlöse zugerechnet.

(e) Bei der Anwendung des Treppenverfahrens (Stufenleiterverfahren) ist eine vollständige Erfassung der innerbetrieblichen Leistungen der Hilfskostenstellen nicht möglich, wenn diese untereinander Leistungsverflechtungen aufweisen.

(f) Kosten werden definiert als Wert aller verbrauchten Güter und Dienstleistungen einer Rechnungsperiode.

(g) Die in der Kosten- und Leistungsrechnung zum Ansatz kommenden kalkulatorischen Wagnisse gehören terminologisch zur Kategorie der Zusatzkosten.

(h) Beim Blockverfahren werden die Gemeinkosten sowohl auf die Hilfskostenstellen als auch die Hauptkostenstellen mittels eines Verrechnungsschlüssels verteilt.

(i) Erträge stellen erfolgswirksame Erhöhungen, Aufwendungen erfolgswirksame Verminderungen des betriebsnotwendigen Vermögens dar.

(j) Keine Aussage ist richtig.

Klausuraufgabe 6 – 6 (8 Punkte)

In einer Spezialmaschinenfabrik wurden für die Periode 02 folgende Kosten erfasst:

Materialeinzelkosten	240.000 €
Fertigungslohneinzelkosten	60.000 €
Materialgemeinkosten	48.000 €
Fertigungsgemeinkosten	90.000 €
Verwaltungsgemeinkosten	65.700 €
Vertriebsgemeinkosten	43.800 €

(a) Ermitteln Sie die Zuschlagssätze für die Periode 02.

(b) Führen Sie mit Hilfe der differenzierenden Zuschlagskalkulation eine Nachkalkulation durch (Ermittlung der Stückselbstkosten) für zwei in der Periode 02 erstellte Kostenträger, denen pro Stück folgende Einzelkosten zugerechnet werden können.

Produkte Einzelkostenarten	08/15	08/16
Materialeinzelkosten	250 €	50 €
Fertigungslohneinzelkosten	120 €	400 €

G. Übungsklausur 7 (60 Minuten Bearbeitungszeit)

Klausuraufgabe 7 – 1 (12 Punkte)

Die Produktionskapazitäten eines Industrieunternehmens sind im kommenden Monat voraussichtlich durch die ausschließliche Herstellung des Massenproduktes A mit 14.400 Fertigungsminuten vollständig ausgelastet. Für diesen Monat liegt aber ein konkurrierender Zusatzauftrag über die Fertigung eines ähnlichen Massenproduktes B vor. Beide Erzeugnisse, die auf einer vollautomatisierten Anlage gefertigt werden können, unterscheiden sich bezüglich der Plan-Netto-Verkaufserlöse pro Stück (e^p), der proportionalen Plan-Stückkosten (kv^p) sowie der Planbearbeitungszeiten wie in der folgenden Tabelle gezeigt.

Plandaten / Erzeugnisarten	e^p	kv^p	Plan-Bearbeitungszeit
A	500 €	390 €	20 Min.
B	470 €	365 €	24 Min.

(a) Berechnen Sie die Preisuntergrenzen der beiden Erzeugnisse unter der Prämisse, dass lediglich die proportionalen Plan-Netto-Verkaufserlöse und die proportionalen Plan-Stückkosten Entscheidungsrelevanz besitzen.

(b) Interpretieren Sie Ihre Ergebnisse. Gehen Sie hierbei auch darauf ein, ab welchen kritischen Werten die Produktion aus erfolgswirtschaftlicher Sicht einzustellen wäre.

Klausuraufgabe 7 – 2 (6 Punkte)

Legen Sie kurz in verbaler Form die grundlegenden Inhalte der von der Kontrolltheorie entwickelten stochastischen Modelle dar, die darauf abzielen, Verhaltensempfehlungen für die Auswertung von Abweichungen zwischen Ist- und Sollkosten zu liefern.

Klausuraufgabe 7 – 3   (15 Punkte)

Die TELE AG ist ein Hightech-Unternehmen, das sich auf die Produktion und Entwicklung hochwertiger Notebooks spezialisiert hat. Zurzeit befindet sich ein neues Modell HT-1 in der Produktplanungsphase, das über einen Zeitraum von zwei Jahren am Markt angeboten werden soll. Die TELE AG beabsichtigt in diesem Zusammenhang, das Konzept des Target Costing einzusetzen.

Die Vertriebsabteilung plant mit einer Gesamtabsatzmenge von 5.000 Stück pro Jahr und einem Netto-Absatzpreis von 1.000 € je Notebook.

Der folgenden Tabelle ist die Funktionsstruktur des neuen Notebooks zu entnehmen. Zusätzlich ist die Gewichtung der Produktfunktionen als Ergebnis einer Marktforschungsanalyse unter potenziellen Kunden des HT-1 wieder gegeben.

Produktfunktionen	Nutzenanteil
Rechenleistung	40%
Speicherleistung	30%
Gebrauchskomfort	20%
Design	10%

Anschließend wurden die Komponenten des Notebooks festgelegt, durch die die Produktfunktionen erreicht werden. Die Gewichtung der einzelnen Komponenten mit dem Ziel der Realisierung der einzelnen Produktfunktionen ist nachstehender Tabelle zu entnehmen.

Produktfunktion \\ Komponente	Rechen-leistung	Speicher-leistung	Gebrauchs-komfort	Design
Speicher	10 %	100 %	20 %	0 %
Prozessor	90 %	0 %	50 %	0 %
Tastatur	0 %	0 %	20 %	30 %
Gehäuse	0 %	0 %	10 %	70 %

Auf der Grundlage der gegenwärtig bestehenden Produktionsmöglichkeiten bei der TELE AG ist von folgenden Kosten pro Komponente auszugehen.

Komponente	geplante Kosten
Speicher	150 €
Prozessor	514 €
Tastatur	56 €
Gehäuse	80 €

(a) Berechnen Sie auf Grundlage von der Market into Company Methode die Allowable Costs. Gehen Sie als Zielgröße für die Bruttogewinnspanne von einer Umsatzrendite von 30% aus.

(b) Erstellen Sie anhand der vorliegenden Daten die Komponenten- und Funktionsmatrix und berechnen Sie die Zielkostenindizes.

(c) Interpretieren Sie die ermittelten Zielkostenindizes.

Klausuraufgabe 7 – 4   (15 Punkte)

In der Fertigungshauptstelle I einer industriellen Unternehmung fallen unterschiedliche Kostenarten an. Als Plan-Beschäftigung (100%) wird die Fertigungszeit von 160.000 Minuten zugrunde gelegt. Nachstehende Tabelle enthält die geplanten Gesamtkosten $[K^p(x^p)]$ und geplanten Fixkosten $[Kf^p(x^p)]$ je Kostenart bei Planbeschäftigung.

Kostenarten in €	$K^p(x^p)$	$Kf^p(x^p)$
Materialeinzelkosten	111.000 €	0 €
Materialgemeinkosten	55.000 €	33.000 €
Lohneinzelkosten	150.000 €	30.000 €
Hilfslohn- und Gehaltskosten	50.000 €	25.000 €
Energiekosten	8.000 €	6.000 €
Kalkulatorische Zinsen	11.000 €	11.000 €
Summe	385.000 €	105.000 €

(a) Geben Sie die allgemeine Formel zur Berechnung des Variators in der Kostenrechnung an und beschreiben Sie kurz seine Aussagefähigkeit hinsichtlich einer Veränderung der Beschäftigung.

(b) Ermitteln Sie die Variatoren für die einzelnen Kostenarten und stellen Sie die planmäßige Auflösung der Kosten für die Fertigungshauptstelle rechnerisch dar.

(c) Ermitteln Sie die Sollkosten für die Kostenarten dieser Kostenstelle bei einer Ist-Beschäftigung von 128.000 und von 208.000 Fertigungsminuten.

Klausuraufgabe 7 – 5   (12 Punkte)

Ein Industriebetrieb plant die Herstellung der beiden Produktarten A und B mit 3.200 Stück bzw. 2.400 Stück für den nächsten Monat. Zu diesem Zwecke stehen drei Anlagen unterschiedlichen Alters zur Verfügung. Während die variablen Plan-Fertigungskosten auf diesen Anlagen 5,50 €, 3,20 € und 4,00 € pro Minute betragen, können die fixen Plankosten kurzfristig nicht beeinflusst werden. Die folgende Tabelle zeigt die entsprechenden Plandaten, die bei der Verfahrenswahl zu berücksichtigen sind.

Plandaten / Produktarten	Stückzahlen	Fertigungszeit pro Stück in Min.		
		Anlagen		
		I	II	III
A	3.200	20	15	18
B	2.400	30	25	15
Zur Verfügung stehende Gesamtkapazität in Min. pro Anlage	-	20.000	50.000	30.000

(a) Stellen Sie das Entscheidungsproblem grundlegend dar und zeigen Sie die optimale Verfahrenswahl.

(b) Würde sich an Ihren Ergebnissen zu (a) etwas ändern, wenn unter sonst gleichen Bedingungen die Produktarten A und B zu Plan-Netto-Stückpreisen von 50 € bzw. 65 € ohne mengenmäßige Begrenzungen fremd zu beziehen wären?

H. Übungsklausur 8 (60 Minuten Bearbeitungszeit)

Klausuraufgabe 8 – 1   (12 Punkte)

Die folgende Tabelle zeigt eine Matrix, die die innerbetriebliche wechselseitigen Leistungsbeziehungen einzelner Hilfs- und Hauptkostenstellen (St) eines Industrieunternehmens wiedergibt. Die Primärkosten (KP) der einzelnen Kostenstellen lauten wie folgt.

$KP_1 =$ 12.000 €	$KP_4 =$ 150.000 €
$KP_2 =$ 8.000 €	$KP_5 =$ 54.000 €
$KP_3 =$ 21.000 €	$KP_6 =$ 75.000 €

Formulieren Sie das simultane Gleichungssystem in Matrizenschreibweise, das die primären Gemeinkosten der einzelnen Kostenstellen und der ihnen von anderen Abrechnungsbereichen angelasteten sekundären Gemeinkosten zeigt. Die Koeffizienten des simultanen Gleichungssystems sind in Dezimalform anzuführen.

von Stelle an Stelle	Hilfskostenstellen			Hauptkostenstellen		
	St_1	St_2	St_3	St_4	St_5	St_6
St_1	0	1/2	1/5	1/50	1/25	1/80
St_2	1/8	0	1/40	1/8	1/40	1/10
St_3	3/10	3/20	0	1/20	1/8	1/20
St_4	1/4	1/20	3/10	0	0	0
St_5	1/5	1/20	2/5	1/4	0	1/50
St_6	1/8	1/4	3/40	1/16	1/5	0

Klausuraufgabe 8 – 2   (15 Punkte)

Eine Unternehmung, die die Erzeugnisse A, B und C herstellt, will für den nächsten Monat das optimale Produktionsprogramm berechnen. Die Fertigung der drei Erzeugnisse kann jeweils nur durch ein bestimmtes Herstellungsverfahren bewirkt werden. Im Rahmen der Absatz-, Kosten- und Fertigungsplanung sind die in der folgenden Tabelle dargelegten Werte ermittelt worden. Während Fertigungsanlage I im kommenden Monat mit maximal 21.000 Min. eingesetzt werden kann, steht Anlage II voraussichtlich nur mit 12.000 Min. zur Verfügung. Ferner ist der in die Erzeugnisse einfließende Rohstoff für den nächsten Monat lediglich in Höhe von 15.000 ME zu beschaffen. Laut Informationen der Marketing-Abteilung sind voraussichtlich im kommenden Monat lediglich 1.800, 2.100 bzw. 2.500 Stück der Erzeugnisse A, B und C abzusetzen.

Plandaten \ Erzeugnisarten	A	B	C
Plan-Netto-Verkaufserlös pro Stück	40 €	38 €	30 €
Plan-Bearbeitungskosten pro Min.	2 €	3 €	4 €
Plan-Bearbeitungszeit pro Stück	8 Min.	9 Min.	5 Min.
Plan-Maschinenbeanspruchung pro Stück auf Anlage I	3 Min.	5 Min.	2 Min.
Plan-Maschinenbeanspruchung pro Stück auf Anlage II	4 Min.	2 Min.	3 Min.
Plan-Materialeinsatz pro Stück	6 ME	3 ME	2 ME
Plan-Materialpreis pro Mengeneinheit	3 €	3 €	3 €

(a) Formulieren Sie unter Berücksichtigung kurzfristig nicht veränderbarer Fixkosten und der Verfolgung des Ziels der Maximierung des Deckungsbeitragsvolumens den linearen Planungsansatz.

(b) Stellen Sie das Ausgangstableau für eine Optimierungsrechnung nach der Simplexmethode dar.

Klausuraufgabe 8 – 3   (11 Punkte)

Die optimale Lösung des linearen Planungsansatzes von Klausuraufgabe 8 - 2 führt zu folgenden Ergebnissen.

Strukturvariablen: Zugehörige Schlupfvariablen:

x_A = 1.800 Stück x_G = 0 Stück

x_B = 0 Stück x_H = 2.100 Stück

x_C = 1.600 Stück x_I = 900 Stück.

Schlupfvariablen der übrigen Restriktionen:

x_D = 12.400 Min. (Produktionsrestriktion I)

x_E = 0 Min. (Produktionsrestriktion II)

x_F = 1.000 ME (Beschaffungsrestriktion).

Zeigen Sie die rechnerische Zusammensetzung der Resultate auf und interpretieren Sie ihre betriebswirtschaftlichen Inhalte.

Klausuraufgabe 8 – 4   (16 Punkte)

Für den Controller eines Industrieunternehmens bieten sich zwei Strategien zur Auswertung einer Kostenabweichung an, der eine kontrollierbare und eine unkontrollierbare Entstehungsursache zugrunde liegen kann. Während die erste Auswertungsstrategie „Analyse und Beseitigung der Abweichung" lautet, bezieht sich die zweite Auswertungsstrategie auf „Unterlassung" dieser Handlungen. Als Entscheidungshilfen liegen folgende Plangrößen vor.

K^A (Kosten der Abweichungsanalyse) = 29.400 €

K^B (Kosten der Abweichungsbeseitigung) = 31.500 €

ko (Opportunitätskosten, die bei Nichtbeseitigung der kontrollierbaren Abweichungsursachen anfallen) = 73.500 €

wa (noch offene Wahrscheinlichkeit, dass der Abweichung eine kontrollierbare Ursache zugrunde liegt)

(a) Welche Vorgehensweise würden Sie dem Controller bezüglich der Auswertungsstrategie empfehlen? Begründen Sie Ihren Vorschlag.

(b) Würde sich an Ihrer Empfehlung etwas ändern, wenn unter sonst gleichen Bedingungen die Opportunitätskosten, die bei Nichtbeseitigung der kontrollierbaren Abweichungsursachen anfallen, voraussichtlich 51.100 € betragen?

Klausuraufgabe 8 – 5   (6 Punkte)

Beschreiben Sie kurz die Wertanalyse als Instrument des Kostenmanagements. Wie unterscheidet sich das Value Engineering von der Wertanalyse?

I. Übungsklausur 9 (60 Minuten Bearbeitungszeit)

Klausuraufgabe 9 – 1 (20 Punkte)

Ein Automobilhersteller wendet zur Ermittlung der kalkulatorischen Ergebnisse pro Fahrzeuge eine Bezugsgrößenkalkulation auf der Basis von Fertigungsstunden an. Am Ende der Rechnungsperiode weisen die Endkostenstellen im Betriebsabrechnungsbogen folgende Kosten und Bezugsbasen auf.

Kostenstellen Kosten, Bezugsgrößen	Material	Fertigung I	Fertigung II	Fertigung III	Verwaltung und Vertrieb
Endkosten	1.400.000 €	720.000 €	585.000 €	1.008.000 €	742.600 €
Bezugsbasen der Kalkulation	5.600.000 € Fertigungsmaterial	600 Std. Fertigungsstunden	650 Std. Fertigungsstunden	720 Std. Fertigungsstunden	Herstellkosten der Absatzleistungen

(a) Berechnen Sie unter Bezugnahme auf den Betriebsabrechnungsbogen die für eine Kostenträgerstückrechnung erforderlichen Kalkulationssätze.

(b) Nehmen Sie die Kalkulation eines Fahrzeugs vom Typ A 3 2.0 zu Herstell- und Selbstkosten vor, dem 9.000 € an Fertigungsmaterial direkt zuzurechnen sind und das laut Arbeitsvorbereitung nachstehende Durchlaufzeiten in den einzelnen Kostenstellen aufweist:

Fertigung I: 1,8 Std.

Fertigung II: 0,9 Std.

Fertigung III: 3,5 Std.

Sondereinzelkosten sind nicht zu berücksichtigen.

Klausuraufgabe 9 – 2   (18 Punkte)

Die lineare Kostenfunktion (K) für ein Unternehmen mit Massenfertigung lautet (x =Stückzahl):

$$K = 90.000\,€ + 150\,€ \cdot x.$$

Beantworten Sie folgende Fragen:

(a) Wie hoch sind die Leerkosten insgesamt und die Leerkosten pro Stück, wenn die Planbeschäftigung bei 10.000 Stück und die Istbeschäftigung bei 7.500 Stück liegt?

(b) Wo liegt bei dieser Kostenstelle das Betriebsoptimum und durch welchen Kostenwert wird es zum Ausdruck gebracht?

(c) Berechnen Sie den wert- und den mengenmäßigen Break-even-point unter Berücksichtigung eines konstanten Netto-Stück-Preises von 175 €.

(d) Welchen Erfolg erzielt das Unternehmen, wenn die Stückzahlen der Istbeschäftigung abgesetzt und 30.000 € Fixkosten abgebaut werden können?

Klausuraufgabe 9 – 3   (10 Punkte)

Für die Fertigungshauptstelle eines Maschinenbaubetriebes, der mit einer flexiblen Plankostenrechnung auf Vollkostenbasis arbeitet, wurde in der soeben beendeten Rechnungsperiode eine Plan-Beschäftigung von 750 Std. erwartet. Auf dieser Grundlage und unter Berücksichtigung von 60.000 € Plan-Fixkosten (= Ist-Fixkosten) ergab sich ein Plan-Kostenverrechnungssatz auf Vollkostenbasis von 300 €/Std. Nach Abschluss der Rechnungsperiode wurden 290.000 € Ist-Gesamtkosten bei einer Ist-Beschäftigung von 900 Std. gemessen. Die Istkosten sind auf der Grundlage von Planpreisen berechnet worden. Ermitteln Sie analytisch

(a) die Verbrauchsabweichung,

(b) die Beschäftigungsabweichung und

(c) die „echte" Beschäftigungsabweichung.

Klausuraufgabe 9 – 4   (6 Punkte)

Legen Sie dar, welche grundlegenden Ursachen des Verzehrs abnutzbarer Anlagegüter mit Hilfe kalkulatorischer Abschreibungen in der Kostenrechnung erfasst werden sollen. Nennen Sie Beispiele.

Klausuraufgabe 9 – 5   **(6 Punkte)**

Eine Produktionsanlage wurde zu Beginn des Jahres 2012 angeschafft. Die Anschaffungskosten betrugen bei einer betriebsgewöhnlichen Nutzungsdauer von sechs Jahren 240.000 €. Berechnen Sie für die Jahre 2012 bis 2017 die kalkulatorischen Zinsen nach der Restwertmethode und der Kombination aus Rest- und Durchschnittsmethode. Gehen Sie von linearer Abschreibung, einem konstanten Zinssatz von 4% und der Identität von Anschaffungs- und Wiederbeschaffungskosten für die Produktionsanlage aus. Tragen Sie ihre Ergebnisse in die folgende Tabelle ein.

Jahr	Kalkulatorische Zinsen	
	Restwertmethode	Kombinationsmethode
2012		
2013		
2014		
2015		
2016		
2017		

J. Übungsklausur 10 (60 Minuten Bearbeitungszeit)

Klausuraufgabe 10 – 1 (30 Punkte)

Die Café AG hat einen Kaffeevollautomaten und eine Siebträgermaschine für die Gastronomie in ihrem Produktionsprogramm. Kürzlich wurde eine Aktivitätsanalyse innerhalb des Unternehmens durchgeführt, um eine Kalkulation auf der Grundlage der Prozesskostenrechnung durchführen zu können. Die nachfolgende Tabelle gibt die Verteilung der Gesamtkosten des Unternehmens nach der Zuschlagskalkulation sowie die Aufteilung der Materialgemeinkosten, indirekten Fertigungsgemeinkosten und Vertriebskosten auf die in diesen Kostenstellen identifizierten Prozesse wieder.

Kostenarten in Tausend €	Zuschlagskalkulation	Aufteilung für die Prozesskostenrechnung
Materialeinzelkosten	10.000	10.000
Materialgemeinkosten	3.000	
Beschaffung		1.000
Lagerung		2.000
Fertigungseinzelkosten	3.750	3.750
direkte Fertigungsgemeinkosten	5.000	5.000
indirekte Fertigungsgemeinkosten	5.000	
Fertigungsteuerung		3.750
Qualitätsprüfung		1.250
Herstellkosten	26.750	26.750
Vertriebskosten	2.500	
Akquisition		1.500
Fakturierung		500
Versand		500
allgemeine Verwaltungskosten	2.000	2.000
Selbstkosten	31.250	31.250

Die Aktivitätsanalyse hat zu einer Unterscheidung von Prozessen in konfigurationsabhängige Prozesse (werden stärker durch die Bearbeitung der jeweiligen Gerätekonfiguration bestimmt) und auftragsabhängige Prozesse (sind mehr auf die interne Abwicklung der Kundenaufträge gerichtet) geführt. Die folgenden Werte konnten auf dieser Grundlage ermittelt werden.

Konfigurations-abhängige Prozesse	Prozess-kostensatz	Prozessmenge pro Stück	
		Kaffee-vollautomat	Siebträger-maschine
Beschaffung	5 €	15	40
Lagerung	4 €	10	15
Fertigungssteuerung	5 €	10	20
Qualitätsprüfung	4 €	5	15

Auftragsabhängige Prozesse	Auftrag Kaffeevollautomat	Auftrag Siebträgermaschine
Akquisition	40 €	90 €
Fakturierung	35 €	65 €
Versand	30 €	55 €

Folgende Einzelkosten fallen für die Herstellung eines Kaffeevollautomaten bzw. einer Siebträgermaschine an.

Kostenarten	Auftrag Kaffeevollautomat	Auftrag Siebträgermaschine
Material	350 €	450 €
Lohn	100 €	200 €

(a) Welche Stückkosten (Selbstkosten) ergeben sich für die Herstellung eines Auftrages über jeweils einen Kaffeevollautomaten und eine Siebträgermaschine für die Gastronomie? Nehmen Sie eine Verrechnung der Gemeinkosten auf der Grundlage der typischerweise im Rahmen der elektiven Zuschlagskalkulation verwandten Bezugsbasen vor. Berücksichtigen Sie, dass die indirekten Fertigungsgemeinkosten auf die Summe von Fertigungseinzel- und direkten Fertigungsgemeinkosten verrechnet werden. Runden Sie die Zuschlagsätze auf volle Prozentzahlen auf.

(b) Welche Stückkosten (Selbstkosten) ergeben sich, wenn Sie die Berechnung auf der Grundlage der Prozesskostenrechnung für die Herstellung jeweils eines Auftrages über einen Kaffeevollautomaten und einer Siebträgermaschine durchführen? Berücksichtigen Sie, dass die direkten Fertigungsgemeinkosten und die allgemeinen Verwaltungskosten weiterhin mit prozentualen Zuschlägen auf die Einzel- bzw. Herstellkosten berechnet werden.

(c) Nehmen Sie die Berechnung auf der Grundlage der Prozesskostenrechnung für Aufträge vor, die in Abänderung zu Frage (b) jeweils 10 Kaffeevollautomaten bzw. 10 Siebträgermaschinen umfassen.

(d) Erläutern Sie in diesem Zusammenhang den Degressionseffekt. Berechnen Sie den Degressionseffekt bei einer Produktion von jeweils 10 Kaffeevollautomaten bzw. 10 Siebträgermaschinen.

Klausuraufgabe 10 – 2   (15 Punkte)

Für die Fertigungshauptstelle eines Industrieunternehmens, das mit einer flexiblen Plankostenrechnung auf Vollkostenbasis arbeitet, wurden 90.000 € an fixen und 270.000 € an variablen Plan-Gemeinkosten auf der Basis einer Plan-Beschäftigung von 5.000 Fertigungsstunden festgelegt. Für diese Kostenstelle wurden am Ende der Kontrollperiode I 90.000 € an fixen und 240.000 € an variablen Ist-Gemeinkosten bei einer Ist-Beschäftigung von 4.000 Fertigungsstunden und am Ende der Kontrollperiode II 90.000 € an fixen und 310.000 € an variablen Ist-Gemeinkosten bei einer Ist-Beschäftigung von 6.000 Fertigungsstunden gemessen.

(a) Tragen Sie die für die beiden Kontrollperioden zutreffenden Kosten- und Abweichungswerte in die folgende Tabelle ein.

(b) Wie hoch sind die Plan-Fertigungsgemeinkosten für ein Erzeugnis, dass diese Kostenstelle mit 80 Fertigungsstunden planmäßig in Anspruch nimmt?

Kosten- und Abweichungsbezeichnung	Kontrollperiode I (x^i = 4.000 Std.)	Kontrollperiode II (x^i = 6.000 Std.)
K^i (x^i) (Ist-Kosten)		
K^p (x^i) (Soll-Kosten)		
K^p (x^p) (Plan-Kosten)		
K^p (x^p) * xi / xP (verrechnete Plan-Kosten)		
ΔV (Verbrauchsabweichung)		
ΔEB („Echte" Beschäftigungsabweichung)		
ΔB (Beschäftigungsabweichung)		

Klausuraufgabe 10 – 3   (15 Punkte)

Die Produktionskapazitäten eines Industrieunternehmens sind im kommenden Monat voraussichtlich durch die ausschließliche Herstellung des Massenproduktes A mit 14.400 Fertigungsminuten vollständig ausgelastet. Für diesen Monat liegt aber ein konkurrierender Zusatzauftrag über die Fertigung eines ähnlichen Massenproduktes B vor. Beide Erzeugnisse, die auf einer vollautomatisierten Anlage gefertigt werden können, unterscheiden sich bezüglich der Plan-Netto-Verkaufserlöse pro Stück (e^P), der proportionalen Planstückkosten (kv^P) sowie der Planbearbeitungszeiten wie in der folgenden Tabelle gezeigt.

Plandaten Erzeugnisarten	e^P	kv^P	Plan-Bearbeitungszeit
A	450 €	350 €	8 Min.
B	410 €	320 €	12 Min.

In die Massenprodukte A und B fließt eine identische Rohstoffart mit 4 bzw. 2 Mengeneinheiten planmäßig ein, für die am Beschaffungsmarkt gegenwärtig ein Plan-Netto-Einkaufspreis in Höhe von 50 € pro Mengeneinheit gezahlt werden muss.

(a) Berechnen Sie mögliche Preisobergrenzen bezüglich der Rohstoffart unter der Prämisse, dass lediglich die proportionalen Plan-Netto-Verkaufserlöse und die proportionalen Plan-Stückkosten Entscheidungsrelevanz besitzen.

(b) Interpretieren Sie Ihre Ergebnisse. Gehen Sie hierbei auch darauf ein, ab welchen kritischen Werten die Produktion aus erfolgswirtschaftlicher Sicht einzustellen bzw. wieder aufzunehmen wäre.

Zweiter Teil: Lösungen

I. Einführung und Begriffsklärungen

Aufgabe I.1: Kostenlehre

Allgemeine Aufgabe der betriebswirtschaftlichen Kostenlehre ist die Erklärung kostenorientierter betrieblicher Entscheidungsprozesse sowie die Ermittlung des zieloptimalen Einsatzes von Wirtschaftsgütern. Unterschieden werden drei Bereiche:

(a) die Kostentheorie, die mit Hilfe von Modellen betriebswirtschaftliche Kostenphänomene erklären will (Erklärungsfunktion) sowie den zur optimalen Zielerreichung (z.B. Gewinnmaximierung oder Kostenminimierung) erforderlichen Mitteleinsatz aufzeigen will (Gestaltungsfunktion);

(b) die Kostenrechnung als Instrumentarium zur Erfassung, Verrechnung, Planung und/oder Kontrolle von Kosten und Leistungen;

(c) der Kostenbegriff und dessen Abgrenzung von Kostentheorie und Kostenrechnung gegenüber anderen Zielsetzungen und Mitteleinsätzen (z.B. gegenüber Bilanzierungs-, Investitions- und/oder Finanzierungsvorgängen).

Literatur   Fischbach, Kapitel 1.1 sowie Kapitel 1.3 zur Kostentheorie und Kapitel 2 bis 5 zum Instrumentarium der Kostenrechnung.
Freidank, Erster Teil, Kapitel I. sowie Zweiter Teil zur Kostentheorie und Dritter Teil zum Instrumentarium der Kostenrechnung.

Aufgabe I.2: Kostenbegriff

Entsprechend des wertmäßigen Kostenbegriffs sind Kosten als der bewertete sachzielbezogene Güterverzehr einer Rechnungsperiode zu verstehen. Diese ergeben sich aus einer Mengen- und einer Wertkomponente.

Die Mengenkomponente umfasst den gesamten Güterverzehr einer Periode, der dem unternehmerischen Sachziel dient. Diese wird multipliziert mit der Wertkomponente als dem am monetären Grenznutzen [= Grenzausgabe + Grenzgewinn (Opportunitätskosten) – Grenzverlust] orientierten Wertansatz.

I. Einführung und Begriffsklärungen

Im Gegensatz zum wertmäßigen Kostenbegriff werden die sachzielbezogenen Güterverzehre beim pagatorischen Kostenbegriff in seiner Standardform mit den entsprechenden historischen oder planmäßigen Anschaffungspreisen (Ausgaben) bewertet.

Literatur   Fischbach, Kapitel 1.2.2.
             Freidank, Erster Teil, Kapitel I. und Kapitel II.A.-C.
             Freidank/Velte, Erster Teil, Kapitel IV.C.1.c.

Aufgabe I.3:   **Kostenbegriff**

Kosten werden definiert als

( )   Wert aller verbrauchten Güter und Dienstleistungen einer Rechnungsperiode

(X)   Wert des sachzielbezogenen Verzehrs von Gütern und Dienstleistungen einer Rechnungsperiode

( )   Wert aller zugegangenen Güter und Dienstleistungen einer Rechnungsperiode

( )   Wert aller erwirtschafteten Güter und Dienstleistungen einer Rechnungsperiode.

Aufgabe I.4:   **Begriffe Auszahlung, Ausgabe und Aufwand**

Auszahlungen vermindern den Zahlungsmittelbestand (= Kassenbestand + jederzeit verfügbare Bankguthaben zu einem Stichtag).

Ausgaben vermindern das Geldvermögen (= Zahlungsmittelbestand + Bestand an (sonstigen) Geld-Forderungen – Bestand an Geld-Verbindlichkeiten zu einem Stichtag). Dabei werden Sach-Forderungen und Sach-Verbindlichkeiten nicht erfasst (z.B. Sicherungsübereignungen, Bürgschaften, Verpfändungen von Wirtschaftsgütern, Einräumung von Hypotheken- oder Grundschulden).

Hieraus folgt:

Summe der Auszahlungen einer Periode

- − Zugänge von (sonstige) Geld-Forderungen, bei denen gilt = Auszahlung, keine Ausgabe (z.B. Kreditgewährung an einen Schuldner in bar)
- + Abgänge von (sonstigen) Geld-Forderungen, bei denen gilt = Ausgabe, keine Auszahlung (z.B. Einkauf von Rohstoffen gegen Verrechnung bereits geleisteter Anzahlungen)
- − Abgänge von Geld-Verbindlichkeiten, bei denen gilt = Auszahlung, keine Ausgabe (z.B. Bezahlung von auf Ziel gelieferter Waren)
- + Zugänge von Geld-Verbindlichkeiten, bei denen gilt = Ausgabe, keine Auszahlung (z.B. Einkauf von Rohstoffen auf Ziel)

= Summe der Ausgaben einer Periode.

Sofern lediglich der Zahlungsmittelbestand vermindert wird (z.B. Barentnahmen und/oder Bareinkäufe von Wirtschaftsgütern), gilt stets Auszahlung = Ausgabe.

Aufwendungen können als erfolgswirksame Minderungen des Unternehmensvermögens (= Geldvermögen + Bestand an sonstigen Aktiva − Bestand an sonstigen Passiva zu einem Stichtag) definiert werden.

Aus den Ausgaben einer Periode lassen sich die Aufwendungen wie folgt ableiten:

Summe der Ausgaben einer Periode

- − Zugänge von Aktiva, bei denen gilt: Ausgabe, kein Aufwand (z.B. Barkauf von Wertpapieren)
- + Abgänge von Aktiva, bei denen gilt: Aufwand, keine Ausgabe (z.B. Abschreibungen auf in Vorperioden angeschafftes Sachanlagevermögen)
- − Abgänge von Passiva, bei denen gilt: Ausgabe, kein Aufwand (z.B. Begleichung einer Anwaltsrechnung, in deren Höhe im Vorjahr eine Rückstellung gebildet wurde).
- + Zugänge von Passiva, bei denen gilt: Aufwand, keine Ausgabe (z.B. Bildung von Rückstellungen).
- − Abgänge von Aktiva bzw. Zugänge von Passiva, bei denen gilt: Ausgabe, kein Aufwand (z.B. Barentnahmen und Übernahme privater Geld-Verbindlichkeiten des Eigners durch das Unternehmen)

= Summe der Aufwendungen einer Periode.

Die Konstellation Ausgabe = Aufwand liegt immer dann vor, wenn der Minderung des Geldvermögens keine entsprechende Mehrung der Aktiva bzw. Minderung der Passiva, mit Ausnahme der erfolgswirksamen Minderung des Eigenkapitals, gegenübersteht (z.B. anfallende Lohn- und Zinsauszahlungen bzw. -verpflichtungen).

Das Steuerrecht folgt jedoch nicht der hier dargelegten Abgrenzung zwischen Ausgaben und Aufwendungen. So definiert § 4 Abs. 4 EStG Betriebsausgaben als Aufwendungen, die durch den Betrieb veranlasst sind. Allerdings sind Betriebsausgaben nicht mit dem vorstehend umschriebenen Aufwandsbegriff gleichzusetzen. So werden durch spezifische steuerrechtliche Regelungen einerseits Betriebsausgaben, die zugleich Aufwand der Periode darstellen, zu sog. nichtabzugsfähigen Betriebsausgaben erklärt (z.B. Aufwendungen für Geschenke, Gästehäuser etc. gemäß § 4 Abs. 5 EStG und die Körperschaftsteuer bei Kapitalgesellschaften nach § 10 Nr. 2 KStG). Andererseits existieren aber auch Fälle, die aus steuerrechtlicher Sicht zu abzugsfähigen Betriebsausgaben führen, handelsrechtlich aber nicht als Aufwand behandelt werden (z.B. Vornahme steuerlicher Bewertungsvergünstigungen, die in der Handelsbilanz nicht angesetzt werden dürfen).

<u>Literatur</u>   Freidank, Erster Teil, Kapitel II.D.
Freidank/Velte, Erster Teil, Kapitel IV.C.

Aufgabe I.5: Begriffe Kosten und Aufwand

Gesamte Aufwendungen				Gesamte Kosten	
Neutrale Aufwendungen		Zweckaufwendungen			
Zusatzaufwendungen	Andersaufwendungen				
Aufwendungen, die keinen Kosten entsprechen	Aufwendungen > oder < der ihnen entsprechenden Kosten	(Aufwendungen = Kosten)	(Kosten = Aufwendungen)	Kosten > oder < der ihnen entsprechenden Aufwendungen	Kosten, denen keine Aufwendungen entsprechen
			Grundkosten	Anderskosten	Zusatzkosten
				Kalkulatorische Kosten	

<u>Literatur</u> Fischbach, Kapitel 1.2.2.
Freidank, Erster Teil, Kapitel IV.D.3.
Freidank/Velte, Erster Teil, Kapitel IV.C.1.c. und Zweiter Teil, Kapitel II.A.6.b.b.

I. Einführung und Begriffsklärungen 117

Aufgabe I.6: Begriffe Auszahlung, Ausgabe, Aufwand und Kosten

Auszahlung	Juni
Ausgabe	Mai
Aufwand	August
Kosten	August

Aufgabe I.7: Erfolgs- und Vermögensermittlung

(a) Totalerfolgsermittlung

(a.a) Bestandsgrößenvergleich

(17)		Eigenkapital am Ende von 02	693.000 €
(1)	–	Eigenkapital am Anfang 01	400.000 €
(12)	–	Einlage des Eigners	30.000 €
(10)	+	Entnahme des Eigners	100.000 €
	=	Totalerfolg (= Totalgewinn)	363.000 €

(a.b) Stromgrößenvergleich

	Einzahlungen:		Auszahlungen:
		(2)	200.000 €
(5)	900.000 €	(3)	156.000 €
(6)	400.000 €	(4)	80.000 €
(9)	120.000 €	(7)	42.000 €
(11)	9.000 €	(8)	250.000 €
(14)	140.000 €	(13)	158.000 €
(16)	80.000 €	(15)	400.000 €
=	1.649.000 €	=	1.286.000 €

Totalgewinn = 363.000 € (= 1.649.000 € – 1.286.000 €).

(b) Periodenerfolgsermittlung durch Stromgrößenvergleich

(b.a) Erfolgsermittlung für das Jahr 01

	Erträge:			Aufwendungen:
			(2)	200.000 €
(5)	900.000 €		(3)	156.000 €
(9)	60.000 €[1]		(7)	6.000 €[2]
(11)	3.000 €[3]		(8)	125.000 €
=	963.000 €		=	487.000 €

Erfolg für das Jahr 01 (= Gewinn) = 476.000 € (= 963.000 € – 487.000 €).

(b.b) Erfolgsermittlung für das Jahr 02

	Erträge:			Aufwendungen:
(9)	60.000 €[4]		(7)	36.000 €[5]
(11)	6.000 €[6]		(8)	125.000 €
(14)	140.000 €		(13)	158.000 €
=	206.000 €		=	319.000 €

Erfolg für das Jahr 02 (= Verlust) = – 113.000 € (= 206.000 € – 319.000 €). Die Summe aus den beiden Periodenerfolgen entspricht dem Totalerfolg (= Totalgewinn) von 363.000 € (= 476.000 € – 113.000 €).

---

[1] Für Oktober bis Dezember 01 je 20.000 € (= 120.000 € : 6 Monate).

[2] Für November und Dezember 01 je 3.000 € (= 42.000 € : 14 Monate).

[3] Für Juli bis Dezember 01 je 500 € (= 9.000 € : 18 Monate).

[4] Für Januar bis März 02 je 20.000 €.

[5] Für Januar bis Dezember 02 je 3.000 €.

[6] Für Januar bis Dezember 02 je 500 €.

I. Einführung und Begriffsklärungen

(c) Periodenbezogenen Ermittlung des Cashflow

(c.a) Für das Jahr 01

Erträge = Einzahlungen:		Aufwendungen = Auszahlungen:	
		(2)	200.000 €
		(3)	156.000 €
(5)	900.000 €	(7)	6.000 €[1]
(9)	60.000 €[2]	(8)	125.000 €
=	960.000 €	=	487.000 €

Cashflow für das Jahr 01 = 473.000 € (= 960.000 € − 487.000 €).

(c.b) Für das Jahr 02

Erträge = Einzahlungen:		Aufwendungen = Auszahlungen:	
(11)	6.000 €[3]	(13)	158.000 €
(14)	140.000 €		
=	146.000 €		

Cashflow für das Jahr 02 = − 12.000 € (= 146.000 € − 158.000 €).

---

[1] Für Juli bis Dezember 01 je 500 €.
[2] Für Oktober bis Dezember 01 je 20.000 €.
[3] Für Januar bis Dezember 02 je 500 €.

(d) Ermittlung des Geldvermögens

(d.a) Für das Jahr 01

Einzahlungen: Auszahlungen:

		(2)	200.000 €
(1)	400.000 €	(3)	156.000 €
(5)	900.000 €	(4)	80.000 €
(6)	400.000 €	(7)	42.000 €
(9)	120.000 €	(8)	250.000 €
=	1.820.000 €	=	728.000 €

Zahlungsmittelbestand zum 31.12.01 = 1.092.000 € (= 0 € + 1.820.000 € − 728.000 €).[1]

(d.b) Für das Jahr 02

Einzahlungen: Auszahlungen:

(11)	9.000 €	(10)	100.000 €
(12)	30.000 €	(13)	158.000 €
(14)	140.000 €	(15)	400.000 €
(16)	80.000 €	(17)	693.000 €
=	259.000 €	=	1.351.000 €

Zahlungsmittelbestand zum 31.12.02 = 0 € (= 1.092.000 € + 259.000 € − 1.351.000 €).[2]

Literatur   Fischbach, Kapitel 1.2.1.
            Freidank, Erster Teil, Kapitel II.D–F.
            Freidank/Velte, Erster Teil, Kapitel IV.C.1.g. und Kapitel IV.C.2-

---

[1] Die auf das Jahr 01 entfallenden Darlehenszinsen von 3.000 € stellen eine sonstige Geld-Forderung dar, die nicht den Zahlungsmittelbestand, aber das Geldvermögen im Jahr 01 erhöht.

[2] Die Einzahlung der Darlehenszinsen im Jahr 01 von 9.000 € führt nur in Höhe von 6.000 € zu einer Steigerung des Geldvermögens im Jahr 02, da die sonstigen Geld-Forderungen von 3.000 € aus dem Jahr 01 nun zahlungswirksam werden.

Aufgabe I.8: Begriffe Kosten und Aufwand

(gesamte) Aufwendungen

− Neutrale Aufwendungen
 * Zusatzaufwand (Beispiel: Abschreibungen auf sachzielfremde Finanzanlagen)
 * Andersaufwand (Beispiel: a.o. Schäden wie z.B. Feuer etc.; steuerrechtliche Abschreibungen)

= Zweckaufwand

= Grundkosten (Beispiel: Löhne, Materialverbrauch, sachzielbezogene Miete etc.)

+ Anderskosten (Beispiel: Kalkulatorische Abschreibungen)

+ Zusatzkosten (Beispiel: Kalkulatorischer Unternehmerlohn)

= (gesamte) Kosten

Literatur   Fischbach, Kapitel 1.2.2.
      Freidank, Erster Teil, Kapitel II.D.3.
      Freidank/Velte, Erster Teil, Kapitel IV.C.1.c.

Aufgabe I.9: Begriffe Leistung und Ertrag

Leistungen stellen die bewerteten sachzielbezogenen Erstellungen von Wirtschaftsgütern (materielle und immaterielle Realgüter sowie Nominalgüter) einer Rechnungsperiode dar, wobei die Wertkomponenten wertmäßig oder pagatorisch ausgerichtet sein können.

Erträge umfassen die gesamten bewerteten Erstellungen von Wirtschaftsgütern einer Rechnungsperiode, wobei die Wertkomponenten an die gesetzlichen Bewertungsvorschriften des Handels- und Steuerrechts anknüpfen. Sie Können auch als erfolgswirksame Mehrungen des Unternehmensvermögens (Eigenkapitals) definiert werden.

Literatur   Fischbach, Kapitel 1.2.3.
      Freidank, Erster Teil, Kapitel II.D.3.
      Freidank/Velte, Erster Teil, Kapitel IV.C.1.f.

Aufgabe I.10: Begriffe Kosten und Aufwand

Die Kosten betragen:

	600.000 €	Grundkosten: Rohstoffverbräuche
+	250.000 €	Grundkosten: Lohnkosten
+	120.000 €	Anderskosten: Kalkulatorische Abschreibungen
+	30.000 €	Zusatzkosten: Kalkulatorischer Unternehmerlohn
=	1.000.000 €	gesamte Kosten.

Die Aufwendungen betragen:

	600.000 €	Grundkosten (= Zweckaufwand): Rohstoffverbräuche
+	250.000 €	Grundkosten (= Zweckaufwand): Lohnkosten
+	180.000 €	Neutrale Aufwendungen: Bilanzielle Abschreibungen
+	70.000 €	Neutrale Aufwendungen: sachzielfremde Aufwendungen
=	1.100.000 €	gesamte Aufwendungen.

Aufgabe I.11: Begriffe Leistung und Ertrag

Die Leistungen betragen:

	1.200.000 €	Grundleistungen (= Zweckerträge): Verkaufserlöse
+	150.000 €	Andersleistungen: Zuschreibungen bis zum Marktwert
+	80.000 €	Zusatzleistungen: Ansatz der Marke
=	1.430.000 €	gesamte Leistungen.

Die Erträge betragen:

	1.200.000 €	Grundleistungen (= Zweckerträge): Verkaufserlöse
+	100.000 €	Neutrale Erträge: Zuschreibungen bis zu den AK
+	40.000 €	Neutrale Erträge: sachzielfremde Erträge
=	1.340.000 €	gesamte Erträge.

Aufgabe I.12: Ermittlung von Ergebnissen

(a)		140.000 €	Neutrale Erträge
	−	250.000 €	Neutrale Aufwendungen
	=	− 110.000 €	Neutrales Ergebnis (Neutraler Verlust)

(b)		1.430.000 €	Leistungen
	−	1.000.000 €	Kosten
	=	430.000 €	Kalkulatorisches Betriebsergebnis (Betriebsgewinn)

(c)		1.340.000 €	Erträge
	−	1.100.000 €	Aufwendungen
	=	240.000 €	Jahresergebnis (Jahresüberschuss)

Literatur   Fischbach, Kapitel 1.2.1.
Freidank, Erster Teil, Kapitel II.F. 3.
Freidank/Velte, Erster Teil, Kapitel IV.C.1.g. und Kapitel IV.C.2.

Aufgabe I.13: Kalkulatorische Buchungen im Ein- und Zweikreissystem

(a) Verbuchungen nach dem Gemeinschaftskontenrahmen der Industrie (Einheitskreissystem)

S	01 Maschinen		H
AB	...	(5)	180.000 €
(10)	100.000 €		

S	23 Bilanzmäßige Abschreibungen		H
(5)	180.000 €	(16)	180.000 €

S	25 Außerplanmäßige Zuschreibungen		H
(18)	100.000 €	(10)	100.000 €

S	201 Betriebsfremde Aufwendungen		H
(6)	70.000 €	(17)	70.000 €

S	202 Betriebsfremde Erträge		H
(19)	40.000 €	(11)	40.000 €

S	28 Verrechnete kalkulatorische Kosten		H
(14)	150.000 €	(3)	120.000 €
		(4)	30.000 €
	150.000 €		150.000 €

S	281 Verrechnete kalkulatorische Leistungen		H
(8)	150.000 €	(15)	230.000 €
(9)	80.000 €		
	230.000 €		230.000 €

S	10 Kasse		H
AB	...	(2)	250.000 €
(7)	1.200.000 €	(6)	70.000 €
(11)	40.000 €		

S	30 Rohstoffe		H
AB	...	(1)	600.000 €

S	40 Rohstoffkosten		H
(1)	600.000 €	(12)	600.000 €

S	43 Lohnkosten		H
(2)	250.000 €	(12)	250.000 €

I. Einführung und Begriffsklärungen

S	48 Kalkulatorische Kosten		H
(3)	120.000 €	(12)	150.000 €
(4)	30.000 €		
	150.000 €		150.000 €

S	80 Umsatzerlöse		H
(13)	1.200.000 €	(7)	1.200.000 €

S	801 Kalkulatorische Leistungen		H
(13)	230.000 €	(8)	150.000 €
		(9)	80.000 €

S	97 Betriebsergebnis		H
(12)	1.000.000 €[1]	(13)	1.430.000 €[2]
(20) (Betriebs- gewinn)	430.000 €		
	1.430.000 €		1.430.000 €

S	90 Verrechnungsergebnis		H
(15)	230.000 €	(14)	150.000 €
		(21)	80.000 €
	230.000 €		230.000 €

---

[1] 1.000.000 € = 600.000 € + 250.000 € + 150.000 €.

[2] 1.430.000 € = 1.200.000 € + 230.000 €.

S	29 Neutrales Ergebnis		H
(16)	180.000 €	(18)	100.000 €
(17)	70.000 €	(19)	40.000 €
		(22) (Neutraler Verlust)	110.000 €
	250.000 €		250.000 €

S	98 Gewinn- und Verlustkonto		H
(21)	80.000 €	(20)	430.000 €
(22)	110.000 €		
Jahresüberschuss	240.000 €		
	430.000 €		430.000 €

(b) Verbuchungen nach dem Industriekontenrahmen (Zweikreissystem)

(b.a) Rechnungskreis I: Finanzbuchhaltung

S	07 Maschinen		H
AB	...	(3)	180.000 €
(6)	100.000 €		

S	20 Rohstoffe		H
AB	...	(1)	600.000 €

S	28 Flüssige Mittel		H
AB	...	(2)	250.000 €
(5)	1.200.000 €	(4)	70.000 €
(7)	40.000 €		

S	50 Umsatzerlöse		H
(12)	1.200.000 €	(5)	1.200.000 €

S	54 Sonstige betriebliche Erträge		H
(13)	140.000 €	(6)	100.000 €
		(7)	40.000 €
	140.000 €		140.000 €

S	60 Aufwendungen für Rohstoffe		H
(1)	600.000 €	(8)	600.000 €

S	62 Lohnaufwand		H
(2)	250.000 €	(10)	250.000 €

S	65 Abschreibungsaufwand		H
(3)	180.000 €	(10)	180.000 €

S	69 Sonstige betriebliche Aufwendungen		H
(4)	70.000 €	(11)	70.000 €

S	802 Gewinn- und Verlustkonto		H
(8)	600.000 €	(12)	1.200.000 €
(9)	250.000 €	(13)	140.000 €
(10)	180.000 €		
(11)	70.000 €		
Jahresüberschuss	240.000 €		
	1.340.000 €		1.340.000 €

(b.a) Rechnungskreis II: Kosten- und Leistungsrechnung

S	85-87 Aufwands- und ertragsbezogene Korrekturen		H
(14)	40.000 €	(15)	70.000 €
(16)	30.000 €	(17)	60.000 €
Neutraler Verlust	190.000 €	(18)	80.000 €
		(19)	50.000 €
	260.000 €		260.000 €

S	90 Unternehmensbezogene Abgrenzungen		H
(15)	70.000 €	(14)	40.000 €
		(20)	30.000 €
	70.000 €		70.000 €

S	910 Kosten- und leistungsrechnerische Korrekturen		H
(17)	60.000 €	(16)	30.000 €
(18)	80.000 €	(21)	160.000 €
(19)	50.000 €		
	190.000 €		190.000 €

S	911 Verrechnete Kosten und Leistungen		H
(7)	1.200.000 €	(1)	600.000 €
(8)	150.000 €	(2)	250.000 €
(9)	80.000 €	(3)	120.000 €
		(4)	30.000 €
		Betriebsgewinn	430.000 €
	1.430.000 €		1.430.000 €

I. Einführung und Begriffsklärungen

S	920 Kostenarten		H
(1)	600.000 €	(10)	1.000.000 €
(2)	250.000 €		
(3)	120.000 €		
(4)	30.000 €		
	1.000.000 €		1.000.000 €

S	980 Umsatzerlöse		H
(11)	1.200.000 €	(7)	1.200.000 €

S	921 Kalkulatorische Leistungen		H
(12)	230.000 €	(8)	150.000 €
		(9)	80.000 €
	230.000 €		230.000 €

S	991 Betriebsergebnis		H
(10)	1.000.000 €[1]	(11)	1.200.000 €
(13) (= Betriebsgewinn)	430.000 €	(12)	230.000 €
	1.430.000 €		1.430.000 €

S	992 Neutrales Ergebnis		H
(20)	30.000 €	(22) (= Neutraler Verlust)	190.000 €
(21)	160.000 €		
	190.000 €		190.000 €

---

[1] 1.000.000 € = 600.000 € + 250.000 € + 120.000 € + 30.000 €.

S	993 Jahresergebnis		H
(22) (= Neutraler Verlust)	190.000 €	(13) (= Betriebsgewinn)	430.000 €
Jahresüberschuss	240.000 €		
	430.000 €		430.000 €

Literatur Fischbach, Kapitel 1.2.2 und 1.2.3.
Freidank, Erster Teil, Kapitel II.F.3.
Freidank/Velte, Zweiter Teil, Kapitel I.B.7. und Dritter Teil, Kapitel III.

Aufgabe I.14:   Monetärer Grenznutzen

(a)   **Berechnung des monetären Grenznutzens**

(a.a)
	Grenzausgabe	8,00 €
+	Grenzgewinn	
	(= Opportunitätskosten)	2,00 €
=	monetärer Grenznutzen	10,00 €

(a.b)
	Grenzausgabe	8,00 €
–	Grenzverlust	1,00 €
=	monetärer Grenznutzen	7,00 €

(b)   **Bestimmung des monetären Grenznutzens**

Der monetäre Grenznutzen lässt sich nur dann exakt bestimmen, wenn

- für den Bewertenden vollständige Markttransparenz hinsichtlich der Alternativensuche besteht oder
- ein Entscheidungsmodell mit fixierten Handlungsspielräumen vorliegt.

Literatur Freidank, Erster Teil, Kapitel II.B.3.

I. Einführung und Begriffsklärungen

Aufgabe I.15: **Begriffe Kosten und Aufwand**

(1) Grundkosten (= Zweckaufwand)

(2) Neutraler (sachzielfremder) Aufwand

(3) Zusatzkosten

(4) Neutraler (periodenfremder) Aufwand

(5) Neutraler (außerordentlicher) Aufwand

(6) Grundkosten (= Zweckaufwand)

(7) Anderskosten

(8) Zusatzkosten

(9) 400 € Grundkosten (= Zweckaufwand),
5.600 € Neutraler (außerordentlicher) Aufwand

(10) Neutraler (sachzielfremder) Aufwand

(11) Hier ist keine der angegebenen Antworten richtig. Es handelt sich um eine Auszahlung bzw. eine Ausgabe (die genaue Zuordnung ist nicht ersichtlich).

(12) Grundkosten (= Zweckaufwand)

(13) Neutraler Aufwand

(14) Zusatzkosten

(15) Hier ist keine der angegebenen Antworten richtig. Es handelt sich um einen reinen Zahlungsvorgang, d.h. eine Ausgabe.

(16) Auch die hier richtige Antwort war nicht vorgegeben. Es handelt sich um einen Neutralen (sachzielfremden) Ertrag.

II. Grundbegriffe der Kostentheorie

Aufgabe II.1: Beschäftigungsgrad

(a) Berechnung des wöchentlichen Beschäftigungsgrades

Der Beschäftigungsgrad ist das Produkt aus Zeitgrad und Lastgrad. Zur Errechnung des Zeitgrades muss die Kalenderzeit als die für den relevanten Zeitraum maximal mögliche Beschäftigung ermittelt werden. Diese beträgt bei einem unterstellten arbeitsfreien Wochenende:

$$5 \text{ Arbeitstage} \cdot 24 \text{ Stunden} = 120 \text{ Stunden.}$$

Der Zeitgrad errechnet sich daraus wie folgt:

$$\text{Zeitgrad} = \frac{\text{Fertigungszeit}}{\text{Kalenderzeit}} = \frac{75 \text{ Std.}}{120 \text{ Std.}} = 0{,}625.$$

Bei einer wöchentlichen Optimalkapazität von 30.000 Stück und einer maximalen Beschäftigung von 120 Stunden je Woche beläuft sich die Sollleistung auf 250 Stück je Stunde.

$$\text{Lastgrad} = \frac{\text{Istleistung je ZE}}{\text{Sollleistung je ZE}} = \frac{210 \text{ Stück}}{250 \text{ Stück}} = 0{,}84.$$

Beschäftigungsgrad = Zeitgrad · Lastgrad = 0,625 · 0,84 = 0,525

(b) Aussagegehalt des Beschäftigungsgrades

Der Beschäftigungsgrad drückt die relative Beschäftigung eines Unternehmens aus, d.h. das Verhältnis der absoluten (= Ist-) Beschäftigung zur möglichen (Plan-)Beschäftigung. Mit Hilfe des Beschäftigungsgrades lassen sich auslastungsbezogene Betriebsvergleiche durchführen.

(c) Beschäftigungsgrad ≥ 100%

Ein Beschäftigungsgrad von 100% ist nur bei Erreichen der Maximalkapazität, d.h. einem völlig störungsfreien Produktionsprozess möglich. Wird jedoch die niedrigere (kostengünstigere) Optimalkapazität als Maßgröße für das Leistungsvermögen gewählt, so sind auch höhere Werte denkbar.

<u>Literatur</u>   Fischbach, Kapitel 1.3.3.
   Freidank, Zweiter Teil, Kapitel III.

Aufgabe II.2: Fixe und variable Kosten

Fixe und variable Kosten lassen sich anhand des Kriteriums "Abhängigkeit von einer bestimmten Kosteneinflussgröße", i.d.R. vom Beschäftigungsgrad, in absolutfixe, variable und sprungfixe Kosten unterscheiden. Dabei sind absolutfixe Kosten in ihrer Höhe unabhängig, variable Kosten sind dagegen abhängig von Veränderungen der Kosteneinflussgrößen. Sprungfixe Kosten tragen hingegen nur innerhalb eines bestimmten Beschäftigungsintervalls unveränderlichen Charakter. Beim Überschreiten der Ober- und Untergrenzen verändern sie sich sprunghaft.

Beispiele für variable Kosten: Materialkosten

Betriebsstoffkosten

Energiekosten.

Beispiele für fixe Kosten: Kosten für Zeitabschreibungen

Mietkosten

Kosten für Gehälter.

Literatur   Fischbach, Kapitel 1.3.3
Freidank, Zweiter Teil, Kapitel III.B. und C..

Aufgabe II.3: Nutz- und Leerkosten

(a) Rechnerische Lösung

Nutzkosten bezeichnen die Kosten der genutzten Kapazität, Leerkosten dagegen die Kosten der ungenutzten Kapazität.

$$K^l = \frac{x^i}{x^p} \cdot 72.000\ €$$

$$K^n = 0{,}6 \cdot 72.000\ € = 43.200\ €$$

$$K^l = \left(1 - \frac{x^i}{x^p}\right) \cdot Kf$$

$$K^l = (1 - 0{,}6) \cdot 72.000\ € = 28.800\ €$$

(b) Graphische Lösung

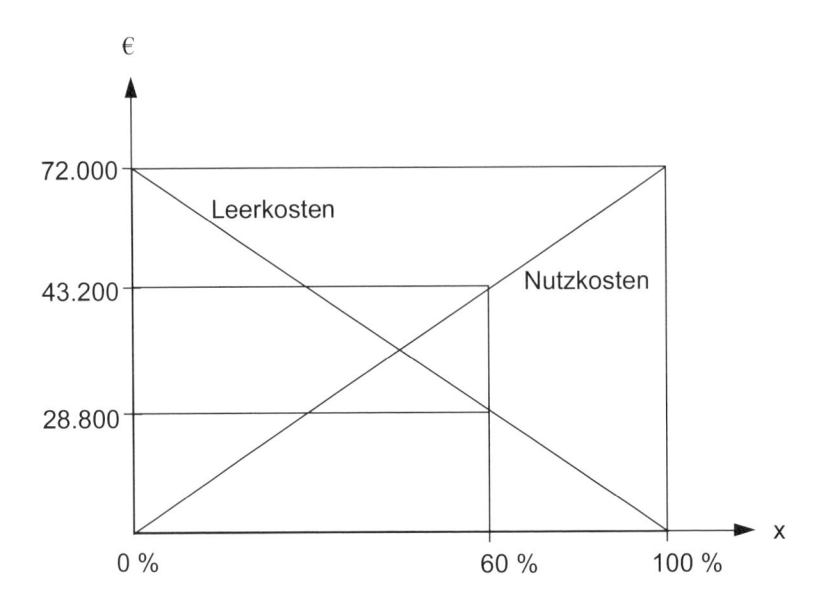

```
€
▲
│
72.000 ┼────────────────────────────┐
       │╲      Leerkosten          ╱│
       │ ╲                        ╱ │
43.200 ┼──╲──────────────┐       ╱  │
       │   ╲             │ Nutzkosten
       │    ╲            │     ╱    │
       │     ╲           │    ╱     │
28.800 ┼──────╲──────────┤   ╱      │
       │       ╲         │  ╱       │
       │        ╲        │ ╱        │
       │         ╲       │╱         │
       └──────────╲──────┼──────────┴──▶ x
      0 %                60 %      100 %
```

Literatur   Fischbach, Kapitel 1.3.3.
            Freidank, Zweiter Teil, Kapitel III.B.2.

Aufgabe II.4:   Proportionale und variable Kosten

Kosten, die von Veränderungen einer bestimmten Kosteneinflussgröße (i.d.R. der Beschäftigung) abhängig sind, werden als variable Kosten bezeichnet. Je nach Verhältnis der Veränderung (Kostenelastizität) wird zwischen proportionalen, progressiven, degressiven und regressiven Kosten unterschieden. Steigen oder fallen die variablen Kosten im gleichen Verhältnis zur Beschäftigung, so werden die als proportionale Kosten bezeichnet. Der Elastizitätskoeffizient ist dann gleich 1, die Kosten verlaufen linear.

Literatur   Fischbach, Kapitel 1.3.3.
            Freidank, Zweiter Teil, Kapitel III.C.

Aufgabe II.5:   Typen variabler Kosten

(a) Proportionale Kosten

Proportionale Kosten verändern sich im gleichen Verhältnis zur Beschäftigung (z.B. Verbrauch von Fertigungsmaterialien, Energiekosten).

(b) Progressive Kosten

Progressive Kosten verändern sich relativ stärker als die Beschäftigung (z.B. steigende Werkstoffverbräuche bei Überbeanspruchung von Betriebsmitteln, Überstundenzuschläge).

(c) Degressive Kosten

Degressive Kosten verändern sich relativ schwächer als die Beschäftigung (z.B. sinkende Werkstoffverbräuche aufgrund von Lernprozessen bei Arbeitskräften, Rabattwirkungen beim Einkauf).

(d) Regressive Kosten

Regressive Kosten verändern sich im umgekehrten Verhältnis zur Beschäftigung. So fallen z.B. die Heizungskosten in einem Kino mit steigender Besucherzahl in absoluter Höhe.

Literatur   Fischbach, Kapitel 1.3.3.
            Freidank, Zweiter Teil, Kapitel III.C.

Aufgabe II.6: Charakteristika von Kostenverläufen

Aussage	Absolut-fixe Kosten	Proportionale Kosten	Progressive Kosten
Bei Beschäftigungserhöhungen sinken die Stückkosten	richtig	falsch	falsch
Bei Beschäftigungserhöhungen steigen die Gesamtkosten	falsch	richtig	richtig
Der Elastizitätskoeffizient ist gleich 1	falsch	richtig	falsch
Der Elastizitätskoeffizient bleibt konstant	richtig	richtig	falsch
Das Steigungsmaß entspricht den Stückkosten	falsch	richtig	falsch

Literatur   Fischbach, Kapitel 1.3.3.
            Freidank, Zweiter Teil, Kapitel III.A. bis C.

Aufgabe II.7: Grenzkosten

Unter dem Begriff Grenzkosten ist die Gesamtkostenveränderung aufgrund einer Beschäftigungsvariation um eine Bezugsgrößeneinheit zu verstehen. Bei einem linearen Gesamtkostenverlauf errechnen sich die Grenzkosten wie folgt:

$$\text{Grenzkosten} = \frac{\text{Kostenzuwachs } (K_2 - K_1)}{\text{Beschäftigungszuwachs } (x_2 - x_1)}$$

Literatur Fischbach, Kapitel 1.3.1.
Freidank, Zweiter Teil, Kapitel III.D.3.

Aufgabe II.8: Grenzkosten

Bei einem linearen Gesamtkostenverlauf sind die variablen Kosten pro Bezugsgrößeneinheit und die Grenzkosten identisch. Proportionale Stückkosten entsprechen somit den Grenzkosten.

Literatur Fischbach, Kapitel 1.3.1.
Freidank, Zweiter Teil, Kapitel III.D.2.

Aufgabe II.9: Analyse bei linearem Gesamtkostenverlauf

(a) Ermittlung der Leerkosten

$$K^l = \left(1 - \frac{x^i}{x^p}\right) \cdot K_f$$

$$K^l = \left(1 - \frac{500 \text{ Std.}}{750 \text{ Std.}}\right) \cdot 120.000 \, € = 40.000 \, €$$

II. Grundbegriffe der Kostentheorie

(b) Ermittlung der Leerkosten pro Bezugsgrößeneinheit

$$k^l = k^i - k^p$$

$$k^l = \frac{(120.000\ € + 150\ € \cdot 500\ \text{Std.})}{500\ \text{Std.}} - \frac{(120.000\ € + 150\ € \cdot 750\ \text{Std.})}{750\ \text{Std.}}$$

$$k^l = 390\ € - 310\ € = 80\ €$$

(c) Stückkosten bei Realisierung des Betriebsoptimums

Die niedrigstmöglichen Stückkosten (k_{min}) liegen bei linearem Kostenverlauf an der Kapazitätsgrenze, die in diesem Fall durch die Plan-Beschäftigung von 750 Std. angegeben wird.

$$k_{min} = \frac{K}{x^p}$$

$$k_{min} = \frac{(120.000\ € + 150\ € \cdot 750\ \text{Std.})}{750\ \text{Std.}} = 310\ €$$

(d) Grenzkosten

Bei linearem Gesamtkostenverlauf können die Grenzkosten mit Hilfe des Differenzenquotientien (d.a) oder durch den Differenzialquotienten als 1. Ableitung der Gesamtkostenfunktion (d.b) bestimmt werden.

(d.a) Differenzenquotient

$$\text{Grenzkosten} = \frac{(K_2 - K_1)}{(x_2 - x_1)}$$

$$= \frac{(232.500\ € - 195.000\ €)}{(750\ \text{Std.} - 500\ \text{Std.})} = \frac{37.500\ €}{250\ \text{Std.}} = 150\ €.$$

In diesem Fall wurden für den K_2-Wert die der Plan-Beschäftigung und für den K_1-Wert die der Ist-Beschäftigung entsprechenden Kosten eingesetzt.

(d.b) Differenzialquotient

$$K = 120.000\ \text{€} + 150\ \text{€} \cdot x$$

$$\frac{dK}{dx} = K' = 1 \cdot 150\ \text{€} \cdot x^{1-1}$$

$$K' = 150\ \text{€}$$

Literatur   Fischbach, Kapitel 1.3.4.
Freidank, Zweiter Teil, Kapitel III.D.

Aufgabe II.10:   Analyse bei nichtlinearem Kosten- und linearem Erlösverlauf

(a)   Analyse der Kosten- und Erlösfunktion

Minimum der Grenzkostenfunktion

K	=	$800\ \text{€} + 60\ \text{€} \cdot x - 1{,}2\ \text{€} \cdot x^2 + 0{,}08\ \text{€} \cdot x^3$
K´	=	$60\ \text{€} - 2{,}4\ \text{€} \cdot x + 0{,}24\ \text{€} \cdot x^2$
K´´	=	$-2{,}4\ \text{€} + 0{,}48\ \text{€} \cdot x$
0	=	$-2{,}4\ \text{€} + 0{,}48\ \text{€} \cdot x$
x	=	5 Stück
K´´´	=	0,48 € (da die 3. Ableitung von K´´ > 0, stellt das Ergebnis von x = 5 Stück das Minimum der Grenzkostenfunktion dar)
K'_{min}	=	$60\ \text{€} - 2{,}4\ \text{€} \cdot 5\ \text{Stück} + 0{,}24\ \text{€} \cdot (5\ \text{Stück})^2$
	=	$60\ \text{€} - 12\ \text{€} + 6\ \text{€}$
	=	54 €

(b) Betriebsminimum

$kv = 60\,€ - 1{,}2\,€ \cdot x + 0{,}08\,€ \cdot x^2$

$kv' = -1{,}2\,€ + 0{,}16\,€ \cdot x$

$0 = -1{,}2\,€ + 0{,}16\,€ \cdot x$

$X = 7{,}5\text{ Stück}$

$kv'' = 0{,}16\,€$ (da die 2. Ableitung von kv´ > 0, stellt das Ergebnis von x = 7,5 Stück das Minimum der Funktion der variablen Stückkosten dar)

$kv_{min} = 60\,€ - 1{,}2\,€ \cdot 7{,}5\text{ Stück} + 0{,}08\,€ \cdot (7{,}5\text{ Stück})^2$

$= 55{,}50\,€$

(c) Betriebsoptimum

$k = \dfrac{800\,€}{x} + 60\,€ - 1{,}2\,€ \cdot x + 0{,}08\,€ \cdot x^2$

$k' = -\dfrac{800\,€}{x^2} - 1{,}2\,€ + 0{,}16\,€ \cdot x$

$0 = -\dfrac{800\,€}{x^2} - 1{,}2\,€ + 0{,}16\,€ \cdot x$

$0 = -800\,€ - 1{,}2\,€ \cdot x^2 + 0{,}16\,€ \cdot x^3$

$x = 20\text{ Stück}$

$$k'' = \frac{1.600\ €}{x^3} + 0{,}16\ €$$

$$= 0{,}36\ € \quad \text{(da die 2. Ableitung von k' bei x = 20 Stück > 0 ist, stellt das Ergebnis von x = 20 Stück das Minimum der Funktion der Stückkosten dar)}$$

$$k_{min} = \frac{1.600\ €}{20\ \text{Stück}} + 60\ € - 1{,}2\ € \cdot 20\ \text{Stück} + 0{,}08\ € \cdot (20\ \text{Stück})^2$$

$$= 108\ €.$$

(d) Gewinnmaximum

$$G = 150\ € \cdot x - (800\ € + 60\ € \cdot x - 1{,}2\ € \cdot x^2 + 0{,}08\ € \cdot x^3)$$

$$G' = 150\ € - (60\ € - 2{,}4\ € \cdot x + 0{,}24\ € \cdot x^2)$$

$$= 90\ € + 2{,}4\ € \cdot x - 0{,}24\ € \cdot x^2$$

$$0 = 90\ € + 2{,}4\ € \cdot x - 0{,}24\ € \cdot x^2$$

$$x = 25\ \text{Stück}$$

$$G''_{25} = 2{,}4\ € - 0{,}48\ € \cdot 25\ \text{Stück}$$

$$= -9{,}6\ € \quad \text{(da die 2. Ableitung von G' bei x = 25 Stück < 0 ist, stellt das Ergebnis von x = 25 Stück das Maximum der Grenzgewinnfunktion dar)}$$

$$G = 150\ € \cdot 25\ \text{Stück} - [800\ € + 60\ € \cdot 25\ \text{Stück} - 1{,}2\ € \cdot (25\ \text{Stück})^2 + 0{,}08\ € \cdot (25\ \text{Stück})^3]$$

$$= 950\ €$$

(e) Wertetafel[1]

x	K	K´	k	E	G	e	g
5	1.080	54	216,00	750	−330	150	−66,00
10	1.360	60	136,00	1.500	140	150	14,00
15	1.700	78	113,33	2.250	550	150	16,67
20	2.160	108	108,00	3.000	840	150	42,00
25	2.800	150	112,00	3.750	950	150	38,00
30	3.680	204	122,67	4.500	820	150	27,33
35	4.860	270	138,86	5.250	390	150	11,14
40	6.400	348	160,00	6.000	−400	150	−10,00

Literatur   Freidank, Zweiter Teil, Kapitel III.D.

Aufgabe II.11:   Mathematische Kostenauflösung

(a)   Bestimmung der Grenzkosten

$$\text{Grenzkosten} = \frac{(K_2 - K_1)}{(x_2 - x_1)}$$

$$= \frac{(160.000\ € - 120.000\ €)}{(21.000\ \text{Stück} - 13.000\ \text{Stück})} = 5\ €.$$

(b)   Bestimmung der Fixkosten

Kf = K_1 − Grenzkosten · x^1
Kf = 120.000 € − 5 € · 13.000 Stück
Kf = 55.000 €

oder

Kf = K_2 − Grenzkosten · x^2
Kf = 160.000 € − 5 € · 21.000 Stück
Kf = 55.000 €

---

[1] Außer der x-Spalte, die sich auf Stückzahlen bezieht, weisen alle anderen Spalten Werte in € aus.

(c) Bestimmung der linearen Gesamtkostenfunktion

K = 55.000 € + 5 € • x

Literatur Fischbach, Kapitel 1.3.4.
Freidank, Zweiter Teil, Kapitel III.D.3. und Vierter Teil, Kapitel III.C.3.b.a.c.(c)(a.b.)(β)

Aufgabe II.12: Variationen der Faktorqualität

Die kritische Produktionsmenge (x_k) errechnet sich wie folgt:

$$x_k = \frac{(Kf_{neu} - Kf_{alt})}{(kv_{alt} - kv_{neu})}$$

Die nachfolgende Tabelle zeigt die Berechnung der fixen Kosten für beide Maschinen.

	neue Maschine	alte Maschine
Abschreibung	$\frac{110.000\ \text{€}}{10\ \text{Jahre}} = 11.000\ \text{€}$	$\frac{20.000\ \text{€}}{4\ \text{Jahre}} = 5.000\ \text{€}$
Kalkulatorische Zinsen	$\frac{(110.000\ \text{€} + 0\ \text{€})}{2} \cdot 8\% = 4.400\ \text{€}$	$\frac{(20.000\ \text{€} + 0\ \text{€})}{2} \cdot 8\% = 800\ \text{€}$
jährliche Wartungskosten	1.600 €	4.200 €
Summe der fixen Kosten	17.000 €	10.000 €

$$x_k = \frac{(17.000\ \text{€} - 10.000\ \text{€})}{(8,00\ \text{€} - 5,50\ \text{€})} = 2.800\ \text{Stück}$$

Beim Erreichen der kritischen Produktionsmenge von 2.800 Stück werden die höheren fixen Kosten der neuen Maschine durch die geringeren variablen Stückkosten kompensiert. Bei einem Überschreiten dieser Menge ist die Beschaffung einer neuen Stanzmaschine vorteilhafter als das Weiterproduzieren auf der alten Maschine. Allerdings gilt dieses Ergebnis nur im Falle der einperiodigen Betrachtungsweise und unter Vernachlässigung der Erlösseite.

Literatur   Freidank, Zweiter Teil, Kapitel IV.

Aufgabe II.13:   Optimale Produktionsmenge

Wie aus der nachstehenden Tabelle zu ersehen ist, beträgt die optimale Produktionsmenge 200 Stück, da dann ein maximaler Gewinn von 750 € erzielt wird. Bei einer höheren Produktionsmenge würde jeweils eine weitere Maschine benötigt werden. Die dadurch ausgelösten zusätzlichen fixen Kosten von 850 € sind höher als der bei der maximalen Absatzmenge von 220 Stück zusätzlich erwirtschaftete Deckungsbeitrag in Höhe von 320 € [= (26 € – 10 €) • 220 Stück – (26 € – 10 €) • 200 Stück)].

x (in Stück)	Kf (in €)	Kv (in €)	K (in €)	k (in €)	E (in €)	G (in €)
40	850	400	1.250	31,25	1.040	-210
80	1.100	800	1.900	23,75	2.080	180
100	1.350	1.000	2.350	23,50	2.600	250
120	1.950	1.200	3.150	26,25	3.120	-30
160	2.200	1.600	3.800	23,75	4.160	360
200	2.450	2.000	4.450	22,25	5.200	750
220	3.300	2.200	5.500	25,00	5.720	220

Literatur   Freidank, Zweiter Teil, Kapitel V.

Aufgabe II.14:   Optimale Losgröße

$$x_{opt}^l = \sqrt{\frac{2 \cdot 2.000 \text{ €} \cdot 60.000 \text{ Tonnen}}{60,00 \text{ €}}} = 2.000 \text{ Tonnen}$$

Unter den Prämissen des Losgrößenmodells sollte ein Sortenwechsel nach der Produktion von 2.000 Tonnen der Sorte Öko-Offset erfolgen.

Literatur   Freidank, Zweiter Teil, Kapitel VI.B. und C.

Aufgabe II.15: Anpassungsprozesse

Zeitliche Anpassung: Bei einer Veränderung der Arbeitszeit bleiben die fixen Kosten konstant, während die variablen Kosten sich bei konstantem Intensitätsgrad proportional zur Zeit- bzw. Ausbringungsmenge verändern. Lediglich hinsichtlich der Lohnkosten tritt bei Überschreiten der normalen Arbeitszeit ein Knick in der ansonsten linearen Kostenkurve auf.

Quantitative Anpassung: Bei einer Veränderung der Anzahl begrenzt teilbarer Produktionsfaktoren sind zwei Fälle zu unterscheiden. Finden identische Aggregate Verwendung, so ist die Kostenstruktur neben proportionalen Veränderungen der variablen Kosten durch intervallfixe Variationen der fixen Kosten gekennzeichnet (treppenförmiger Kostenverlauf). Bei Einsatz qualitativ unterschiedlicher Aggregate treten neben sprunghaften Anpassungen der fixen Kosten aufgrund der unterschiedlichen Qualität der Produktionsfaktoren auch Veränderungen bei den variablen Kosten auf.

Intensitätsmäßige Anpassung: Bei einer Veränderung der Intensität variieren die variablen Kosten entsprechend den Verbrauchsfunktionen, während die fixen Kosten konstant bleiben.

Im Falle der Kombination der Anpassungsprozesse an veränderte Beschäftigungssituationen treten die angeführten Auswirkungen auf die Kostenstruktur jeweils gemeinsam auf.

<u>Literatur</u>   Freidank, Zweiter Teil, Kapitel VII.

Aufgabe II.16: Einzel- und Gemeinkosten

Einzel- und Gemeinkosten unterscheiden sich anhand des Kriteriums "Eindeutige Zurechenbarkeit zu einer Bezugsgröße", womit i.d.R. das Kalkulationsobjekt (z.B. ein Produkt) gemeint ist.

Einzelkosten sind einem Kalkulationsobjekt direkt zurechenbar.

Beispiele: – Materialkosten

– Fertigungslohnkosten

– Sondereinzelkosten.

Gemeinkosten sind einem Kalkulationsobjekt grundsätzlich nicht direkt zurechenbar.

Beispiele für Gemeinkosten in einem Mehrproduktunternehmen:

- Miete für eine Maschinenhalle
- Zeit-Abschreibungen auf die Betriebsgebäude
- Personalkosten der Verwaltung.

Literatur Fischbach, Kapitel 1.3.2.
Freidank, Dritter Teil, Kapitel II.A. und Kapitel II.C.2
Freidank/Velte, Dritter Teil, Kapitel III.B.

Aufgabe II.17: Kostenbegriffe, Gewinnschwelle und kostendeckender Umsatz

(a) Bestimmung der Grenzkosten

$$K' = \frac{(22.000\ € - 16.000\ €)}{(5.000\ \text{Stück} - 2.000\ \text{Stück})}$$

$$= \frac{6.000\ €}{3.000\ \text{Stück}} = 2\ €$$

(b) Bestimmung der Fixkosten

K_f = 22.000 € − 2 € • 5.000 Stück = 12.000 €

(c) Bestimmung der linearen Gesamtkostenfunktion

K = 12.000 € + 2 € • x

(d) Bestimmung der variablen Kosten bei einer Auflage von 6.000 Stück

$K_{6.000}$ = 2 € • 6.000 Stück = 12.000 €

(e) Bestimmung des Break-even-point

$$12.000\ \text{€} + 2\ \text{€} \cdot x = 5\ \text{€} \cdot x$$

$$BEP^m = \frac{12.000\ \text{€}}{(5\ \text{€} - 2\ \text{€})} = 4.000\ \text{Stück}$$

(f) Bestimmung des kostendeckenden Umsatzes

$4.000\ \text{Stück} \cdot 5\ \text{€} = 20.000\ \text{€}$

Literatur Fischbach, Kapitel 1.3.4.
Freidank, Zweiter Teil, Kapitel III.D.3. und Vierter Teil, Kapitel IV.E.3.c.

Aufgabe II.18: Fixe und variable Kosten, Einzel- und Gemeinkosten

	beschäftigungsvariable Kosten	beschäftigungsfixe Kosten	Produkt-Einzelkosten	Produkt-Gemeinkosten
1	X			X
2	X		X	
3	X		X	
4		X		X
5		X		X
6	X			X

Literatur Fischbach, Kapitel 1.3.2 und 1.3.3.
Freidank, Zweiter Teil, Kapitel III.B. und Kapitel III.C. sowie Dritter Teil, Kapitel II.A.

Aufgabe II.19: **Echte und unechte Gemeinkosten**

Echte Gemeinkosten können einem Kalkulationsobjekt nicht direkt zugerechnet werden. Bei unechten Gemeinkosten ist diese Zurechnung zwar möglich, doch wird darauf i.d.R. aus Wirtschaftlichkeits- oder Vereinfachungsgründen verzichtet (z.B. Zurechnung bestimmter Hilfsstoff- und Betriebsstoffverbräuche mit Hilfe von Schlüsselgrößen auf die einzelnen Produkte, obwohl eine direkte Erfassung als Einzelkosten möglich wäre).

Literatur   Fischbach, Kapitel 1.3.2.
            Freidank, Dritter Teil, Kapitel II.C.1. und Kapitel II.C.2.a.

III. Das Instrumentarium der Kostenrechnung

A. Stellung und Funktionen der Kosten- und Leistungsrechnung im System des betrieblichen Rechnungswesens

Aufgabe III.1: Teilbereiche des betrieblichen Rechnungswesens

(a) Finanzbuchhaltung

(a.a) lückenlose, zahlenmäßige Erfassung aller Geschäftsvorfälle eines Zeitabschnitts (Geschäfts- oder Wirtschaftsjahr);

(a.b) Erfassung und Darstellung der Vermögenswerte (Kapitalverwendung) und Vermögensquellen (Kapitalherkunft) sowie der Höhe und der Zusammensetzung des Erfolgs;

(a.c) Ausflüsse der Finanzbuchhaltung sind die Bilanz, Gewinn- und Verlustrechnung sowie der Anhang (Jahresabschluss nach § 264 Abs. 1 Satz 1 HGB).

(b) Kostenrechnung (innerbetriebliches Rechnungswesen)

Die Kostenrechnung stellt in ihrer Grundform ein Instrumentarium dar, mit dessen Hilfe die in der Unternehmung während einer Rechnungsperiode (z.B. Jahr, Monat oder Woche) angefallenen Kosten erfasst und auf die Leistungen verrechnet werden.

(c) Statistik (Vergleichsrechnung)

(c.a) Auswertung der Zahlen der Finanzbuchhaltung und Kostenrechnung zur Kontrolle der Wirtschaftlichkeit und zur Gewinnung von Unterlagen für die Planung;

(c.b) Vergleichstechniken sind der Zeit-, Verfahrens- sowie der Soll-Ist-Vergleich.

(d) Planung

Mengen- und wertmäßige Schätzung der erwarteten betrieblichen Entwicklung, die im Rahmen eines Systems interdependenter Teilpläne (z.B. Absatz-, Finanzierungs-, Investitions-, Produktions- und Kostenplan) vorgenommen wird. Ausfluss dieses Prozesses können z.B. Plan-Bilanzen und Plan-Erfolgsrechnungen sein.

Literatur   Fischbach, Kapitel 1.1.
             Freidank, Dritter Teil, Kapitel I.
             Freidank/Velte, Erster Teil, Kapitel IV.A.

Aufgabe III.2:   Aufgaben der Kostenrechnung

Es sind drei elementare Aufgaben der Kostenrechnung zu unterscheiden:

1. externe Dokumentationsaufgaben
2. (kurzfristige) Planungsaufgaben
3. (kurzfristige) Kontrollaufgaben.

Externe Dokumentationsaufgaben umfassen:

1. Die Ermittlung der Herstellungskosten zum Zwecke der Bewertung unfertiger und fertiger Erzeugnisse sowie aktivierbarer innerbetrieblicher Leistungen im handels- und steuerrechtlichen Jahresabschluss.
2. Die Kalkulation der Selbstkosten im Rahmen der Vergabe öffentlicher Aufträge.

(Kurzfristige) Planungsaufgaben umfassen etwa:

1. im Beschaffungsbereich
   - Preisobergrenzenbestimmungen für Einsatzgüter,
   - die Wahl zwischen Eigenfertigung und Fremdbezug sowie
   - die Bestimmung von Bestellmengen;

2. im Produktionsbereich
   - die Planung des Fertigungsprogramms sowie
   - Produktionsvollzugsplanungen;

3. im Absatzbereich

- Preisuntergrenzenermittlungen,
- Deckungspunktanalysen und Erfolgsplanungen sowie
- Plan-Kalkulationen auf Voll- und Teilkostenbasis.

(Kurzfristige) Kontrollaufgaben umfassen u.a.:

1. kostenarten- und/oder kostenstellenbezogene Soll-Ist-Vergleiche (Wirtschaftlichkeitskontrollen),
2. Kontrollen des Erfolges mit Hilfe der Kurzfristigen Erfolgsrechnung (Kostenträgerzeitrechnung) und
3. die Durchführung von Betriebsvergleichen.

Literatur   Fischbach, Kapitel 1.1.
             Freidank, Dritter Teil, Kapitel I.

Aufgabe III.3:   Aufgaben der Kostenrechnung

Die Kostenrechnung kann eine Liquiditätsrechnung nicht ersetzen, da sie keine Informationen über Zahlungsbewegungen liefert, sondern auf Kosten und Leistungen basiert. Sie unterstellt willkürliche Zahlungstermine. Auszahlungstermine (insbesondere bei den Fixkosten) werden nicht sichtbar.

Eine einfache Investitionsrechnung wird in der Kostenrechnung in Form von Kostenvergleichsrechnungen durchgeführt. In diesen werden die (teilweise geschätzten) Kostenarten verschiedener Investitionsalternativen gegenübergestellt. Da sich die Betrachtungen jedoch nur auf eine Rechnungsperiode beziehen, bei denen Zinseffekte keine Berücksichtigung finden, können die auf diesem Wege ermittelten Entscheidungswerte lediglich als Hilfsgröße bei der Festlegung von Investitionsprogrammen dienen.

Literatur   Fischbach, Kapitel 1.1.
             Freidank, Dritter Teil, Kapitel I.

Aufgabe III.4: Teilbereiche der Kostenrechnung

Aufgabe der Kostenartenrechnung (Fragestellung: Welche Kosten sind angefallen?) ist die Erfassung sämtlicher anfallender Kosten.

Die Kostenstellenrechnung (Fragestellung: Wo sind Kosten entstanden?) lastet die ermittelten Kosten denjenigen betrieblichen Abrechnungsbereichen an, in denen sie im Rahmen der Leistungserbringung entstanden sind.

Die Kostenträgerrechnung (Fragestellung: Für welche Perioden oder Leistungen sind Kosten angefallen?)

- stellt als Kostenträgerzeitrechnung (auch als Kurzfristige Erfolgsrechnung bezeichnet) den Kosten die Leistungen einer Rechnungsperiode zum Zwecke der (produktbezogenen) Erfolgsermittlung und -kontrolle gegenüber;
- ermittelt als Kostenträgerstückrechnung (Kalkulation, Selbstkostenrechnung) die für einzelne betriebliche Leistungen (Produkte) angefallenen Kosten. Sie ist Grundlage der Kalkulation und auch der Bestandsbewertung im Rahmen der Kurzfristigen Erfolgsrechnung sowie der handels- und steuerrechtlichen Bilanzierung.

Literatur   Fischbach, Kapitel 1.4.
           Freidank, Dritter Teil, Kapitel II.A.
           Freidank/Velte, Dritter Teil, Kapitel III.B.

B. Die Teilbereiche der Kostenrechnung

1. Die Kostenartenrechnung

Aufgabe III.5: Kostenarten

(a) Materialkosten: Kosten für Rohstoffe (z.B. Holz für einen Stuhl),

Kosten für Hilfsstoffe (z.B. Leim für einen Stuhl),

Kosten für Betriebsstoffe (z.B. Putzmaterial zum Reinigen des Werkzeugs),

Kosten der Beschaffung und Lagerung.

(b) Personalkosten: Löhne,

Gehälter,

Sozialkosten,

sonstige Personalkosten.

(c) Sondereinzelkosten: Sondereinzelkosten der Fertigung,

Sondereinzelkosten des Vertriebs.

(d) Sonstige Gemeinkosten: Kostensteuern,

Kosten für beanspruchte fremde Dienste (z.B. Versicherungsbeiträge),

Kosten für beanspruchte fremde Rechte (z.B. Patentgebühren).

(e) Kalkulatorische Kosten: Kalkulatorische Abschreibungen,

Kalkulatorische Miete,

Kalkulatorischer Unternehmerlohn.

<u>Literatur</u> Fischbach, Kapitel 2.
Freidank, Dritter Teil, Kapitel II.B.
Freidank/Velte, Dritter Teil, Kapitel III.B.

Aufgabe III.6: **Materialkosten**

(a) Waren: Vorräte, die unverändert weiter veräußert werden.

(b) Rohstoffe: Vorräte, die als Hauptbestandteile in das Endprodukt eingehen (auch Fremdeinbauteile).

(c) Hilfsstoffe: Vorräte, die als Nebenbestandteile in das Endprodukt eingehen (Farbe, Leim, Nägel und Schrauben).

(d) Betriebsstoffe: Vorräte, die bei der Produktion verbraucht werden (Benzin, Energien, Reinigungsmaterial).

(e) Erzeugnisse: Vorräte, die sich noch im Produktionsprozess befinden (unfertige Erzeugnisse). Vorräte, die bereits den Produktionsprozess vollständig durchlaufen und das Stadium der Verkaufsfähigkeit erreicht haben (fertige Erzeugnisse).

(f) Materialeinzelkosten: Erzeugnissen direkt zurechenbare Verbräuche an Roh-, Hilfs- und Betriebsstoffen.

(g) Materialgemeinkosten: Erzeugnissen mit Hilfe von Schlüsselgrößen indirekt zurechenbare Stellenkosten des Materialbereichs (z.B. Gehälter und Abschreibungen des Einkaufsbereichs).

(h) Gemeinkostenmaterial: Erzeugnissen mit Hilfe von Schlüsselgrößen über die Kostenstellen des Fertigungsbereichs indirekt zurechenbare Verbräuche an Hilfs- und Betriebsstoffen.

<u>Literatur</u>   Fischbach, Kapitel 2.2.
Freidank, Dritter Teil, Kapitel II.B.1.
Freidank/Velte, Dritter Teil, Kapitel III.B.

Aufgabe III.7: Ermittlung des Materialverbrauchs

(a) Vorgehensweise der Skontrationsmethode

	200 kg	Anfangsbestand
+	1.050 kg	Zugänge
–	1.100 kg	Abgänge (= Verbräuche, die durch Materialentnahmescheine erfasst wurden)
=	150 kg	(rechnerischer) Soll-Endbestand

Beurteilung: Die Skontrationsmethode ist ein aufwendiges, aber genaues Verfahren. Fehlmengen können nur durch einen Vergleich von Soll- und Inventur-Endbestand ermittelt werden. In diesem Fall liegt eine Differenz von 30 kg (= 150 kg –120 kg) vor, die in einem Zugriff Unberechtigter begründet sein könnte.

(b) Vorgehensweise der retrograden Methode

	200 kg	Anfangsbestand
+	1.050 kg	Zugänge
–	1.080 kg	Abgänge (= Soll-Verbräuche, die durch Stücklisten oder Rezepturen erfasst werden, hier: 30 Stück 08/15 • 20 kg = 600 kg und 40 Stück 08/16 • 12 kg = 480 kg)
=	170 kg	(rechnerischer) Soll-Endbestand

Beurteilung: Effektive Materialverbräuche werden nicht ermittelt, da die Stücklisten bzw. Rezepturen auf Soll-Verbräuchen aufbauen. Zudem sind Fehlmengen nur annähernd durch einen Vergleich von Soll- und Inventur-Endbestand zu berechnen. In diesem Fall beträgt die Differenz 50 kg (= 170 kg – 120 kg), die in Höhe von 20 kg (= 1.100 kg – 1.080 kg) auf überplanmäßigen Verbrauch (vermeidbarer Ausschuss) und 30 kg Fehlmenge (z.B. Zugriff Unberechtigter) zurückzuführen ist.

(c) Vorgehensweise der Befundrechnung

	200 kg	Anfangsbestand
+	1.050 kg	Zugänge
–	120 kg	Endbestand (laut Inventur)
=	1.130 kg	Abgänge (= Ist-Verbräuche)

Beurteilung: In den Abgängen sind Fehlmengen enthalten (30 kg = 1.100 kg – 1.130 kg). Allerdings können Zurechnungsprobleme auf die Kostenträger und/oder Kostenstellen entstehen, da nur die Gesamtverbräuche pro Materialart erfasst werden. Zudem sind in den Abgängen Fehlmengen enthalten, die im Rahmen des Soll-/Ist-Vergleichs eine aussagefähige Kostenkontrolle erschweren.

Literatur   Fischbach, Kapitel 2.2.1.
Freidank, Dritter Teil, Kapitel II.B.1.a.

Aufgabe III.8:   Bewertung des Materialverbrauchs

Die Bewertung der Materialverbräuche kann erfolgen

1. zu (bilanzrechtlichen) Anschaffungskosten nach dem Einzelbewertungsprinzip (§ 255 Abs. 1, § 252 Abs. 1 Nr. 3 HGB),
2. zu (bilanzrechtlichen) Anschaffungskosten nach betriebswirtschaftlich anerkannten Sammelbewertungsverfahren (§ 255 Abs. 1, § 256 HGB),
3. zu Verrechnungspreisen (= innerbetrieblich festgesetzte Preise) und
4. zu Wiederbeschaffungspreisen (ggf. Tagespreise).

Literatur   Fischbach, Kapitel 2.2.2.
Freidank, Dritter Teil, Kapitel II.B.2.b.
Freidank/Velte, Dritter Teil, Kapitel II.D.2.

Aufgabe III.9:   Bewertung des Materialverbrauchs

(a)   Methoden der Bewertungsvereinfachung

(a.a) Durchschnittsmethode

$$
\begin{array}{rcrcr}
700\ l & \cdot & 16\ \text{€}/l & = & 11.200\ \text{€} \\
300\ l & \cdot & 22\ \text{€}/l & = & 6.600\ \text{€} \\
1.200\ l & \cdot & 20\ \text{€}/l & = & 24.000\ \text{€} \\
\hline
2.200\ l & & & & 41.800\ \text{€}
\end{array}
$$

$$\text{Durchschnittspreis} = \frac{41.800\ \text{€}}{2.200\ l} = 19\ \text{€}/l$$

Verbrauch   = 1.900 l · 19 €/l   =   36.100 €

Endbestand   = 300 l · 19 €/l   =   5.700 €

(a.b) Last in first out-Methode

1.200 l	• 20 €/l =	24.000 €
300 l	• 22 €/l =	6.600 €
400 l	• 16 €/l =	6.400 €
1.900 l Verbrauch		37.000 €

Endbestand = 300 l • 16 €/l = 4.800 €

(a.c) First in first out-Methode

700 l	• 16 €/l =	11.200 €
300 l	• 22 €/l =	6.600 €
900 l	• 20 €/l =	18.000 €
1.900 l Verbrauch		35.800 €

Endbestand = 300 l • 20 €/l = 6.000 €

(a.d) Highest in first out-Methode

300 l	• 22 €/l =	6.600 €
1.200 l	• 20 €/l =	24.000 €
400 l	• 16 €/l =	6.400 €
1.900 l Verbrauch		37.000 €

Endbestand = 300 l • 16 €/l = 4.800 €

(a.e) Lowest in first out-Methode

700 l	• 16 €/l =	11.200 €
1.200 l	• 20 €/l =	24.000 €
1.900 l Verbrauch		35.200 €

Endbestand = 300 l • 22 €/l = 6.600 €

(b) Vergleich der Ergebnisse

- Entsprechend ihres Namens kommen bei der Durchschnittsmethode gewogene Durchschnittspreise zum Ansatz. Dadurch ergeben sich langfristig konstante Bewertungen. Extremwerte werden abgemildert und die Auswirkungen von kontinuierlichen Preisänderungen auf die Bewertung werden verzögert.

- Die Last in first out-Methode bewertet, i.d.R. entgegen der Kauf- und der üblichen Verbrauchsreihenfolge, zu den aktuell(st)en Preisen. Dieses Vorgehen führt bei kontinuierlichen Preiserhöhungen vergleichsweise zu den niedrigsten Lagerbestandswerten und damit zu den höchsten Verbrauchswerten (et vice versa). Schwankungen der Beschaffungspreise spiegeln sich in den Verbrauchsbewertungen wider.

- Die First in first out-Methode geht in der Kaufreihenfolge vor. Dieses führt zu einer Bewertung der Verbrauchsmengen mit historischen Wertansätzen. Im Falle kontinuierlich steigender Beschaffungsmarktpreise führt dies vergleichsweise zu den höchsten Lagerbestandswerten und den niedrigsten Verbrauchswerten. Schwankungen der Beschaffungspreise spiegeln sich in den Verbrauchsbewertungen wider.

- Die Highest in first out-Methode geht davon aus, dass die teuersten Produkte jeweils zuerst verkauft werden. Entsprechend ergeben sich bei diesem Verfahren vergleichsweise stets die höchsten Verbrauchsbewertungen und die am niedrigsten angesetzten Lagerbestandswerte. Auftretende Preisschwankungen werden in ihren Auswirkungen etwas abgemildert.

- Umgekehrt geht die Lowest in first out-Methode vor. Hier ergeben sich vergleichsweise die niedrigsten Verbrauchsbewertungen und die höchsten Lagerbestandsbewertungen. Auftretende Preisschwankungen werden in ihren Auswirkungen ebenfalls etwas abgemildert.

- Welches dieser Verfahren für die Kostenrechnung zu bevorzugen ist, hängt in erster Linie von preiskalkulatorischen Überlegungen ab (z.B. Wahl des Lifo-Verfahrens im Falle monoton steigender Beschaffungsmarktpreise, um über die Preiskalkulation die Erhaltung der Unternehmenssubstanz zu sichern).

Literatur   Fischbach, Kapitel 2.2.2.
            Freidank, Dritter Teil, Kapitel II.B.1.b.
            Freidank/Velte, Dritter Teil, Kapitel II.D.2.

Aufgabe III.10:   Personalkosten

(a) Gehälter: Vergütungen für Arbeiten, die Angestellten in Form eines festen Monatsbetrages gezahlt werden (i.d.R. Gemeinkosten).

(b) Fertigungslöhne: Vergütungen für Arbeiten, die unmittelbar an den herzustellenden und abzusetzenden Produkten geleistet werden (i.d.R. Einzelkosten).

(c) Hilfslöhne: Vergütungen für Arbeiten, die nicht unmittelbar produktbezogen zu erfassen sind [z.B. für Instandhaltungs-, Transport- und Reinigungsarbeiten (i.d.R. Gemeinkosten)].

(d) Zeitlöhne: Vergütungen (Fertigungs- oder Hilfslöhne) für Arbeiten, die sich nach der Arbeitszeit richten.

(e) Akkordlöhne: Vergütungen (Fertigungs- oder Hilfslöhne) für Arbeiten, die sich primär nach dem Arbeitsergebnis richten.

(f) Prämienlöhne: Vergütungen (Fertigungs- oder Hilfslöhne) für Arbeiten, bei denen zu vereinbarten Grundlöhnen Zuschläge für quantitativ und/oder qualitativ feststellbare Mehrleistungen der Arbeitskräfte gezahlt werden.

(e) Sozialkosten: Vergütungen, die neben Löhnen und Gehältern gezahlt werden müssen (gesetzliche Sozialkosten wie der vom Arbeitgeber zu tragende Teil zur Sozialversicherung) bzw. gezahlt werden können (freiwillige Sozialkosten).

Literatur Fischbach, Kapitel 2.3.
Freidank, Dritter Teil, Kapitel II.B.3.
Freidank/Velte, Zweiter Teil, Kapitel II.C.1. und Dritter Teil, Kapitel III.B.

Aufgabe III.11: Kalkulatorische Abschreibungen

$$w_t = \left(1 - \sqrt[8]{\frac{6.000\ \text{€}}{48.000\ \text{€}}}\right) \cdot 100$$

$$= (1 - 0{,}771105) \cdot 100$$

$$= 22{,}8895\%$$

Der Abschreibungsplan für die Maschine hat das nachfolgend dargestellte Aussehen.

Zeitpunkt	kalkulatorische Abschreibung	kalkulatorischer Restbuchwert
Ende 1. Nutzungsjahr	10.986,96 €	37.013,04 €
Ende 2. Nutzungsjahr	8.472,09 €	28.540,95 €
Ende 3. Nutzungsjahr	6.532,88 €	22.008,07 €
Ende 4. Nutzungsjahr	5.037,53 €	16.970,54 €
Ende 5. Nutzungsjahr	3.884,47 €	13.086,07 €
Ende 6. Nutzungsjahr	2.995,33 €	10.090,74 €
Ende 7. Nutzungsjahr	2.309,71 €	7.781,03 €
Ende 8. Nutzungsjahr	1.781,03 €	6.000,00 €
Summe	42.000,00 €	---

Literatur   Fischbach, Kapitel 2.6.1.
            Freidank, Dritter Teil, Kapitel II.B.5.a.

Aufgabe III.12:   Kalkulatorische und buchhalterische Abschreibungen

(a)   Wiederbeschaffungskosten der Spezialmaschine im Jahr 06

$$120.000 \text{ €} \cdot \frac{135\%}{108\%} = 150.000 \text{ €}.$$

Entsprechend ergibt sich ein kalkulatorischer Abschreibungssatz von:

$$w_t = \left[1 - \sqrt[4]{\frac{16.000 \text{ €}}{150.000 \text{ €}}}\right] \cdot 100 = 42,85\%.$$

(b)   Kalkulatorische Abschreibung der Spezialmaschine im Jahr 04

$0,4285 \cdot (1 - 0,4285) \cdot 150.000 \text{ €} = 36.733,16 \text{ €}.$

(c) Unterschiede zur Buchwertabschreibung

Während die für die bilanzielle Abschreibung maßgebliche Nutzungsdauer der AfA-Tabelle zu entnehmen ist, orientiert sich die kalkulatorische Abschreibung an der davon ggf. abweichenden erwarteten effektiven Nutzungsdauer.

Bei der bilanziellen Abschreibung dürfen lediglich die Anschaffungs- oder Herstellungskosten abgeschrieben werden. Dagegen erfolgt in der Kostenrechnung i.d.R. eine Bemessung der Abschreibungen auf der Basis der Wiederbeschaffungswerte. Dadurch sollen schon während der Nutzungsdauer eines Vermögensgegenstandes die Kosten für dessen Ersatzinvestition über die kalkulierten Absatzpreise vollständig erwirtschaftet werden. Diese Vorgehensweise zielt auf die reale Erhaltung der Unternehmenssubstanz im Falle inflatorischer Preisentwicklungen ab.

Kalkulatorisch kann jeder beliebige Abschreibungssatz gewählt werden. Die degressive Abschreibung für bewegliche Wirtschaftsgüter des Anlagevermögens ist letztmalig anzuwenden für vor dem 1. Januar 2011 angeschaffte oder hergestellte bewegliche Wirtschaftsgüter (§ 7 Abs. 2 Satz 1 EStG). Für diese Wirtschaftsgüter durfte der Degressionssatz gemäß § Abs. 2 Satz s 2. Halbsatz EStG höchstens 25% betragen und das Zweieinhalbfache der linearen Abschreibung nicht übersteigen, sofern sie nach dem 31. Dezember 2008 angeschafft oder hergestellt worden Sind. Für vor dem 01.01.2008 angeschaffte oder hergestellte bewegliche Wirtschaftsgüter betrug der Degressionssatz 20% bzw. 30% und das Zwei- bzw. Dreifache der linearen Abschreibung (vgl. § 7 Abs. 2 Satz 1 EStG a. F.).

<u>Literatur</u>   Fischbach, Kapitel 2.6.1.
　　　　　　　Freidank, Dritter Teil, Kapitel II.B.5.a.
　　　　　　　Freidank/Velte, Dritter Teil, Kapitel II.C.1.b.

Aufgabe III.13:   Wiederbeschaffungskosten

Der Ansatz von Wiederbeschaffungswerten in der Kalkulation führt im Gegensatz zu einer Bewertung mit historischen Beschaffungspreisen bei inflatorischen Tendenzen i.d.R. zu höheren kalkulierten Absatzpreisen. Diese realitäts- und zeitnahe Vorgehensweise hat in Zeiten steigender Preise zur Folge, dass am Ende der Nutzungsdauer bei einer Durchsetzung der höheren Verkaufspreise am Absatzmarkt nicht nur die historischen Anschaffungs- bzw. Herstellkosten, sondern auch die Differenz zum Wiederbeschaffungswert gleichartiger Materialien bzw. Potentialfaktoren erwirtschaftet wird.

<u>Literatur</u>   Fischbach, Kapitel 1.2.2. und Kapitel 2.6.1.
　　　　　　　Freidank, Dritter Teil, Kapitel II.B.2.b.
　　　　　　　Freidank/Velte, Dritter Teil, Kapitel II.D.2.

Aufgabe III.14: Kalkulatorische und buchhalterische Abschreibungen

(a) Erstellung des bilanzsteuerrechtlichen Abschreibungsplans

Die jährliche bilanzsteuerliche Abschreibung beträgt

$$= \frac{\text{Anschaffungskosten}}{\text{Nutzungsdauer in Jahren laut AfA-Tabelle}} = \frac{120.000\ \text{€}}{5\ \text{Jahre}} = 24.000\ \text{€/Jahr}$$

Entsprechend ergibt sich unter Berücksichtigung eines Erinnerungswertes von 1 € am Ende der 5. Nutzungsperiode folgender Abschreibungsplan.

Zeitpunkt	Bilanzsteuerliche Abschreibung	Bilanzsteuerlicher Restbuchwert
Kauf		120.000 €
Ende 1. Nutzungsjahr (05)	24.000 €	96.000 €
Ende 2. Nutzungsjahr (06)	24.000 €	72.000 €
Ende 3. Nutzungsjahr (07)	24.000 €	48.000 €
Ende 4. Nutzungsjahr (08)	24.000 €	24.000 €
Ende 5. Nutzungsjahr (09)	23.999 €	1 €
Ende 6. Nutzungsjahr (10)	1 €	0 €
Summe	120.000 €	---

(b) Erstellung des Kalkulatorischen Abschreibungsplans

Die Kalkulatorische Abschreibung errechnet sich wie folgt:

$$= \frac{\text{Wiederbeschaffungswert – eventueller Restwert}}{\text{effektive Nutzungsdauer in Jahren}}$$

Der Wiederbeschaffungswert (WBW) ist folgendermaßen zu ermitteln:

WBW = Anschaffungskosten + Preissteigerung während der Nutzungsdauer
  = $120.000\ \text{€} \cdot (1 + 0{,}1)^6$
  = 212.587,32 €

Kalkulatorische Abschreibung $= \dfrac{212.587,32 \,€}{6 \text{ Nutzungsjahre}}$

$= 35.431,22 \,€/\text{Jahr}.$

Es ergeben sich folgende Kalkulatorische Abschreibungen.

Zeitpunkt	Kalkulatorische Abschreibung	Kalkulatorischer Restbuchwert
Kauf		212.587,32 €
Ende 1. Nutzungsjahr (05)	35.431,22 €	177.156,10 €
Ende 2. Nutzungsjahr (06)	35.431,22 €	141.724,88 €
Ende 3. Nutzungsjahr (07)	35.431,22 €	106.293,66 €
Ende 4. Nutzungsjahr (08)	35.431,22 €	70.862,44 €
Ende 5. Nutzungsjahr (09)	35.431,22 €	35.431,22 €
Ende 6. Nutzungsjahr (10)	35.431,22 €	0 €
Summe	212.587,32 €	---

(c) Auswirkungen von Änderungen

Die Ereignisse hätten folgende Auswirkungen auf die vorzunehmenden bilanzsteuerlichen und Kalkulatorischen Abschreibungen:

(c.a) Die bilanzsteuerliche Abschreibung bleibt unverändert. Die Kalkulatorische Abschreibung ist mit 14.000 € jährlich (84.000 € : 6 Jahre) entsprechend niedriger anzusetzen.

(c.b) Veränderungen der Betriebskosten haben keine Auswirkungen auf die Abschreibungen.

(c.c) Die bilanzsteuerliche Abschreibung ist nun auf 8 Perioden mit 15.000 € jährlich (120.000 € : 8 Jahre) zu verteilen. Die Kalkulatorische Abschreibung bleibt unverändert, da hier weiterhin die tatsächliche Nutzungsdauer maßgeblich ist.

Literatur   Fischbach, Kapitel 2.6.1.
Freidank, Dritter Teil, Kapitel II.B.5.a. a.b.
Freidank/Velte, Dritter Teil, Kapitel II.C.1.b.

Aufgabe III.15: Kalkulatorische Abschreibungen

(a) Lineare Zeitabschreibung

In diesem Falle beträgt die Kalkulatorische Abschreibung:

$$\frac{120.000\ €}{6\ \text{Jahre}} = 20.000\ €/\text{Jahr}.$$

Somit beläuft sich der kalkulatorische Restbuchwert auf:

120.000 € − (20.000 € • 4 Jahre) = 40.000 €.

(b) Kombination von Zeit- und Leistungsabschreibung

Bei einer reinen leistungsabhängigen Abschreibung ergäbe sich eine Kalkulatorische Abschreibung je Kilometer von:

$$\frac{120.000\ €}{500.000\ \text{km}} = 0{,}24\ €/\text{km}.$$

Nach 310.000 km müssten folglich 310.000 km • 0,24 € = 74.400 € kalkulatorisch abgeschrieben worden sein.

Aufgrund der hier gefragten kombinierten Abschreibungsmethode beläuft sich der kalkulatorische Restbuchwert nach dem vierten Nutzungsjahr auf:

	Anschaffungspreis	120.000 €
−	35% lineare Abschreibung (= 4 Jahre • 20.000 € • 0,35)	28.000 €
−	65% leistungsabhängige Abschreibung (= 310.000 km • 0,24 €/km • 0,65)	48.360 €
=	kalkulatorischer Restbuchwert	43.640 €

Literatur   Fischbach, Kapitel 2.6.1.
               Freidank, Dritter Teil, Kapitel II.B.5.a. a.b.

Aufgabe III.16: Kalkulatorische Abschreibungen und Kalkulatorische Zinsen

(a) Kalkulatorische Zinsen nach der Durchschnittsmethode

Der kalkulatorische Zinssatz ist auf das während der Nutzungsdauer durchschnittlich gebundene Kapital anzuwenden. Dieses lässt sich mit folgender Formel ermitteln:

$$\frac{(\text{Anschaffungskosten} + \text{Restwert am Ende der Nutzungsdauer})}{2}$$

$$\frac{(25.000\ \text{€} + 1.000\ \text{€})}{2} = 13.000\ \text{€}..$$

Somit errechnen sich die jährlich zu berücksichtigenden Kalkulatorischen Zinsen aus

$$13.000\ \text{€} \cdot 9\% = 1.170\ \text{€}.$$

(b) Kalkulatorische Zinsen nach der Kombination aus Rest- und Durchschnittsmethode

Zu ermitteln ist das durchschnittlich gebundene Kapital im Geschäftsjahr 09. Dieses ergibt sich aus den Anschaffungskosten abzüglich der zwischenzeitlich vorgenommenen Abschreibungen.

Ermittlung der Kalkulatorischen Abschreibung:

$$\frac{(\text{Anschaffungskosten} - \text{Schrottwert})}{\text{Nutzungsdauer in Jahren}}$$

$$= \frac{(25.000\ \text{€} - 1.000\ \text{€})}{8\ \text{Jahre}} = 3.000\ \text{€/Jahr}.$$

Der Kalkulatorische Abschreibungsplan hat folgendes Aussehen.

Zeitpunkt	Kalkulatorische Abschreibung	Kalkulatorischer Restwert
Kauf: Anfang 04		25.000 €
31.12.04	3.000 €	22.000 €
31.12.05	3.000 €	19.000 €
31.12.06	3.000 €	16.000 €
31.12.07	3.000 €	13.000 €
31.12.08	3.000 €	10.000 €
31.12.09	3.000 €	7.000 €
31.12.10	3.000 €	4.000 €
31.12.11	3.000 €	1.000 € (= Schrottwert)

Zur Ermittlung der kalkulatorischen Zinsen für das Geschäftsjahr 09 ist das in dieser Periode durchschnittlich gebundene Kapital zugrunde zu legen. Bei linearer Abschreibung lässt sich dieses wie folgt ermitteln:

$$\frac{(\text{Restwert am 1.1.09} + \text{Restwert am 31.12.09})}{2}$$

$$= \frac{(10.000\ € + 7.000\ €)}{2} = 8.500\ €.$$

Somit ergeben sich für das Geschäftsjahr 09 die Kalkulatorischen Zinsen aus
$$8.500\ € \cdot 0{,}09 = 765\ €.$$

Aufgabe III.17: Kalkulatorische Zinsen und monetärer Grenznutzen

	Grenzausgabe	=	effektiv gezahlter Zinssatz für die letzte benötigte Kapitaleinheit
+	Opportunitätskosten	=	Nutzenentgang durch die Wahl der schlechteren Verzinsungsalternative oder
−	Grenzgewinn	=	Nutzenzuwachs durch die Wahl der besseren Verzinsungsalternative
=	monetärer Grenznutzen	=	zweitbeste Verzinsungsmöglichkeit anstelle des Kapitaleinsatzes im Unternehmen

Aufgabe III.18: Kalkulatorische Zinsen und Abzugskapital

Eine Berücksichtigung von Kundenanzahlungen würde zu einer Doppelerfassung über die Erlösrechnung führen, da die Kunden die Anzahlungen um den Zins für die Zeit des zur Verfügung gestellten Kapitals kürzen werden. Eine Ertragssenkung entspricht formal einer Kostenerhöhung.

Eine Berücksichtigung der Lieferantenkredite würde ebenfalls zu einer Doppelerfassung über die Kostenartenrechnung führen, da die Lieferanten den Zins in den Rechnungsbetrag einkalkulieren und dieser dann in den Anschaffungs- oder Herstellungskosten der dem sachzielbezogenen Verzehr unterliegenden Wirtschaftsgüter enthalten ist.

Aufgabe III.19: Kalkulatorische Zinsen

(a) Ermittlung des betriebsnotwendigen Vermögens durch Korrektur der in der Schlussbilanz ausgewiesenen Buchwerte

	Bebaute Grundstücke	720.000 €
–	zwei betriebsfremde Wohnungen	140.000 €
=	Zwischensumme	580.000 €
+	Umbewertung	40.000 €
=	Zeitwert	620.000 €
	Maschinen	310.000 €
+	Umbewertung	30.000 €
=	Zeitwert	340.000 €

Beteiligungen   125.000 €

	geringwertige Wirtschaftsgüter	0 €
+	Umbewertung	40.000 €
=	Zeitwert	40.000 €

Roh-, Hilfs- und Betriebsstoffe   80.000 €

fertige Erzeugnisse   370.000 €

Forderungen   115.000 €

	Wertpapiere	20.000 €
–	betriebsfremder Anteil	20.000 €
=	Zeitwert	0 €

Kasse-Bank   10.000 €

Somit beträgt das betriebsnotwendige Vermögen   1.700.000 €

(b) Ermittlung des betriebsnotwendigen Kapitals

	Betriebsnotwendiges Vermögen	1.7000.000 €
−	Abzugskapital	
	* Kundenanzahlungen	20.000 €
	* Verbindlichkeiten aus Lieferungen	130.000 €
=	betriebsnotwendiges Kapital	1.550.000 €

(c) Ermittlung der Kalkulatorischen Zinsen

	Vorläufige Kalkulatorische Zinsen:	
	1.550.000 € • 0,09 =	139.500 €
−	effektive Zinseinnahmen	
	10% von 125.000 € • 0,4	5.000 €
=	kalkulatorische Zinsen	134.500 €

Literatur   Fischbach, Kapitel 2.6.2.
Freidank, Dritter Teil, Kapitel II.B.5.b.
Freidank/Velte, Erster Teil, Kapitel IV.C.1.g.

Aufgabe III.20: Kalkulatorische Zinsen bei wertorientierter Unternehmensführung

(a) Berechnung des kalkulatorischen Zinssatzes

Zunächst ist die Berechnung des betriebsnotwendigen Vermögens auf der Basis von Marktwerten vorzunehmen.

Vermögens-gegenstände	Buchwerte	betriebs-fremd	betriebs-notwendig	Umbewertung	Marktwerte
Bebaute Grundstücke	400.000	200.000	200.000	300.000	500.000
Maschinen	525.000		525.000	75.000	600.000
Beteiligungen	200.000		200.000		200.000
Geringwertige Wirtschaftsgüter				35.000	35.000
Roh-, Hilfs- und Betriebsstoffe	110.000	10.000	100.000		100.000
Fertige Erzeugnisse	125.000		125.000		125.000
Forderungen	75.000		75.000		75.000
Bank	50.000		50.000		50.000
Kasse	15.000		15.000		15.000
Summe	1.500.000	210.000	1.290.000	410.000	1.700.000

Geht man vereinfachend von einer proportionalen Umrechnung der Wertkorrekturen aller Vermögenswerte auf das Eigen- und Fremdkapital zu Buchwerten aus, so ergibt sich bei einem Umrechnungsfaktor von 17/15 [= 1 + (200.000 € : 1.500.000 €)] das im Folgenden dargestellte Bild einer Marktwertbilanz.

Aktiva	verkürzte Schlussbilanz in € zu Marktwerten		Passiva
bebaute Grundstücke	500.000	Eigenkapital	1.020.000
Maschinen	600.000	Bankverbindlichkeiten	476.000
Beteiligungen	200.000	Kundenanzahlungen	85.000
Geringwertige Wirtschaftsgüter	35.000	Verbindlichkeiten aus Lieferungen und Leistungen	119.000
Roh-, Hilfs- und Betriebsstoffe	100.000		
fertige Erzeugnisse	125.000		
Forderungen	75.000		
Bank	50.000		
Kasse	15.000		
	1.700.000		1.700.000

Der Zinssatz für das Eigenkapital (i^E) des verschuldeten Unternehmens nach Steuern berechnet sich wie folgt.

$$i^E = [0{,}005 \cdot (1 - 0{,}26375) + (0{,}115 - 0{,}05) \cdot (1 - 0{,}26375) \cdot 1{,}45 \approx 0{,}1062$$

mit $0{,}26375 = 0{,}25 \cdot (1 + 0{,}055)$
(§ 32a EStG i.V.m. § 32d Abs. 1 Satz 1 EStG; § 2 Nr. 1 SolZG)

Nun kann der kalkulatorische Zinssatz in Gestalt des WACC berechnet werden.

$$\text{WACC} = 0{,}0525 \cdot \frac{(680.000\ € - 204.000\ €)}{(1.020.000\ € + 680.000\ € - 204.000\ €)} \cdot (1 - 0{,}2265) +$$

$$0{,}1062 \cdot \frac{1.020.000\ €}{(1.020.000\ € + 680.000\ € - 204.000\ €)}$$

WACC ≈ 0,0129 + 0,0724

WACC ≈ 0,0853

mit $0{,}2265 = 0{,}035 \cdot 1{,}95 + (1 + 0{,}055) \cdot 0{,}15$
(§ 11 Abs. 2 GewStG; § 16 Abs. 1 GewStG; § 2 Nr. 3 SolZG; § 23 Abs. 1 KStG)

(b) Berechnung der kalkulatorischen Zinsen

Die nachfolgende Darstellung zeigt abschließend die wertorientierte Ermittlung der kalkulatorischen Zinsen für die Rede stehende Aktiengesellschaft. Dabei ist zu beachten, dass der vorläufig berechnete Betrag noch um diejenigen effektiven Zinserträge gekürzt werden muss, die ihre Verzinsung ganz oder zum Teil selbst erbringen (z.B. Beteiligungen).

Betriebsnotwendiges Vermögen		1.700.000 €
− Abzugskapital		
Kundenanzahlungen	85.000 €	
Verbindlichkeiten aus Lieferungen und Leistungen	119.000 €	
= betriebsnotwendiges Kapital		1.496.000 €
Vorläufige kalkulatorische Zinsen (8,53% von 1.496.000 €)		127.609 €
− effektive Zinseinnahmen (10% von 100.000 €)		10.000 €
= kalkulatorische Zinsen		117.609 €

Literatur   Freidank, Dritter Teil, Kapitel II.B.5.b.a.c.

Aufgabe III.21:   Kalkulatorisches Wagnis

(a) Berechnung des kalkulatorischen Vertriebswagnisses

$$\frac{100.500 \text{ € (Summe Vertriebsausfall)}}{2.010.000 \text{ € (Summe Umsatz)}} \cdot 100 = 5\%$$

Kalkulatorisches Vertriebswagnis = 460.000 € · 0,05 = 23.000 €.

Das kalkulatorische Vertriebswagnis sollte jedoch höher angesetzt werden, da dessen Prozentsatz (mit Ausnahme des umsatzschwachen Jahres 11) kontinuierlich gestiegen ist und im Jahr 14 bereits ca. 6% betrug.

(b) Wagnisarten und ihrer Charakteristika

Mit Hilfe der kalkulatorischen Wagnisse werden spezifische Einzelrisiken erfasst. Neben dem aus Zahlungsausfällen, Kulanznachlässen und Währungsausfällen resultierenden Vertriebswagnis werden weiterhin insbesondere folgende Risiken als kalkulatorische Kosten berücksichtigt:

Beständewagnis:	Für Wertminderungen der Vorräte.
Anlagewagnis:	Für Verluste von Anlagen bzw. Verluste, die durch fehlerhaft vorgenommene Abschreibungen entstehen.
Fertigungswagnis:	Für ungewöhnliche Mehrkosten der Fertigung wie z.B. Ausschuss.
Gewährleistungswagnis:	Für Kosten aufgrund von Nacharbeiten an gelieferten Erzeugnissen und Gutschriften infolge von Garantieverpflichtungen.
Entwicklungswagnis:	Für misslungene Forschungs- und Entwicklungsarbeiten.

Die Finanzbuchhaltung erfasst durch außerordentliche Ereignisse ausgelöste Aufwendungen im Zeitpunkt ihrer Verursachung in der entsprechenden Höhe. Die Kostenrechnung benutzt dagegen durchschnittliche Wagniskosten für die spezifischen Einzelrisiken des Unternehmens und vermeidet somit Störungen der Planungs- und Kontrollrechnungen, die durch außerordentliche Ereignisse ausgelöst würden.

Literatur   Fischbach, Kapitel 2.6.3.
            Freidank, Dritter Teil, Kapitel II.B.5.c.

Aufgabe III.22: Opportunitätskosten

Opportunitätskosten stellen den monetären Nutzenentgang für die nächstbeste, nicht gewählte Verwendungsmöglichkeit dar. Berücksichtigung finden diese in der Kostenartenrechnung bei der Ermittlung von

- Kalkulatorischen Zinsen,
- Kalkulatorischer Eigenmiete und
- Kalkulatorischem Unternehmerlohn

sowie bei der Festlegung von Preisgrenzen.

Herausragende Bedeutung besitzen Opportunitätskosten beim Vorliegen knapper Kapazitäten z.B. im Beschaffungs-, Produktions- und/oder Absatzbereich. In diesen Fällen müssen sie als planmäßige Kosten für den Nutzenentgang bei der Ermittlung von Preisuntergrenzen der abzusetzenden Erzeugnisse und von Preisobergrenzen der einzusetzenden Roh-, Hilfs- und Betriebsstoffe berücksichtigt werden. Die Opportunitätskosten lassen sich aber auch nur dann exakt bestimmen, wenn

(a) für den Bewertenden vollständige Transparenz hinsichtlich der Alternativensuche besteht oder

(b) ein Entscheidungsmodell mit fixierten Handlungsalternativen vorliegt.

<u>Literatur</u>   Freidank, Dritter Teil, Kapitel II.B.4. und Vierter Teil, Kapitel IV.E.3.b. a.b. sowie Kapitel IV.E.4.a. a.c.

2. Die Kostenstellenrechnung

Aufgabe III.23: Kostenstellen

(a) Hauptkostenstellen

Hauptkostenstellen sind unmittelbar an der Fertigung und ggf. am Vertrieb von absatzbestimmten Hauptprodukten beteiligt (z.B. Montagehallen eines Automobilherstellers).

(b) Nebenkostenstellen

Nebenkostenstellen wirken unmittelbar an der Herstellung von Nebenprodukten mit (z.B. Weiterverarbeitung von Kuppelprodukten im Bereich der chemischen Industrie).

(c) Hilfskostenstellen

Hilfskostenstellen geben ihre Leistungen nur an andere Kostenstellen ab, sind also nur mittelbar an der Leistungserstellung beteiligt (z.B. ein betriebseigenes Elektrizitätswerk, das Strom für die Produktionsanlagen liefert).

Aufgabe III.24: Betriebsabrechnungsbogen und innerbetriebliche Leistungsverrechnung

(a) Erstellung des BAB

Siehe nächste Seite.

(b) Ziele und Aufbau des Betriebsabrechnungsbogens

Im Rahmen der Kostenstellenrechnung, die darauf abzielt, den einzelnen betrieblichen Teilbereichen (Kostenstellen) die dort verursachten Kosten zuzurechnen will, wird der Betriebsabrechnungsbogen (BAB) als Hilfsmittel zur Kostenverteilung benutzt. Der BAB enthält in der Vertikalen alle Kostenarten (primäre Einzel- und Gemeinkosten sowie sekundäre Kosten), die den in der Horizontalen aufgeführten Haupt-, Neben- und Hilfskostenstellen zuzurechnen sind. Durch einen Vergleich von Soll- und Istkosten in den Kostenstellen besteht zudem die Möglichkeit, mit Hilfe des BAB eine permanente Wirtschaftlichkeitskontrolle der einzelnen Leistungsbereiche durchzuführen.

(a) (Alle Zahlen in Tsd. €)

Kostenart	Allg. Hilfs-stelle	Fertigungs-HilfsKSt.		Fertigungs-HauptKSt.		Verwal-tungs-stelle	Material-stelle	Vertriebs-stelle	Summe
		1	2	1	2				
Gemein-kosten	28	44	19	240	179	341	761	88,5	1.700,5

(c) (Alle Zahlen in Tsd. €)

Kostenart	Allg. Hilfs-stelle	Fertigungs-HilfsKSt.		Fertigungs-HauptKSt.		Verwal-tungs-stelle	Material-stelle	Vertriebs-stelle	Summe
		1	2	1	2				
primäre Kosten	28	44	19	240	179	341	761	88,5	1.700,5
sekundäre Kosten	−28	+4	+4	+4	+4	+4	+4	+4,0	28,0
		−48		+30	+18				48,0
			−23		+23				23,0
	0	0	0	274	224	345	765	92,5	1.700,5

(c) Ermittlung der Gemeinkosten der Hauptkostenstellen

Nach der Umlage der Hilfskostenstellen muss die Summe der den Hauptkostenstellen zugerechneten Gemeinkosten mit der in der Aufgabenstellung genannten Summe der primären Gemeinkosten (1.700.500 €) übereinstimmen.

Literatur Fischbach, Kapitel 3.
Freidank, Dritter Teil, Kapitel II.C.
Freidank/Velte, Dritter Teil, Kapitel III.B.

Aufgabe III.25: Innerbetriebliche Leistungsverrechnung

Das Vorgehen bei der innerbetrieblichen Leistungsverrechnung soll mit Hilfe diese Aufgabe schrittweise verdeutlicht werden.

(a) Ziel der innerbetrieblichen Leistungsverrechnung ist es, die Kosten der liefernden Hilfs- und Hauptkostenstellen auf die erstellten Leistungseinheiten der empfangenden Kostenstelle(n) zu verteilen, um für Kalkulations- und Kontrollzwecke eine möglichst verursachungsgerechte Kostenzuweisung zu realisieren.

(b) Das einfachste Verfahren ist das Anbau- bzw. Blockverfahren. Dieses berücksichtigt nur die Leistungsbeziehungen zwischen Vor- und Hauptkostenstellen, nicht aber die Leistungsbeziehungen der Vor- und Hauptkostenstellen untereinander. Hierbei gilt für die Verrechnungspreise einer innerbetrieblichen Leistungseinheit (p):

$$p = \frac{\text{primäre Kosten der Hilfskostenstelle}}{\text{an Hauptkostenstellen abgegebene Leistungseinheiten.}}$$

Der Preis für eine vom Elektrizitätswerk produzierte kWh Strom (p_e) beträgt:

$$p_e = \frac{31.000\ €}{(124.100\ kWh - 100\ kWh - 23.184\ kWh)} = 0{,}31\ €.$$

Der Preis für einen vom Wasserwerk produzierten Liter Wasser (p_w) beträgt:

$$p_w = \frac{43.470\ €}{(290.400\ l - 600\ l)} = 0{,}15\ €.$$

(c) Das Treppen- bzw. Stufenleiterverfahren erfasst die Verflechtungen der Kostenstellen genauer. Es berücksichtigt einseitige Leistungsbeziehungen zwischen Vor- und Hauptkostenstellen. Unterstellt wird eine Ordnung (Reihenfolge) unter den Kostenstellen. In diesem Falle gilt:

$$p = \frac{\text{primäre Kosten der Hilfskostenstelle} + \text{von vorgelagerten Kostenstellen erhaltene sekundäre Kosten}}{\text{an nachgelagerte Kostenstellen abgegebene Leistungseinheiten.}}$$

Der Preis für eine vom Elektrizitätswerk produzierte kWh Strom (p_e) beträgt:

$$p_e = \frac{(31.000\ € + 0\ €)}{(124.100\ \text{kWh} - 100\ \text{kWh})} = 0{,}25\ €.$$

Der Preis für ein vom Wasserwerk produzierter Liter Wasser (p_w) beträgt:

$$p_w = \frac{(43.470\ € + 23.184\ \text{kWh} \cdot 0{,}25\ €)}{(290.400\ l - 600\ l)} = 0{,}17\ €.$$

Entsprechend werden die primären Kosten von Elektrizitäts- und Wasserwerk wie folgt zugerechnet.

(1) Verteilung Kosten Elektrizitätswerk:

	Wasserwerk	=	23.184 kWh · 0,25 €	=	5.796 €
+	Endkostenstelle A	=	79.816 kWh · 0,25 €	=	19.954 €
+	Endkostenstelle B	=	21.000 kWh · 0,25 €	=	5.250 €
=	primäre Kosten des Elektrizitätswerks			=	31.000 €

(2) Verteilung Kosten Wasserwerk:

+	Endkostenstelle A	=	224.800 l · 0,17 €	=	38.216 €
+	Endkostenstelle B	=	65.000 l · 0,17 €	=	11.050 €
=	primäre Kosten des Wasserwerks (43.470 €)				
+	dem Wasserwerk vom Elektrizitätswerk zugerechnete Sekundärkosten (5.796 €)			=	49.266 €.

(d) Beim Gleichungsverfahren werden die innerbetrieblichen Verrechnungspreise durch Auflösung eines Systems simultaner Gleichungen errechnet. Für jede Kostenstelle lassen sich die Leistungsbeziehungen wie folgt ausdrücken:

Primäre Kosten + sekundäre Kosten
= erstellte Leistungseinheiten · Verrechnungspreis.

Dem Elektrizitätswerk können 31.000 € primäre Kosten zugerechnet werden. Als sekundäre Kosten wurden 100 verbrauchte kWh aus der eigenen Produktion erfasst. Für diese ist im Rahmen der innerbetrieblichen Leistungsverrechnung ein Preis zu ermitteln. Erstellt wurden in der Periode 124.100 kWh, davon 124.000 kWh für andere Kostenstellen. Somit kann für das Elektrizitätswerk folgende Gleichung aufgestellt werden:

$$31.000 \text{ €} + 100 \text{ kWh} \cdot p_e + 0 \cdot p_w = 124.100 \text{ kWh} \cdot p_e.$$

Ohne Berücksichtigung des Eigenverbrauchs gilt hingegen:

$$31.000 \text{ €} = 124.000 \text{ kWh} \cdot p_e.$$

Als innerbetrieblicher Verrechnungspreis ergibt sich folglich für das Elektrizitätswerk ein Satz von

$$p_e = 0{,}25 \text{ €}.$$

Für das Wasserwerk besitzt hingegen folgende Gleichung Gültigkeit:

$$43.470 \text{ €} + 23.184 \text{ kWh} \cdot p_e + 600 \text{ l} \cdot p_w = 290.400 \text{ l} \cdot p_w.$$

Ohne Berücksichtigung des Eigenverbrauchs gilt hingegen:

$$43.470 \text{ €} + 23.184 \text{ kWh} \cdot p_e = 289.800 \text{ l} \cdot p_w.$$

In diese Gleichung wird der inzwischen bekannte innerbetriebliche Verrechnungspreis für den Strom eingesetzt:

$$43.470 \text{ €} + 23.184 \text{ kWh} \cdot p_e = 289.800 \text{ l} \cdot p_w$$

$$43.470 \text{ €} + 23.184 \text{ kWh} \cdot 0{,}25 \text{ €} = 289.800 \text{ l} \cdot p_w$$

$$43.470 \text{ €} + 5.796 \text{ €} = 289.800 \text{ l} \cdot p_w$$

$$p_w = 0{,}17 \text{ €}.$$

Treppenverfahren und Gleichungsverfahren führen bei den Aluwerken-Süd zum gleichen Ergebnis, da zwischen den Vorkostenstellen Elektrizitätswerk und Wasserwerk nur eine einseitige Leistungsbeziehung (Abgabe von 23.184 kWh Strom an das Wasserwerk) besteht.

Das Blockverfahren führt zu einem abweichenden Ergebnis, da es grundsätzlich keine Leistungsbeziehungen zwischen Vorkostenstellen berücksichtigt.

Aufgabe III.26: Innerbetriebliche Leistungsverrechnung

(a) Treppenverfahren

Ermittlung der innerbetrieblichen Verrechnungspreise für die Hilfskostenstellen A und B:

$$p_A = \frac{(48.000 \text{ €} + 0)}{64.000 \text{ Stück}} = 0,75 \text{ €}.$$

$$p_B = \frac{(95.000 \text{ €} + 1.000 \text{ Stück} \cdot 0,75 \text{ €})}{20.000 \text{ Stück}} = 4,7875 \text{ €}.$$

Daraus ergeben sich folgende Gesamtkosten für die Hauptkostenstellen (alle Angaben in €).

Kostenstellen	HKSt L	HKSt M	Σ
primäre Kosten	100.000,00	100.000,00	200.000,00
+ sekundäre Kosten von HiKSt A (p_A = 0,75 €)	9.750,00	37.500,00	47.250,00
von HiKSt B (p_B = 4,7875 €)	71.812,50	23.937,50	95.750,00
= Gesamtkosten	181.562,50	161.437,50	343.000,00

Soll geprüft werden, ob die Leistungsverrechnung vollständig vorgenommen wurde, so kann die Summe der primären Kosten vor der innerbetrieblichen Leistungsverrechnung mit der Summe der Gesamtkosten nach der innerbetrieblichen Leistungsverrechnung verglichen werden. Da die innerbetriebliche Leistungsverrechnung die Kosten der Hilfskostenstellen auf die Hauptkostenstellen verrechnet, müssen beide Summen identisch sein.

$$181.562,50 \text{ €} + 161.437,50 \text{ €}$$
$$= 48.000 \text{ €} + 95.000 \text{ €} + 100.000 \text{ €} + 100.000 \text{ €}$$

(b) Gleichungsverfahren

Ermittlung der innerbetrieblichen Verrechnungspreise:

<u>HiKSt A:</u>

48.000 € + 2.000 Stück • p_A + 4.000 Stück • p_B = 66.000 Stück • p_A

48.000 € + 4.000 Stück • p_B = 64.000 Stück • p_A

<u>HiKSt B:</u>

95.000 € + 1.000 Stück • p_A + 1.000 Stück • p_B = 25.000 Stück • p_B

95.000 € + 1.000 Stück • p_A = 24.000 Stück • p_B

<u>HiKSt A:</u>

48.000 € + 4.000 Stück • p_B = 64.000 Stück • p_A

48.000 € − 64.000 Stück • p_A = − 4.000 Stück • p_B.

Durch Multiplikation dieser Gleichung mit dem Faktor sechs können die Gleichungen von HiKSt A und HiKSt B gegenüber gestellt werden.

6 • − 4.000 Stück • p_B = − 95.000 € − 1.000 Stück • p_A

6 • 48.000 € − 64.000 Stück • p_A = 95.000 € − 1.000 Stück • p_A

288.000 € − 384.000 Stück • p_A = − 95.000 € − 1.000 Stück • p_A

$$p_A = \frac{383.000 \text{ €}}{383.000 \text{ Stück}} = 1,00 \text{ €}.$$

<u>HiKSt B:</u>

95.000 € + 1.000 Stück • 1 € = 24.000 Stück • p_B

$$p_B = \frac{96.000 \text{ €}}{24.000 \text{ Stück}} = 4,00 \text{ €}.$$

Kostenstellen	HKSt L	HKSt M	Σ
primäre Kosten	100.000	100.000	200.000
+ sekundäre Kosten			
von HiKSt A ($p_A = 1$ €)	13.000	50.000	63.000
von HiKSt B ($p_B = 4$ €)	60.000	20.000	80.000
= Gesamtkosten	173.000	170.000	343.000

(c) Diskussion der Ergebnisse

Ein Vergleich der Ergebnisse verdeutlicht, dass die Höhe der den Hauptkostenstellen zugerechneten Beträge entscheidend von dem gewählten Verfahren abhängt. Liegen wechselseitige Leistungsbeziehungen zwischen den Hilfskostenstellen vor, so kann das (vereinfachende) Treppenverfahren nicht zum verursachungsgerechten Ergebnis führen, da dieses nur einseitige Leistungsbeziehungen berücksichtigt.

Im vorliegenden Falle ließe sich mit dem Treppenverfahren durch eine Umstellung der Hilfskostenstellen wenigstens ein genaueres Ergebnis ermitteln. Die von B an A abgegebenen quantitativ erheblichen Leistungen könnten dadurch berücksichtigt werden, die vergleichsweise unbedeutenderen Leistungen von A an B würden hingegen weitgehend vernachlässigt bleiben.

Treppenverfahren bei umgekehrter Ordnung der Hilfskostenstellen:

$$p_B = \frac{(95.000 \text{ €} + 0 \text{ €})}{24.000 \text{ Stück}} = 3{,}9583 \text{ €}.$$

$$p_A = \frac{(48.000 \text{ €} + 4.000 \text{ Stück} \cdot 3{,}9583 \text{ €})}{63.000 \text{ Stück}} = 1{,}0132 \text{ €}.$$

Daraus ergeben sich folgende Gesamtkosten für die Hauptkostenstellen (alle Angaben in €).

Kostenstellen	HKSt L	HKSt M	Σ
Primäre Kosten	100.000,00	100.000,00	200.000,00
+ sekundäre Kosten			
von HiKSt A (p_A = 1,0132 €)	13.171,60	50.660,00	63.831,60
von HiKSt B (p_B = 3,9583 €)	59.374,50	19.791,50	79.166,00
= Gesamtkosten	172.546,10	170.451,50	343.000,00

(Die auftretende Differenz in Höhe von 2,40 € zwischen den primären Kosten von 343.000 € und den ermittelten Gesamtkosten von 342.997,60 € ist auf die vorgenommenen Rundungen bei den innerbetrieblichen Verrechnungspreisen zurückzuführen.)

Literatur Fischbach, Kapitel 3.2.3
Freidank, Dritter Teil, Kapitel II.C.2.b.

Aufgabe III.27: Innerbetriebliche Leistungsverrechnung

Aus den in der Matrix dargestellten Leistungsbeziehungen zwischen den Hilfs- und Hauptkostenstellen lässt sich das folgende simultane Gleichungssystem erstellen, das die primären Gemeinkosten der einzelnen Kostenstellen und der ihnen von sich selbst (Eigenverbrauch) und/oder von anderen Abrechnungsbereichen angelasteten sekundären Gemeinkosten zeigt.

K_1 = 150.000 € + 1/20 K_1 + 1/5 K_2 + 1/10 K_3 + 0 K_4 + 1/10 K_5 + 1/20 K_6

K_2 = 200.000 € + 1/4 K_1 + 1/10 K_2 + 0 K_3 + 1/20 K_4 + 1/10 K_5 + 1/10 K_6

K_3 = 450.000 € + 2/5 K_1 + 0 K_2 + 1/5 K_3 + 0 K_4 + 0 K_5 + 1/4 K_6

K_4 = 750.000 € + 0 K_1 + 2/5 K_2 + 1/5 K_3 + 0 K_4 + 1/20 K_5 + 1/10 K_6

K_5 = 1.200.000 € + 1/10 K_1 + 1/5 K_2 + 1/4 K_3 + 1/10 K_4 + 0 K_5 + 1/20 K_6

K_6 = 2.500.000 € + 1/5 K_1 + 1/10 K_2 + 1/4 K_3 + 0 K_4 + 1/20 K_5 + 0 K_6

In Matrizenschreibweise hat das simultane Gleichungssystem folgendes Aussehen.

$$A \cdot x = B$$

$$\begin{bmatrix} -0{,}95 & 0{,}2 & 0{,}1 & 0 & 0{,}1 & 0{,}05 \\ 0{,}25 & -0{,}9 & 0 & 0{,}05 & 0{,}1 & 0{,}1 \\ 0{,}4 & 0 & -0{,}8 & 0 & 0 & 0{,}25 \\ 0 & 0{,}4 & 0{,}2 & -1 & 0{,}05 & 0{,}1 \\ 0{,}1 & 0{,}2 & 0{,}25 & 0{,}1 & -1 & 0{,}05 \\ 0{,}2 & 0{,}1 & 0{,}25 & 0 & 0{,}05 & -1 \end{bmatrix} \cdot \begin{bmatrix} K_1 \\ K_2 \\ K_3 \\ K_4 \\ K_5 \\ K_6 \end{bmatrix} = \begin{bmatrix} -150.000 \\ -200.000 \\ -450.000 \\ -750.000 \\ -1.200.000 \\ -2.500.000 \end{bmatrix}$$

Die Lösung des Gleichungssystems – für diese Aufgabe wurde sie mit Hilfe eines Tabellenkalkulationsprogramms ermittelt – erfolgt durch Multiplikation der Kehrmatrix A^{-1} mit dem Faktor B.

$$x = A^{-1} \cdot B$$

$$\begin{bmatrix} K_1 \\ K_2 \\ K_3 \\ K_4 \\ K_5 \\ K_6 \end{bmatrix} = \begin{bmatrix} -1{,}3333 & -0{,}3743 & -0{,}2921 & -0{,}0369 & -0{,}1821 & -0{,}1899 \\ -0{,}5149 & -1{,}3347 & -0{,}2218 & -0{,}0868 & -0{,}2010 & -0{,}2334 \\ -0{,}8398 & -0{,}2813 & -1{,}5508 & -0{,}0278 & -0{,}1369 & -0{,}4674 \\ -0{,}4553 & -0{,}6430 & -0{,}4751 & -1{,}0500 & -0{,}1783 & -0{,}3197 \\ -0{,}5195 & -0{,}4541 & -0{,}5335 & -0{,}1345 & -1{,}1178 & -0{,}2741 \\ -0{,}5541 & -0{,}3014 & -0{,}4950 & -0{,}0297 & -0{,}1466 & -1{,}1919 \end{bmatrix} \cdot \begin{bmatrix} -150.000 \\ -200.000 \\ -450.000 \\ -750.000 \\ -1.200.000 \\ -2.500.000 \end{bmatrix}$$

Nach entsprechend durchgeführter Matrizenmultiplikation ergeben sich folgende Resultate.

(1) K_1 = 1.127.333,2863 €
(2) K_2 = 1.333.826,8154 €
(3) K_3 = 2.233.693,6876 €
(4) K_4 = 2.211.491,8994 €
(5) K_5 = 2.536.275,6307 €
(6) K_6 = 3.544.086,5422 €

Die Werte repräsentieren diejenigen primären und sekundären Gemeinkosten, die den einzelnen Kostenstellen zugerechnet werden.

Die Ermittlung der von den einzelnen Kostenstellen im Rahmen des Eigenverbrauchs an sich selbst, an andere Kostenstellen und/oder den Absatzmarkt abgegebenen Leistungen zeigt die Tabelle auf S. 185. Der endgültige Betriebsabrechnungsbogen befindet sich auf S. 186. Der Eigenverbrauch der Hilfskostenstellen 1 bis 3 wurde in diese Tabelle nicht explizit aufgenommen. Wie aber die Tabelle auf S. 185 zeigt, beträgt der Eigenverbrauch

$$\text{von } St_1 = 56.366{,}6643 \text{ €}$$
$$\text{von } St_2 = 133.382{,}6815 \text{ €}$$
$$\text{von } St_3 = 446.738{,}7375 \text{ €}.$$

Die Richtigkeit des Betriebsabrechnungsbogens zeigt sich darin, dass im Ergebnis die Hauptkostenstellen 4 bis 5 lediglich diejenigen bewerteten Leistungen an den Markt abgeben, die der Summe der primären Kosten (5.250.000 €) entsprechen.

<u>Literatur</u>   Freidank, Dritter Teil, Kapitel II.C.2.b. a.b.

III. Das Instrumentarium der Kostenrechnung

zu berücksichtigende Leistungsbeziehungen	SG	zu verschlüsselnder Gesamtkostenbetrag in €	zu verrechnende sekundäre Gemeinkosten in €	Summe der Leistungsabgaben in €	
				Kostenstellen	Markt
St_1 an St_1	0,05	1.127.333,2863	56.366,6643		
St_1 an St_2	0,25	1.127.333,2863	281.833,3216		
St_1 an St_3	0,4	1.127.333,2863	450.933,3145		
St_1 an St_5	0,1	1.127.333,2863	112.733,3286		
St_1 an St_6	0,2	1.127.333,2863	225.466,6573	1.127.333,2863	0
St_2 an St_1	0,2	1.333.826,8154	266.765,3631		
St_2 an St_2	0,1	1.333.826,8154	133.382,6815		
St_2 an St_4	0,4	1.333.826,8154	533.530,7263		
St_2 an St_5	0,2	1.333.826,8154	266.765,3631		
St_2 an St_6	0,1	1.333.826,8154	133.382,6815	1.333.826,8154	0
St_3 an St_1	0,1	2.233.693,6876	223.369,3688		
St_3 an St_3	0,2	2.233.693,6876	446.738,7375		
St_3 an St_4	0,2	2.233.693,6876	446.738,7375		
St_3 an St_5	0,25	2.233.693,6876	558.423,4219		
St_3 an St_6	0,25	2.233.693,6876	558.423,4219	2.233.693,6876	0
St_4 an St_2	0,05	2.211.491,8994	110.574,5950		
St_4 an St_5	0,1	2.211.491,8994	221.149,1899	331.723,7849	1.879.768,1145
St_5 an St_1	0,1	2.536.275,6307	253.627,5631		
St_5 an St_2	0,1	2.536.275,6307	253.627,5631		
St_5 an St_4	0,05	2.536.275,6307	126.813,7815		
St_5 an St_6	0,05	2.536.275,6307	126.813,7815	760.882,6892	1.775.392,9415
St_6 an St_1	0,05	3.544.086,5422	177.204,3271		
St_6 an St_2	0,1	3.544.086,5422	354.408,6542		
St_6 an St_3	0,25	3.544.086,5422	886.021,6356		
St_6 an St_4	0,1	3.544.086,5422	354.408,6542		
St_6 an St_5	0,05	3.544.086,5422	177.204,3271	1.949.247,5982	1.594.838,9440
Summe	---	---	---	7.736.707,8617	5.250.000,0000
Summe	---	---	---	12.986.707,8617	

Kosten-stellen / Kostenarten in €	Hilfskostenstellen			Hauptkostenstellen			Summe
	St_1	St_2	St_3	St_4	St_5	St_6	
Gesamtkosten	1.127.333,29	1.333.826,82	2.233.693,69	2.211.491,90	2.536.275,63	3.544.086,54	12.986.707,86
primäre Kosten	+150.000,00	+200.000,00	+450.000,00	+750.000,00	+1.200.000,00	+2.500.000,00	5.250.000,00
Sekundär-kostenver-rechnung	−281.833,32	+281.833,32	+450.933,31				
	−450.933,31	−266.765,36		+533.530,73	+112.733,33	+225.466,66	
	−112.733,33	−533.530,73					
	−225.466,67	−266.765,36					
	+266.765,36	−133.382,68	−223.369,39	+446.738,74	+266.765,36	+133.382,68	
			−446.738,74				
			−558.423,42				
	+223.369,37		−558.423,42		+558.423,42	+558.423,42	
		+110.574,60		−110.574,60	+221.149,19	+126.813,78	
				−221.149,19	−253.627,56	−177.204,33	
	+253.627,56	+253.627,56			−253.627,56	−354.408,6542	
				+126.813,78	−126.813,78	−886.021,64	
					−126.813,78	−354.408,65	
	+177.204,33	+354.408,65	+886.021,36	+354.408,65	+177.204,33	−177.204,33	
Endkosten	0	0	0	1.879.768,1145	1.775.392,94	1.594.838,94	5.250.000,00

3. Die Kostenträgerstückrechnung

Aufgabe III.28   Fertigungstypen

(a) Sortenfertigung

(b) Massenfertigung

(c) Einzelfertigung

(d) Massenfertigung

(e) Serienfertigung

(f) Serienfertigung

(g) Sortenfertigung.

Literatur   Fischbach, Kapitel 4.1.
Freidank, Dritter Teil, Kapitel II.D.1.

Aufgabe III.29:   Einstufige Divisionskalkulation

(a)   Ermittlung der Selbstkosten je Stück

Die Selbstkosten je Stück (ks) lassen sich aus den Gesamtkosten (K) und der Produktionsmenge in Stück (x) ermitteln.

$$ks = \frac{K}{x}$$

$$ks = \frac{9.000\ €}{6.000\ Stück} = 1,50\ €\ je\ Flasche$$

(b)   einstufige Divisionskalkulation

Die einstufige Divisionskalkulation kann angewendet werden, wenn

- nur eine homogene Erzeugnisart hergestellt wird und
- keine Lagerbestandsveränderungen bei den fertigen und unfertigen Erzeugnissen vorliegen.

Literatur   Fischbach, Kapitel 4.2.1.
Freidank, Dritter Teil, Kapitel II.D.2.a. a.b.

Aufgabe III.30: Mehrstufige Divisionskalkulation

(a) Herstellkosten je Stück

Die Herstellkosten je Stück (kh) errechnen sich mittels Division der gesamten erzeugnisbezogenen Herstellkosten durch die jeweilige Produktionsmenge (x_P). Für die Eimer ergeben sich somit Herstellkosten je Stück von

$$kh = \frac{KH}{x_P} = \frac{309.000\ €}{412.000\ \text{Stück}} = 0{,}75\ €.$$

(b)

Zur Ermittlung der Selbstkosten je Stück (ks) müssen zusätzlich die Kosten für Verwaltung und Vertrieb (KWV) berücksichtigt werden, die auf die Absatzmenge (x_A zu beziehen sind. Für die Eimer gilt mithin:

$$ks = \frac{KH}{x_P} + \frac{KWV}{x_A}$$

$$ks = 0{,}75 + \frac{76.000\ €}{380.000\ \text{Stück}} = 0{,}95\ €$$

Für die drei Produkte der Firma Plasto-Press ergeben somit folgenden Herstell- und Selbstkosten.

Erzeugnisarten / Stückkosten	Eimer	Gießkannen	Schüsseln
kh	0,75 €	2,50 €	0,40 €
ks	0,95 €	2,80 €	0,50 €

Literatur   Fischbach, Kapitel 4.2.3.
              Freidank, Dritter Teil, Kapitel II.D.2.a. a.b.

Aufgabe III.31:   Mehrstufige Divisionskalkulation

Zuerst sind die Produktionsmengen der einzelnen Stufen zu ermitteln. Ausgangspunkt dafür ist die Fertigungsstufe III.

S	Fertige Erzeugnisse der Stufe III		H
AB	200 Stück	EB	150 Stück
Zugang von Stufe II	400 Stück	Abgang (Verkäufe)	450 Stück
	600 Stück		600 Stück

S	Unfertige Erzeugnisse der Stufe II		H
AB	100 Stück	EB	100 Stück
Zugang von Stufe I	400 Stück	Abgang nach Stufe III	400 Stück
	500 Stück		500 Stück

S	Unfertige Erzeugnisse der Stufe I		H
AB	100 Stück	EB	180 Stück
Zugang (Produktion)	480 Stück	Abgang nach Stufe II	400 Stück
	580 Stück		580 Stück

Kalkulation der Herstellkosten pro Stück (kh) und der Selbstkosten pro Stück (ks):

$$\text{kh Stufe I} = \frac{5.280\ €}{480\ \text{Stück}}$$

$$= 11{,}00\ €\ \text{(Herstellkosten pro Stück von Stufe I)}$$

$$\text{kh Stufe II} = \frac{(400\ \text{Stück} \cdot 11\ € + 5.400\ €)}{400\ \text{Stück}}$$

$$= 24{,}50\ €\ \text{(Herstellkosten pro Stück von Stufe II)}$$

kh Stufe III = $\dfrac{(400 \text{ Stück} \cdot 24{,}50 \text{ €} + 6.000 \text{ €})}{400 \text{ Stück}}$

= 39,50 € (Herstellkosten pro Stück von Stufe III)

kh Stufe III = $\dfrac{(450 \text{ Stück} \cdot 39{,}50 \text{ €} + 3.375 \text{ €})}{450 \text{ Stück}}$

= 47,00 € (Herstellkosten pro Stück von Stufe III)

Der Betrag von 47 € gilt jedoch nur für Erzeugnisse, die sich auf die Zugänge (Produktion der abgelaufenen Periode) beziehen.

Literatur   Fischbach, Kapitel 4.2.3.
Freidank, Dritter Teil, Kapitel II.D.2.a. a.b.

Aufgabe III.32:   Äquivalenzziffernrechnung

Anhand von Rechnungseinheiten (RE) als den mit der jeweiligen Äquivalenzziffer gewichteten Produktionsmenge lassen sich die Kosten der einzelnen Sorten ermitteln. Dabei errechnen sich die Herstellkosten pro Rechnungseinheit (KH/RE) wie folgt:

$$\dfrac{KH}{\sum_{a=1}^{A} z_a \cdot x_a}$$

= $\dfrac{1.556.100 \text{ €}}{172.900 \text{ RE}}$ = 9 €/RE

III. Das Instrumentarium der Kostenrechnung

Sorte	Menge in Liter	Äquivalenzziffern	Rechnungseinheiten (RE)	Herstellkosten pro Produkteinheit in € (kh_a)	Gesamte Herstellkosten pro Sorte in € (KH_a)
a	x_a	z_a	$z_a \cdot x_a$	KH/RE • z_a	$kh_a \cdot x_a$
a = 1	28.000	1,2	33.600	10,80	302.400
a = 2	74.000	1,0	74.000	9,00	666.000
a = 3	37.000	1,1	40.700	9,90	366.300
a = 4	41.000	0,6	24.600	5,40	221.400
Σ	---	---	172.900	---	1.556.100

Aufgabe III.33: Äquivalenzziffernrechnung

Für die Firma Tidi-Textil ergeben sich Herstellkosten je Rechnungseinheit (KH/RE) von:

$$\frac{KH}{\sum_{a=1}^{A} z_a \cdot x_a} = \frac{88.350 \ €}{14.250 \ RE} = 6{,}2 \ €/RE.$$

Sorte	Menge in Stück	Äquivalenzziffern	Rechnungseinheiten (RE)	Herstellkosten pro Produkteinheit in € (kh_a)	Gesamte Herstellkosten pro Sorte in € (KH_a)
a	x_a	z_a	$z_a \cdot x_a$	KH/RE • z_a	$kh_a \cdot x_a$
a = 1	4.200	1,0	4.200	6,20	26.040
a = 2	900	1,3	1.170	8,06	7.254
a = 3	1.300	2,1	2.730	13,02	16.926
a = 4	2.500	0,6	1.500	3,72	9.300
a = 5	3.100	1,5	4.650	9,30	28.830
Σ	---	---	14.250	---	88.350

Literatur   Fischbach, Kapitel 4.2.4.
            Freidank, Dritter Teil, Kapitel II.D.2.a. a.c.

Aufgabe III.34: Zuschlagskalkulation und innerbetriebliche Leistungsverrechnung

(a) Ermittlung der Kalkulationssätze

Siehe Tabelle auf S. 193.

(b) Zuschlagskalkulation

(b.a) Ermittlung des Netto-Angebotspreises für eine Servicestunde

	47,00 €	(Kalkulationssatz)
+	11,75 €	(25% Zuschlag für Verwaltung und Vertrieb)
=	58,75 €	(Selbstkosten)
+	23,50 €	(40% Gewinnaufschlag)
=	82,25 €	(Netto-Angebotspreis).

(b.b) Ermittlung des Netto-Angebotspreises für einen Datenbankserver

	1.750,00 €	(Kalkulationssatz)
+	437,50 €	(25% Zuschlag für Verwaltung & Vertrieb)
=	2.187,50 €	(Selbstkosten)
+	875,00 €	(40% Gewinnaufschlag)
=	3.062,50 €	(Netto-Angebotspreis).

Literatur Fischbach, Kapitel 4.3.
Freidank, Dritter Teil, Kapitel II.D.2.b.
Freidank/Velte, Dritter Teil, Kapitel III.B.

III. Das Instrumentarium der Kostenrechnung   193

Kostenstellen	Allgemeine Hilfskostenstelle	Hauptkostenstellen			Summe
Kosten/ Bezugsgrößen	Pkw	Service	Fertigung	Verwaltung & Vertrieb	
Primäre Kosten Bezugsgröße	16.000 € 40.000 km	82.000 € 2.000 Std.	414.920 € 240 Stück	105.130 € KH des Absatzes	618.050 €
Umlage PKW * Werkstatt * Fertigung		30.000 km	8.000 km 40 Std.	2.000 km 190 Std. 5 Stück	---
Absatzleistung	---	1.770 Std.	235 Stück		
Umlage Pkw * Werkstatt * Fertigung	(−16.000 €)	+ 12.000 € (− 10.810 €)	+ 3.200 € + 1.880 € (− 8.750 €)	+ 800 € + 8.930 € + 8.750 €	16.000 € 10.810 € 8.750 €
Gesamtkosten	0	83.190 €	411.250 €	123.610 €	618.050 €
Kalkulationssätze	$\dfrac{16.000\,€}{40.000\,km}$ = 0,40 €/km	$\dfrac{94.000\,€}{2.000\,Std.}$ = 47 €/Std.	$\dfrac{420.000\,€}{240\,Stück}$ =1.750 €/Stück	$\dfrac{123.610\,€ \cdot 100}{(83.190\,€ + 411.250\,€)}$ = 25%	---

Aufgabe III.35: Zuschlagskalkulation

	Materialeinzelkosten	500 €
+	20% Zuschlag für Materialgemeinkosten	100 €
+	Fertigungseinzelkosten	400 €
+	150% Zuschlag für Fertigungsgemeinkosten	600 €
=	Herstellkosten	1.600 €
+	25% Zuschlag für Verwaltungs- und Vertriebsgemeinkosten	400 €
=	Selbstkosten	2.000 €
+	Gewinnzuschlag	700 €
=	Verkaufspreis	2.700 €
+	10% Rabatt (bezogen auf den Netto-Angebotspreis)[1]	300 €
=	Netto-Angebotspreis	3.000 €

Aufgabe III.36: Zuschlagskalkulation

1. Die Unhaltbarkeit der Prämisse, dass sich variable Einzelkosten und fixe Gemeinkosten im Zeitablauf proportional zueinander verhalten.

2. Aufgrund der Automationsprozesse steigen vor allem im Fertigungsbereich die fixen Gemeinkosten zu Lasten der Einzelkosten, so dass die Einzelkosten keine repräsentativen Zuschlagsgrundlagen mehr darstellen. Zudem wirken sich bei dieser Tendenz geringe Erfassungsfehler elementar im Rahmen der Kalkulation aus.

3. Das Kalkulationsverfahren bewirkt, dass Produktarten mit hohen Fertigungsmengen tendenziell höhere Fixkostenbestandteile angelastet werden als Erzeugnissen mit geringeren Volumina, da Bezugsgrößen als Verteilungsschlüssel Verwendung finden, die rein beschäftigungsorientiert sind und häufig keinen Bezug zu den von den indirekten Leistungsbereichen (z.B. Forschung und Entwicklung, Konstruktion, Einkauf, Logistik) ausgelösten fixen Gemeinkosten aufweisen.

Literatur Fischbach, Kapitel 4.3.
Freidank, Dritter Teil, Kapitel II.D.2.b. und Fünfter Teil, Kapitel I.A.

---

[1] $300\ \text{€} = \dfrac{10\%}{90\%} \cdot 2.700\ \text{€}.$

Aufgabe III.37: Zuschlagskalkulation

Vor der eigentlichen Kalkulation müssen zuerst die Zuschlagssätze ermittelt werden.

Zuschlagssatz Materialgemeinkosten:

$$\frac{MGK}{FM} \cdot 100 = \frac{765.000\ € \cdot 100}{1.912.500\ €} = 40\%.$$

Zuschlagssatz Fertigungsgemeinkosten:

$$\frac{FGK}{FL} \cdot 100 = \frac{(274.000\ € + 224.000\ €) \cdot 100}{199.200\ €} = 250\%.$$

Zuschlagsgrundlage für die Verwaltungs- und Vertriebsgemeinkosten sind die gesamten Herstellkosten (KH), die sich aus den gesamten Material- und Fertigungskosten ergeben, also einschließlich der Sondereinzelkosten der Fertigung: 274.000 € + 224.000 € + 765.000 € + 1.912.500 € + 199.200 € + 625.300 € = 4.000.000 €

Zuschlagssatz Verwaltungsgemeinkosten:

$$\frac{VwGK}{KH} \cdot 100 = \frac{345.000\ € \cdot 100}{4.000.000\ €} = 8,625\%.$$

Zuschlagssatz Vertriebsgemeinkosten:

$$\frac{VtGK}{KH} \cdot 100 = \frac{92.500\ € \cdot 100}{4.000.000\ €} = 2,3125\%.$$

Weiterhin sind die Sondereinzelkosten der Fertigung auf die Auftragsmenge umzulegen.

$$\frac{49.200\ €}{600\ \text{Stück}} = 82,00\ €\ \text{Sondereinzelkosten je Stück}$$

Stück-Kalkulation für ein Spezialgerät:

	Fertigungsmaterial	420,00 €
+	40% Materialgemeinkosten	168,00 €
=	Materialkosten	588,00 €
	Fertigungslohn	380,00 €
+	250% Fertigungsgemeinkosten	950,00 €
+	Sondereinzelkosten der Fertigung	82,00 €
=	Fertigungskosten	1.412,00 €
=	Herstellkosten (588 € + 1.412 € =)	2.000,00 €
+	8,625% Verwaltungsgemeinkosten	172,50 €
+	2,3125% Vertriebsgemeinkosten	46,25 €
=	Selbstkosten	2.218,75 €
+	12% Gewinnaufschlag	266,25 €
=	Netto-Angebotspreis	2.485,00 €
+	20% Umsatzsteuer	497,00 €
=	Brutto-Angebotspreis	2.982,00 €.

Literatur Fischbach, Kapitel 4.3.
Freidank, Dritter Teil, Kapitel II.D.2.b. und Vierter Teil, Kapitel IV.B.
Freidank/Velte, Dritter Teil, Kapitel III.B.

Aufgabe III.38: Retrograde Zuschlagskalkulation

Zur Ermittlung der maximalen Materialeinzelkosten muss bei der Kalkulation retrograd vorgegangen werden. Entsprechend ist das nachfolgende Schema der klassischen Zuschlagskalkulation von unten nach oben zu lösen. Begonnen wird also mit dem gegebenen Brutto-Angebotspreis von 540 €. Dieses sind 120% des Netto-Verkaufspreises, denn auf diesen werden 20% Umsatzsteuer addiert.

	Materialeinzelkosten	*(292 € – 40 € – 60 €) / 120% =*	160,00 €
+	20% Zuschlag für Materialgemeinkosten		
		(292 € – 100 €) / 120% • 20% =	32,00 €
+	Fertigungseinzelkosten	*(gegeben)*	40,00 €
+	150% Zuschlag für Fertigungsgemeinkosten	*40 € • 150% =*	60,00 €
=	Herstellkosten	*365 € / 125 % =*	292,00 €
+	15% Zuschlag für Verwaltungsgemeinkosten		
		365 € / 125% • 15% =	43,80 €
+	10% Zuschlag für Vertriebsgemeinkosten		
		365 € / 125% • 10% =	29,20 €
=	Selbstkosten	*450 € – 85 € =*	365,00 €
+	Gewinnzuschlag	*(gegeben)*	85,00 €
=	Netto-Verkaufspreis	*540 € /120 % =*	450,00 €
+	20% Umsatzsteuer	*540 € / 120% • 20% =*	90,00 €
=	Brutto-Angebotspreis	*(gegebener Ausgangspunkt)*	540,00 €

Aufgabe III.39: Kuppelkalkulation

Nach der Restwertmethode wird unterstellt, dass die bei der Erzeugung eines Hauptproduktes anfallenden Nebenprodukte keine Deckungsbeiträge erwirtschaften. Die Erlöse eines Nebenproduktes werden dessen Kosten gleichgesetzt. Somit ergeben sich für das Hauptprodukt A folgende Kosten:

	Kosten der Kuppelproduktion		4.300 €
−	Überschuss aus Nebenprodukt B		
	Erlös des Nebenproduktes	2.900 €	
	− Folgekosten nach der Spaltung	1.200 €	
	= Überschuss		1.700 €
=	Kosten des Hauptproduktes A		2.600 €.

Literatur Fischbach, Kapitel 4.4.
Freidank, Dritter Teil, Kapitel II.D.2.c.

Aufgabe III.40: Kalkulation mit Maschinenstundensätzen, Kalkulatorische Abschreibungen, Kalkulatorische Zinsen und Verrechnung von Gemeinkosten

(a) Berechnung des Maschinenstundensatzes

Es fallen pro Jahr folgende Kosten an:

Kalkulatorische Abschreibungen

$$\frac{197.000\ € - 9.000\ €}{8\ \text{Jahre}} = 23.500\ €$$

Stromverbrauch 3.200 Std. • 5 kWh • 0,15 €	=	2.400 €
Platzkosten 600 €/Monat • 12 Monate	=	7.200 €
Wartungskosten 3.000 €/Jahr	=	3.000 €
sonstige Kosten 4.690 €/Jahr	=	4.690 €

Kalkulatorische Zinsen

$$\frac{197.000\ € + 9.000\ €}{2} \cdot 0{,}07 = 7.210\ €$$

Kosten der Maschine pro Jahr	=	48.000 €

Der Maschinenstundensatz beträgt somit:

$$\frac{48.000\ \text{€}}{3.200\ \text{Std.}} = 15\ \text{€/Std.}$$

(b) Würdigung der Maschinenstundensatzkalkulation

Mit Hilfe der Maschinenstundensätze erfolgt eine Verrechnung der Fertigungskosten auf die Kostenträger. Eine Alternative zur Maschinenstundensatzkalkulation stellt die Verrechnung der Fertigungskosten mit Hilfe von Einzelkosten (z.B. Fertigungslohn) als Zuschlagsgrundlage dar. In diesem Fall sollte jedoch (zumindest annähernd) Proportionalität zwischen den Schlüsselgrößen und den zu verrechnenden Kosten bestehen sowie ein angemessenes Verhältnis zwischen der gewählten Schlüsselgröße und den zu verrechnenden Kosten (hohe Zuschlagssätze vergrößern die Gefahr von Fehlkalkulationen) gegeben sein. Problematisch ist die Orientierung vieler Bezugsgrößen an der Beschäftigung ohne Bezug zu den Aktivitäten der indirekten Leistungsbereiche (z.B. Einkauf, Logistik, Forschung und Entwicklung, Arbeitsvorbereitung). Die Prozesskostenrechnung stellt diese Verbindung durch die Verwendung von Kostentreibern her, mit deren Hilfe sie die Gemeinkosten der indirekten Bereiche verursachungsgerechter auf die Kostenträger verrechnen will.

Literatur Fischbach, Kapitel 4.3.3.
    Freidank, Dritter Teil, Kapitel II.D.2.b., Vierter Teil, Kapitel C.
    sowie Fünfter Teil, Kapitel I.B.

4. Die Kurzfristige Erfolgsrechnung

Aufgabe III.41: Kurzfristige Erfolgsrechnung und handelsrechtlicher Jahresabschluss

Die handelsrechtliche Gewinn- und Verlustrechnung ist für eine wirksame Erfolgskontrolle und -analyse ungeeignet, da

- die handelsrechtliche Abrechnungsperiode von in aller Regel einem Jahr für kurzfristige Steuerungsmaßnahmen im Rahmen der Preispolitik und/oder der Planung optimaler Produktions- und Absatzmengen zu lang ist;
- die bilanzrechtlich ausgewiesenen Gesamtaufwendungen und -erträge nicht den Gesamtkosten bzw. -leistungen entsprechen;
- die handelsrechtliche Erfolgsrechnung bei Anwendung des Gesamtkostenverfahrens (§ 275 Abs. 2 HGB) die Aufwendungen nach Maßgabe bestimmter Kostenarten gliedert, während die Erträge primär produktbezogen zum Ausweis kommen. Hierdurch wird eine erzeugnis(gruppen)orientierte Erfolgsanalyse unmöglich.

Literatur   Fischbach, Kapitel 5.1.
Freidank, Dritter Teil, Kapitel II.E.1.
Freidank/Velte, Zweiter Teil, Kapitel IV.C. und Dritter Teil, Kapitel III.D.

Aufgabe III.42   Verwaltungsgemeinkosten

Aus Vereinfachungs- und/oder Wirtschaftlichkeitsgründen wird im Rahmen der Kurzfristigen Erfolgsrechnung (Kostenträgerzeitrechnung) auf eine Einbeziehung der Verwaltungsgemeinkosten in Wertansätze der Lagerleistungen verzichtet. Diese werden nur den abgesetzten Erzeugnissen angelastet. Bei stark schwankenden Lagerbeständen und/oder im Periodenablauf variierenden Verwaltungsgemeinkosten führt diese Vorgehensweise zu Ungenauigkeiten bezüglich der Erfolgsermittlung. Während nach § 255 Abs. 2 Satz 3 HGB ein Einbeziehungswahlrecht der Verwaltungsgemeinkosten in die Wertansätze unfertiger und fertiger Erzeugnisse sowie selbsterstellter Anlagegüter besteht, schreiben die IFRS für diese Kostenarten eine Aktivierungspflicht vor (IAS 2.12 und 16.16). Für das Bilanzsteuerrecht galt bis zur Änderung der EStR 2008 ein Einbeziehungswahlrecht der Verwaltungsgemeinkosten in die steuerrechtlichen Herstellungskosten (R 6.3 Abs. 4 EStR 2008). Laut BMF-Schreiben vom 12.03.2010 bzw. 22.06.2010 soll danach auch eine Einbeziehungspflicht bestehen.

Literatur   Freidank, Dritter Teil, Kapitel II.E.1.
Freidank/Velte, Dritter Teil, Kapitel III.B.

Aufgabe III.43: Herstell-, Herstellungskosten und Zuschlagskalkulation

Kostenarten	Kalkulation der Herstell- und der Selbstkosten	Herstellungskosten			
		Handelsbilanz		Steuerbilanz	
		§ 255 Abs. 2 HGB	IAS 2,6	R 6.3 EStR 2008	BMF-Schreiben v. 12.3.10
Materialeinzelkosten	2,50 €	2,50 €	2,50 €	2,50 €	2,50 €
+ Materialgemeinkosten 10% fix	0,25 €	0,25 €	0,25 €	0,25 €	0,25 €
+ Fertigungslohn	10,00 €	10,00 €	10,00 €	10,00 €	10,00 €
+ Fertigungsgemeinkosten					
50% variabel	5,00 €	5,00 €	5,00 €	5,00 €	5,00 €
50% fix	5,00 €	5,00 €	5,00 €	5,00 €	5,00 €
+ Fertigungsgemeinkosten					
0,2 Std. · 100 €/Std. variabel	20,00 €	20,00 €	20,00 €	20,00 €	20,00 €
0,2 Std. · 50 €/Std. fix	10,00 €	10,00 €	10,00 €	10,00 €	10,00 €
+ Sondereinzelkosten der Fertigung (Lizenzgebühr)	0,75 €	0,75 €	0,75 €	0,75 €	0,75 €
+ Sondergemeinkosten der Fertigung (Forschung und Entwicklung) 15% fix von 50,00 €	7,50 €	---	---	---	---
= Herstellkosten	61,00 €				
+ Verwaltungsgemeinkosten 4%	2,44 €	---	2,14 €[1]	---	2,14 €[1]
+ Vertriebsgemeinkosten 9%	5,49 €	---	---	---	---
+ Sondereinzelkosten des Vertriebs	1,00 €	---	---	---	---
= Selbstkosten der Kalkulation	69,93 €				
= Herstellungskosten		53,50 €	55,64 €	53,50 €	55,64 €

Literatur Fischbach, Kapitel 4.3.
Freidank, Dritter Teil, Kapitel II.E.
Freidank/Velte, Dritter Teil, Kapitel III.B.

---

[1] 2,14 € = 0,04 · (61,00 € - 7,50 €).

Aufgabe III.44: Umsatzkostenverfahren, Vergleich Voll- und Teilkostenrechnung

(a) Buchhalterische Erfolgsermittlung auf Vollkostenbasis

S	Kostenartenkonten		H
	100.000 €	(1)	100.000 €

S	Fertige Erzeugnisse		H
AB	300.000 €	EB	250.000 €
(1)	75.000 €	(2)	125.000 €
	375.000 €		375.000 €

S	Verkaufserlöse		H
(3)	180.000 €		180.000 €

S	Betriebsergebniskonto		H
(1) Verwaltungs- und Vertriebskosten	25.000 €	(3) Verkaufserlöse	180.000 €
(2) Herstellkosten der abgesetzten fertigen Erzeugnisse	125.000 €		
Betriebsgewinn	30.000 €		
	180.000 €		180.000 €

(b) Veränderung des Betriebsergebnisses

Das Betriebsergebnis würde sich bei einer Bewertung der Bestände und Zugänge mit variablen Teil-Herstellkosten ändern, da die Herstellkosten der abgesetzten fertigen Erzeugnisse nun einen anderen Wert annehmen. Infolge der hier vorliegenden Bestandsverminderung (AB > EB) wird der Betriebsgewinn bei Teilkostenrechnung steigen.

Literatur Fischbach, Kapitel 5.1 und 5.3.
Freidank, Dritter Teil, Kapitel II.E.4 und Vierter Teil, Kapitel IV.A.
Freidank/Velte, Dritter Teil, Kapitel III.D.2.

Aufgabe III.45: Kalkulation, Gesamtkosten- und Umsatzkostenverfahren

(a) Herstellkosten pro Stück

$$kh = \frac{900.000 \text{ €}}{10.000 \text{ Stück}} = 90 \text{ €/Stück}$$

(b) Gesamtkostenverfahren

S	Kostenartenkonten		H
	1.000.000 €	(1)	1.000.000 €

S	Fertige Erzeugnisse		H
AB	350.000 €	EB	540.000 €
(2)	190.000 €		
	540.000 €		540.000 €

S	Bestandsveränderungen		H
(3)	190.000 €	(2)	190.000 €

S	Verkaufserlöse		H
(4)	1.800.000 €		1.800.000 €

S	Betriebsergebniskonto		H
(1) Gesamtkosten	1.000.000 €	(3) Bestandserhö-	
Betriebsgewinn	990.000 €	hungen an ferti-	
		gen Erzeugnissen	190.000 €
		(4) Verkaufserlöse	1.800.000 €
	1.990.000 €		1.990.000 €

(c) Umsatzkostenverfahren

S	Kostenartenkonten		H
	1.000.000 €	(1)	1.000.000 €

S	Fertige Erzeugnisse		H
AB	350.000 €	EB	540.000 €
(1)	900.000 €	(2)	710.000 €
	1.250.000 €		1.250.000 €

S	Verkaufserlöse		H
(3)	1.800.000 €		1.800.000 €

S	Betriebsergebniskonto			H
(1) Vertriebskosten	100.000 €	(3)	Verkaufserlöse	1.800.000 €
(2) Herstellkosten der abgesetzten fertigen Erzeugnisse	710.000 €			
Betriebsgewinn	990.000 €			
	1.800.000 €			1.800.000 €

(d) Änderungen der Konten

(d.a) Gesamtkostenverfahren

Konto Fertige Erzeugnisse: EB = 1.250.000 €

Betriebsergebniskonto: Betriebsverlust = 100.000 €, da den Gesamtkosten von 1.000.000 € lediglich Bestandserhöhungen von 900.000 € (= 1.250.000 € − 350.000 €) gegenüberstehen.

(d.b) Umsatzkostenverfahren

Konto Fertige Erzeugnisse: EB = 1.250.000 €

Betriebsergebniskonto: Betriebsverlust in Höhe der (fixen) Vertriebskosten = 100.000 €.

Aufgabe III.46: Gesamtkosten-, Umsatzkostenverfahren und Zuschlagskalkulation

(a) Kalkulation der Herstellkosten der Periode 05

Kostenarten in €		Produkte			Summe
		A	B	C	
	Fertigungsmaterial	50	20	60	100.000
+	Materialgemeinkosten (60%)	30	12	36	60.000
+	Fertigungslohn	80	30	100	160.000
+	Fertigungsgemeinkosten (150%)	120	45	150	240.000
=	Herstellkosten	280	107	346	560.000

$$\text{Zuschlagssatz Materialgemeinkosten} = \frac{60.000\ €}{100.000\ €} \cdot 100 = 60\%.$$

$$\text{Zuschlagssatz Fertigungsgemeinkosten} = \frac{240.000\ €}{160.000\ €} \cdot 100 = 150\%.$$

(b) Kurzfristige Erfolgsrechnung nach dem Gesamtkostenverfahren

mit Herstellkosten bewertete Lagerbestandserhöhungen

Produkt B:

(900 Stück • 107 €)	=	96.300 €	
(500 Stück • 110 €)	=	55.000 €	+ 41.300 €

+ Verkaufserlöse der Periode

Produkt A:
700 Stück • 400 €   + 280.000 €

Produkt B:
1.000 Stück • 120 €   + 120.000 €

Produkt C:
800 Stück • 480 €   + 384.000 €

− mit Herstellkosten bewertete Lagerbestandsverminderungen

Produkt A:

400 Stück • 250 €	=	100.000 €	
− 300 Stück • 280 €	=	84.000 €	− 16.000 €

Produkt C:

200 Stück • 370 €	=	74.000 €	
− 100 Stück • 346 €	=	34.600 €	− 39.400 €

Selbstkosten der Periode   − 703.525 €

kalkulatorischer Betriebserfolg   66.375 €

(c) **Kurzfristige Erfolgsrechnung nach dem Gesamtkostenverfahren mit Kostenträgerzeitblatt**

	Erfolgskomponenten (in €)	Produkte			Summe
		A	B	C	
1	Fertigungsmaterial	30.000	28.000	42.000	100.000
2	+ MaterialGK (60% von Zeile 1)	18.000	16.800	25.200	60.000
3	+ Fertigungslohn	48.000	42.000	70.000	160.000
4	+ FertigungsGK (150% von Zeile 3)	72.000	63.000	105.000	240.000
5	= Herstellkosten der Periode	168.000	149.800	242.200	560.000
6	− Bestandserhöhungen		41.300		41.300
7	+ Bestandsminderungen	16.000		39.400	55.400
8	= Herstellkosten des Umsatzes	184.000	108.500	281.600	574.100
9	+ VerwaltungsGK (20% von Zeile 8)	36.800	21.700	56.320	114.820
10	+ VertriebsGK (5% von Zeile 8)	9.200	5.425	14.080	28.705
11	= Selbstkosten des Umsatzes	230.000	135.625	352.000	717.625
12	Umsatz	280.000	120.000	384.000	784.000
13	kalkulatorischer Betriebserfolg (Zeile 12 − Zeile 11)	50.000	− 15.625	32.000	66.375

Da die Verwaltungs- und Vertriebsgemeinkosten der Periode 05 in voller Höhe auf die verkauften Erzeugnisse verrechnet werden müssen, sind die entsprechenden Zuschlagssätze auf der Basis der Herstellkosten des Umsatzes zu kalkulieren.

$$\text{Zuschlagssatz VwGK} = \frac{\text{Verwaltungsgemeinkosten}}{\text{Herstellkosten des Umsatzes}} \cdot 100$$

$$= \frac{114.820 \, €}{574.100 \, €} \cdot 100 = 20\%$$

$$\text{Zuschlagssatz VtGK} = \frac{\text{Vertriebsgemeinkosten}}{\text{Herstellkosten des Umsatzes}} \cdot 100$$

$$= \frac{238.705 \, €}{574.100 \, €} \cdot 100 = 5\%$$

(d) Kurzfristige Erfolgsrechnung nach dem Umsatzkostenverfahren

Erfolgskomponenten in €	Produkte			Summe
	A	B	C	
Verkaufserlöse	280.000	120.000	384.000	784.000
− Herstellkosten der verkauften Produkte				
* aus dem Lagerbestand	100.000	55.000	74.000	229.000
* aus den Zugängen der Periode	84.000	53.500	207.600	345.100
− VerwaltungsGK der Periode (20%)	36.800	21.700	56.320	114.820
− VertriebsGK der Periode (5%)	9.200	5.425	14.080	28.705
= kalkulatorischer Betriebserfolg	50.000	− 15.625	32.000	66.375

(e) Verbuchung

(e.a) Gesamtkostenverfahren

S	Fertigungsmaterial		H
	100.000 €	(1)	100.000 €

S	Fertigungslohn		H
	160.000 €	(2)	160.000 €

S	Materialgemeinkosten		H
	60.000 €	(3)	60.000 €

S	Fertigungsgemeinkosten		H
	240.000 €	(4)	240.000 €

S	Verwaltungsgemeinkosten		H
	114.820 €	(5)	114.820 €

S	Vertriebsgemeinkosten		H
	28.705 €	(6)	28.705 €

S	Fertige Erzeugnisse A		H
AB	100.000 €	EB	84.000 €
		(7)	16.000 €
	100.000 €		100.000 €

S	Fertige Erzeugnisse B		H
AB	55.000 €	EB	96.300 €
(8)	41.300 €		
	96.300 €		96.300 €

S	Fertige Erzeugnisse C		H
AB	74.000 €	EB	34.600 €
		(9)	39.400 €
	74.000 €		74.000 €

S	Bestandsveränderungen		H
(7)	16.000 €	(8)	41.300 €
(9)	39.400 €	(10)	14.100 €
	55.400 €		55.400 €

S	Verkaufserlöse A		H
(11)	280.000 €		280.000 €

S	Verkaufserlöse B		H
(12)	120.000 €		120.000 €

S	Verkaufserlöse C		H
(13)	384.000 €		384.000 €

Soll	Betriebsergebniskonto		Haben
(1) Fertigungsmaterial	100.000 €	(11) Verkaufserlöse von Erzeugnis A	280.000 €
(2) Fertigungslohn	160.000 €	(12) Verkaufserlöse von Erzeugnis B	120.000 €
(3) MaterialGK	60.000 €	(13) Verkaufserlöse von Erzeugnis C	384.000 €
(4) FertigungsGK	240.000 €		
(5) VwGK	114.820 €		
(6) VtGK	28.705 €		
(10) Bestandsverminderungen an fertigen Erzeugnissen	14.100 €		
kalkulatorischer Betriebsgewinn	66.375 €		
	784.000 €		784.000 €

(e.b) **Umsatzkostenverfahren**

S	Fertigungsmaterial		H
	100.000 €	(1)	100.000 €

S	Fertigungslohn		H
	160.000 €	(2)	160.000 €

S	Materialgemeinkosten		H
	60.000 €	(3)	60.000 €

S	Fertigungsgemeinkosten		H
	240.000 €	(4)	240.000 €

S	Verwaltungsgemeinkosten		H
	114.820 €	(8)	36.800 €
		(9)	21.700 €
		(10)	56.320 €
	114.820 €		114.820 €

S	Vertriebsgemeinkosten		H
	28.705 €	(8)	9.200 €
		(9)	5.425 €
		(10)	14.080 €
	28.705 €		28.705 €

S	Fertige Erzeugnisse A		H
AB	100.000 €	EB	84.000 €
(1)	30.000 €	(5)	184.000 €
(2)	48.000 €		
(3)	18.000 €		
(4)	72.000 €		
	268.000 €		268.000 €

S	Fertige Erzeugnisse B		H
AB	55.000 €	EB	96.300 €
(1)	28.000 €	(6)	108.500 €
(2)	42.000 €		
(3)	16.800 €		
(4)	63.000 €		
	204.800 €		204.800 €

S	Fertige Erzeugnisse C		H
AB	74.000 €	EB	34.600 €
(1)	42.000 €	(7)	281.600 €
(2)	70.000 €		
(3)	25.200 €		
(4)	105.000 €		
	<u>316.200 €</u>		<u>316.200 €</u>

S	Verkaufserlöse A	H
(11)	<u>280.000 €</u>	<u>280.000 €</u>

S	Verkaufserlöse B	H
(12)	<u>120.000 €</u>	<u>120.000 €</u>

S	Verkaufserlöse C	H
(13)	<u>384.000 €</u>	<u>384.000 €</u>

Soll	Betriebsergebniskonto		Haben
(5) Herstellkosten der abgesetzten Erzeugnisse A	184.000 €	(11) Verkaufserlöse von Erzeugnis A	280.000 €
(6) Herstellkosten der abgesetzten Erzeugnisse B	108.500 €	(12) Verkaufserlöse von Erzeugnis B	120.000 €
(7) Herstellkosten der abgesetzten Erzeugnisse C	281.600 €	(13) Verkaufserlöse von Erzeugnis C	384.000 €
(8) Vw&VtGK der abgesetzten Erzeugnisse A	46.000 €		
(9) Vw&VtGK der abgesetzten Erzeugnisse B	27.125 €		
(10) Vw&VtGK der abgesetzten Erzeugnisse C	70.400 €		
kalkulatorischer Betriebsgewinn	66.375 €		
	784.000 €		784.000 €

Literatur   Freidank, Dritter Teil, Kapitel II.E.3-4.
            Freidank/Velte, Dritter Teil, Kapitel III.D.

Aufgabe III. 47:   Gesamtkostenverfahren und Zuschlagskalkulation

(a)   Kalkulation der Herstellkosten für den Monat Juni

	Produkt		
Kostenarten in €	A	B	Summe
Fertigungsmaterial	60	20	100.000
+ Materialgemeinkosten (50%)	30	10	50.000
+ Fertigungslohn	90	30	150.000
+ Fertigungsgemeinkosten (200%)	180	60	300.000
= Herstellkosten	360	120	600.000

$$\text{Zuschlagssatz Materialgemeinkosten} = \frac{50.000\ \text{€}}{100.000\ \text{€}} \cdot 100 = 50\%$$

$$\text{Zuschlagssatz Fertigungsgemeinkosten} = \frac{300.000\ \text{€}}{150.000\ \text{€}} \cdot 100 = 200\%$$

(b) **Kurzfristige Erfolgsrechnung nach dem Gesamtkostenverfahren**

mit Herstellkosten bewertete Lagerbestandserhöhungen

Produkt B:

    (600 Stück • 150 €) = 90.000 €

+ (400 Stück • 120 €) = 48.000 €

− (600 Stück • 150 €) = 90.000 €   +   48.000 €

+ Verkaufserlöse der Periode

Produkt A:

1.000 Stück • 450 €   +   450.000 €

Produkt B:

1.900 Stück • 140 €   +   266.000 €

− mit Herstellkosten bewertete Lagerbestandsverminderungen

Produkt A:

    400 Stück • 320 € = 128.000 €

− 500 Stück • 320 € = 160.000 €   −   32.000 €

− Selbstkosten der Periode   −   734.320 €

= kalkulatorischer Betriebserfolg   −   2.320 €

(c) **Kurzfristige Erfolgsrechnung nach dem Gesamtkostenverfahren mit Kostenträgerzeitblatt**

	Erfolgskomponenten (in €)	Produkte A	Produkte B	Summe
1	Fertigungsmaterial	54.000	46.000	100.000
2	+ MaterialGK (50% von Zeile 1)	27.000	23.000	50.000
3	+ Fertigungslohn	81.000	69.000	150.000
4	+ FertigungsGK (200% von Zeile 3)	162.000	138.000	300.000
5	= Herstellkosten der Periode	324.000	276.000	600.000
6	− Bestandserhöhungen		48.000	48.000
7	+ Bestandsverminderungen	32.000		32.000
8	= Herstellkosten des Umsatzes	356.000	228.000	584.000
9	+ VerwaltungsGK (15% von Zeile 8)	53.400	34.200	87.600
10	+ VertriebsGK (8% von Zeile 8)	28.480	18.240	46.720
11	= Selbstkosten des Umsatzes	437.880	280.440	718.320
12	Umsatz	450.000	266.000	716.000
13	kalkulatorischer Betriebserfolg (Zeile 12 − Zeile 11)	12.120	− 14.440	− 2.320

Da die Verwaltungs- und Vertriebsgemeinkosten des Monats Juni in voller Höhe auf die verkauften Erzeugnisse verrechnet werden müssen, sind die entsprechenden Zuschlagssätze auf der Basis der Herstellkosten des Umsatzes zu kalkulieren.

$$\text{Zuschlagssatz VwGK} = \frac{\text{Verwaltungsgemeinkosten}}{\text{Herstellkosten des Umsatzes}} \cdot 100$$

$$= \frac{87.600\ €}{584.000\ €} \cdot 100 = 15\%$$

$$\text{Zuschlagssatz VtGK} = \frac{\text{Vertriebsgemeinkosten}}{\text{Herstellkosten des Umsatzes}} \cdot 100$$

$$= \frac{46.720\ €}{584.000\ €} \cdot 100 = 8\%$$

Literatur   Fischbach, Kapitel 5.
             Freidank, Dritter Teil, Kapitel II.E.3-4.
             Freidank/Velte, Dritter Teil, Kapitel III.D.

IV. Systeme der Kostenrechnung

A. Systeme auf der Basis von Vollkosten

Aufgabe IV.1: Systeme der Kostenrechnung

Mängel der Istkostenrechnung:

- Die rechentechnische Schwerfälligkeit durch die Überwälzung der Gemeinkosten.

- Es sind nur Zeitvergleiche möglich, nicht aber laufende Kontrollrechnungen auf der Basis von Kosten und Leistungen.

- Aufgrund der Verrechnung von Fixkosten und der Verwendung historischer Werte können keine repräsentativen Entscheidungsgrößen zur Lösung kurzfristiger Planungsaufgaben zur Verfügung gestellt werden.

Literatur   Fischbach, Kapitel 1.4 und 7.1.
Freidank, Vierter Teil, Kapitel III.A.

Aufgabe IV.2: Normalkostenrechnung

Bei Ist-Gemeinkosten von 230.000 € und einem Ist-Zuschlagssatz von 8% muss die Zuschlagsgrundlage 2.875.000 € betragen. Folglich wurden Normal-Gemeinkosten in Höhe von 172.500 € (= 0,06 • 2.875.000 €) verrechnet. Somit liegt eine Unterdeckung (Istkosten > Normalkosten) in Höhe von 57.500 € (= 230.000 € – 172.500 €) vor.

Aufgabe IV.3: Ist-, Normalkostenrechnung und Zuschlagskalkulation

(a) Vervollständigung der Übersicht

Kosten, Zuschlagssätze und Abweichungen	Hauptkostenstellen		
	Material	Fertigung	Verwaltung & Vertrieb
Ist-Einzelkosten	80.000 €	120.000 €	---
Ist-Gemeinkosten	20.000 €	60.000 €	35.000 €
Ist-Zuschlagssatz	25%	50%	12,5%
Normal-Gemeinkosten	16.000 €	84.000 €	30.000 €
Normal-Zuschlagssatz	20%	70%	10%
Unterdeckung	- 4.000 €		- 5.000 €
Überdeckung		+ 24.000 €	

(b) Kalkulation auf Normal- und Istkostenbasis

Produktkalkulation		
Kostenarten	Normal-Kalkulation	Ist-Kalkulation
Ist-Fertigungsmaterial	100,00 €	100,00 €
+ Material-gemeinkosten	20,00 € (Zuschlagssatz: 20%)	25,00 € (Zuschlagssatz: 25%)
+ Ist-Fertigungslohn	200,00 €	200,00 €
+ Fertigungs-gemeinkosten	140,00 € (Zuschlagssatz: 70%)	100,00 € (Zuschlagssatz: 50%)
= Herstellkosten	460,00 €	425,00 €
+ Verwaltungs- und Vertriebsgemein-kosten	46,00 € (Zuschlagssatz: 10% bei Normal-KH von 300.000 €)	53,125 € (Zuschlagssatz: 12,5% bei Ist-KH von 280.000 €)
= Selbstkosten	506,00 €	478,125 €.

Literatur   Fischbach, Kapitel 3.2.4 und 7.1.1.
            Freidank, Vierter Teil, Kapitel III.B.

Aufgabe IV.4:   Starre Plankostenrechnung

(a) Plan-Gemeinkostenverrechnungssatz

Unter Berücksichtigung von Plan-Gemeinkosten in Höhe von 82.500 € und einer Planbeschäftigung von 330 Stunden ergibt sich ein Plan-Gemeinkostenverrechnungssatz (KV^p) von:

$$KVp = \frac{K^p(x^p)}{x^p} = \frac{82.500\ €}{330\ Std.} = 250\ €/Std.$$

(b) Abweichungsanalyse

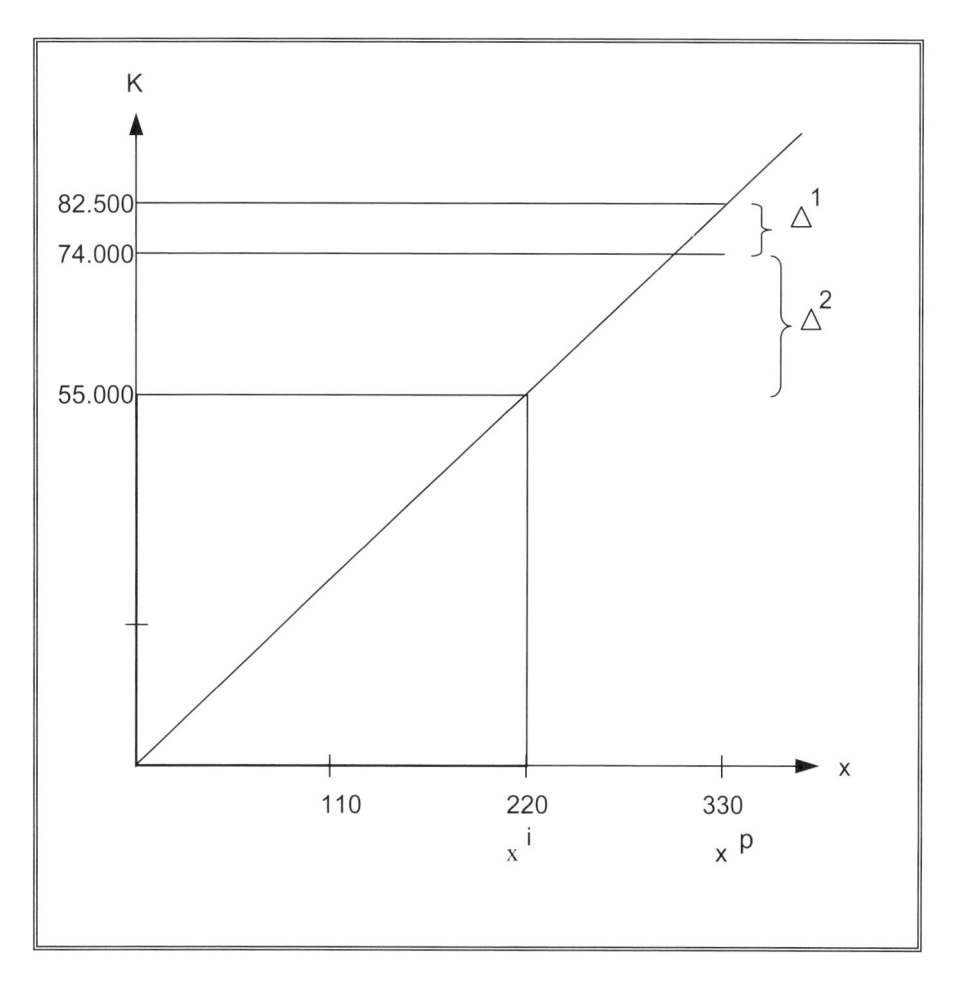

[Diagramm: Kostenfunktion K(x) mit Werten 82.500, 74.000, 55.000 auf der K-Achse und 110, 220 (x^i), 330 (x^p) auf der x-Achse; Abweichungen Δ^1 und Δ^2 gekennzeichnet]

	(1)	$K^p(x^p)$	=	82.500 € (= 250 € · 330 Std.) (gesamte Plan-Gemeinkosten)
–	(2)	$K^{i^*}(x^i)$	=	74.000 € (Ist-Gemeinkosten auf der Basis von Planpreisen)
	(3)	Δ^1		8.500 € (Planungsfehler und/oder Verbrauchsabweichung)

	(1)	$K^{i*}(x^i)$	=	74.000 €	(Ist-Gemeinkosten auf der Basis von Planpreisen)
−	(2)	$K^p(x^p) \bullet \dfrac{x^i}{x^p}$	=	55.000 €	(= 250 € • 220 Std.) (verrechnete Plan-Gemeinkosten bei Ist-Beschäftigung)
	(3)	Δ^2	=	19.000 €	(Verbrauchs- und/oder Beschäftigungsabweichung)

Die in der starren Plankostenrechnung ermittelten Abweichungen sind wenig aussagekräftig, da mit Ausnahme der Beschaffungs-Preisabweichungen (Ist-Gemeinkosten – Ist-Gemeinkosten auf der Basis von Planpreisen) keine Möglichkeit einer Abweichungsanalyse nach einzelnen Kosteneinflussgrößen besteht.

<u>Literatur</u>   Fischbach, Kapitel 7.2.
Freidank, Vierter Teil, Kapitel III.C.2.

Aufgabe IV.5:   **Flexible Plankostenrechnung**

(1) Funktion der verrechneten Plankosten

(2) Funktion der Sollkosten

(3) x^i = Ist-Beschäftigung

(4) x^p = Plan-Beschäftigung

(5) $K^p(x^i) \bullet \dfrac{x^i}{x^p}$ = verrechnete Plankosten bei Ist-Beschäftigung

(6) Kf^i = Kf^p = fixe Ist- und fixe Plankosten

(7) $K^p(x^i)$ = Sollkosten bei Ist-Beschäftigung

(8) $K^p(x^p)$ = Plankosten

(9) $K^{i*}(x^i)$ = Istkosten auf der Basis von Planpreisen

(10) $K^i(x^i)$ = Istkosten auf der Basis von Istpreisen

(11) ΔG = Gesamtabweichung

(12) ΔB = Beschäftigungsabweichung

(13) ΔV = Verbrauchsabweichung

(14) ΔP = Preisabweichung

(15) ΔEB = "echte" Beschäftigungsabweichung

Literatur Fischbach, Kapitel 7.3.
Freidank, Vierter Teil, Kapitel III.C.3.a.

Aufgabe IV.6: **Flexible Plankostenrechnung**

(a) Abweichungsermittlung

(a.a) Verbrauchsabweichung

ΔV = Istkosten auf der Basis von Planpreisen
 − Sollkosten bei Ist-Beschäftigung

$$= 72.000\ € - \left[30.000\ € + \frac{30.000\ €}{400\ \text{Stück}} \cdot 500\ \text{Stück}\right]$$

= 4.500 €.

(a.b) Beschäftigungsabweichung

ΔB = Sollkosten bei Ist-Beschäftigung
 − verrechnete Plankosten bei Ist-Beschäftigung

$$= 67.500\ € - \left[\frac{60.000\ €}{400\ \text{Stück}} \cdot 500\ \text{Stück}\right]$$

= − 7.500 €

oder

$$= 30.000\ € \cdot \left[1 - \frac{500\ \text{Stück}}{400\ \text{Stück}}\right]$$

= − 7.500 €.

(a.c) "echte" Beschäftigungsabweichung

ΔEB = Sollkosten bei Ist-Beschäftigung − Plankosten

 = 67.500 € − 60.000 €

 = 7.500 €.

(a.d) Gesamtabweichung

ΔG = ΔV + ΔB + ΔP

 = 4.500 € + (− 7.500 €) + 0 €

 = − 3.000 €.

(b) Interpretation der Abweichungen

Die Verbrauchsabweichung (ΔV) als Ist/Soll-Abweichung der variablen Kosten pro Bezugsgrößeneinheit drückt die Mengendifferenz des Verbrauchs aus. In diesem Fall liegt ein Mehrverbrauch von insgesamt 4.500 € vor, d.h. es wurden 9 € pro Stück [= (42.000 € : 500 Stück) − (30.000 € : 400 Stück)] effektiv mehr verbraucht als von der Planung vorgesehen.

Die Beschäftigungsabweichung (ΔB) zeigt die Auslastung der Fixkosten. Mit einer Ist-Beschäftigung von 500 Stück ist die Beschäftigung um 100 Stück höher als geplant. Da die gesamten Fixkosten von 30.000 € auf die Plan-Produktion von 400 Stück verrechnet wurden (= 75 € anteilige Fixkosten je Stück), werden den darüber hinaus produzierten Einheiten Fixkostenanteile angelastet, die nicht angefallen sind. Die gesamten Fixkosten konnten bereits mit 400 produzierten Einheiten abgedeckt werden, die weiteren 100 Stück erwirtschaften im Falle des Absatzes zusätzlich 7.500 € (= 100 Stück · 75 €). Aus diesem Grunde wird die Beschäftigungsabweichung im Falle der Konstellation $x^i > x^p$ auch mit dem Terminus "kalkulierte" Leerkosten belegt. Negative Beschäftigungsabweichungen treten primär im Falle von Engpassplanungen auf, wenn die in einer Kostenstelle ansonsten nicht benötigten Kapazitäten kurzfristig über das Leistungsvermögen anderer Abrechnungsbereiche genutzt werden, die Auslastungsgrade dieser Bereiche (Minimumsektoren) jedoch der gesamtbetrieblichen Planung zugrunde gelegt wurden.

Die "echte" Beschäftigungsabweichung (ΔEB) bezeichnet die Differenz zwischen Sollkosten und Plankosten. Dabei handelt es sich um einen Fehler in der (Kosten-)Planung, die eine Beschäftigung von 400 Stück mit Kosten von 60.000 € vorgesehen hatte, nicht aber um eine Wirtschaftlichkeits- oder Auslastungsabweichung der Kostenstelle.

Die Gesamtabweichung (ΔG) ergibt sich aus der Summe von Verbrauchs-, Beschäftigungs- und Preisabweichung. Der Aussagewert dieser kumulierten Abweichung ist jedoch gering. So erscheint die Gesamtabweichung von − 3.000 € als vergleichsweise niedrig. Erst durch die Aufspaltung in eine Verbrauchsabweichung (+ 4.500 €) und eine Beschäftigungsabweichung (− 7.500 €) lässt sich ihr Aussagewert steigen.

(c) Negative Beschäftigungsabweichung

Negative Beschäftigungsabweichungen werden im Rahmen einer flexiblen Plankostenrechnung auf Vollkostenbasis bezüglich der Fixkostenkontrolle in den Fertigungskostenstellen ermittelt, wenn die Istbeschäftigung die Planbeschäftigung überschreitet. Sie treten in erster Linie bei Engpassplanungen auf, wenn die latent vorhandenen Kapazitäten in den betreffenden Kostenstellen über das Leistungsvermögen des Minimumsektors hinaus in Anspruch genommen werden. Ferner können Abweichungen dieser Art auch bei einer Kapazitätsplanung vorkommen, wenn die geplante Schichtzeit in einer Kostenstelle durch zusätzliche Arbeitsstunden überschritten wird. Weiterhin können sowohl negative als auch positive Beschäftigungsabweichungen auf Planungsfehlern bezüglich der Fehleinschätzung der Kapazitäten der betreffenden Kostenstelle beruhen.

Literatur   Fischbach, Kapitel 7.2.
             Freidank, Vierter Teil, Kapitel III.C.3.a.

Aufgabe IV.7:   Flexible Plankostenrechnung

Es handelt sich um einen Überbeschäftigungsfall, da die Ist-Beschäftigung über der Plan-Beschäftigung liegt.

Analytische Lösung

(a)   **Verbrauchsabweichung**

$$\Delta V = 80.000\,€ - \left[26.000\,€ + \frac{30.000\,€}{8.000\,\text{Stück}} \cdot 12.000\,\text{Stück}\right]$$

$$= 80.000\,€ - 71.000\,€ = 9.000\,€$$

(b)   **Beschäftigungsabweichung**

$$\Delta B = 71.000\,€ - 7\,€ \cdot 12.000\,€ = -13.000\,€$$

oder

$$\Delta B = 26.000\,€ \cdot \left[1 - \frac{12.000\,\text{Stück}}{8.000\,\text{Stück}}\right] = -13.000\,€$$

(c)   **"echte" Beschäftigungsabweichung**

$$\Delta EB = 71.000\,€ - 56.000\,€ = 15.000\,€$$

Graphische Lösung

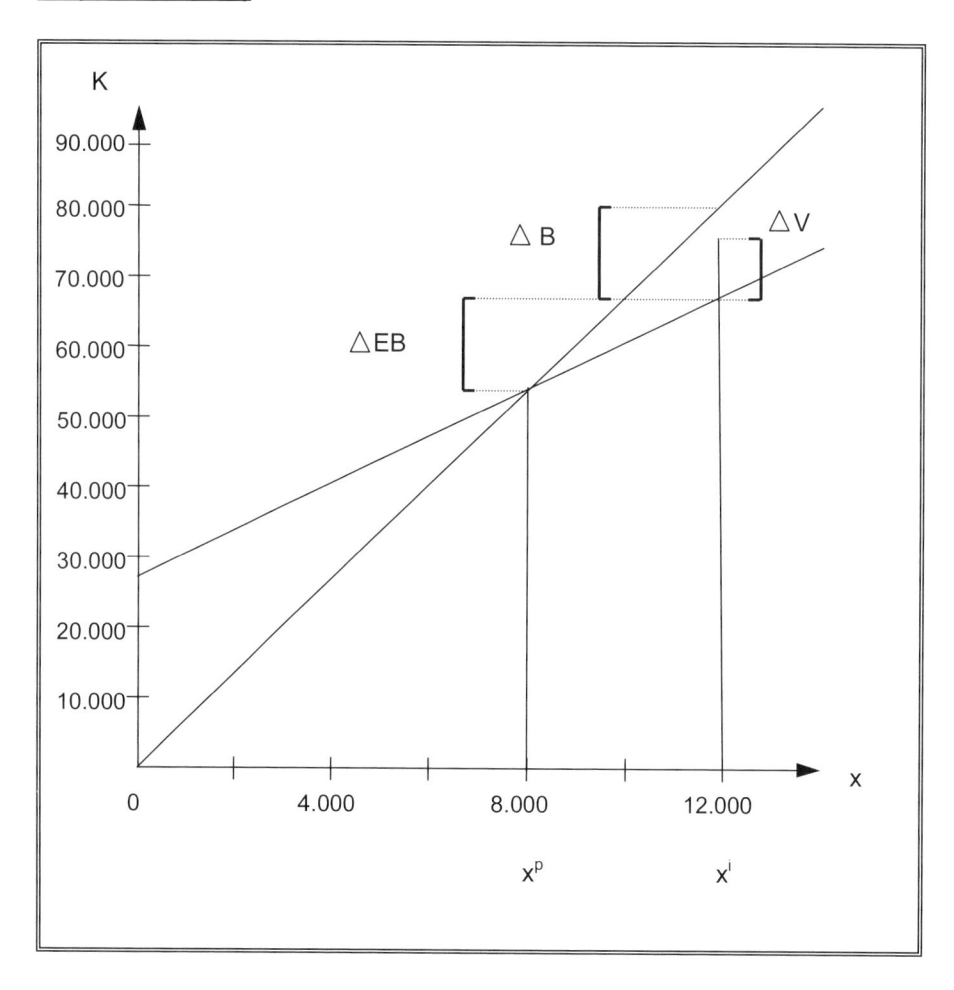

(Diagramm: Kostenachse K mit Werten von 10.000 bis 90.000, Mengenachse x mit Werten 0, 4.000, 8.000, 12.000. Zwei Geraden schneiden sich bei ca. x^p = 8.000. Markierungen: $\triangle EB$, $\triangle B$, $\triangle V$, sowie x^p und x^i.)

Aufgabe IV.8: Auswertung von Abweichungen

(a) Vorgehensweise und Begründung

Sofern die Opportunitätskosten unter der Summe der Kosten der Abweichungsanalyse und der Abweichungsbeseitigung liegen, ist unabhängig von der definitiven Wahrscheinlichkeit, dass der Abweichung eine kontrollierbare Ursache zugrunde liegt, keine Auswertung und Beseitigung der Abweichung vorzunehmen, da bei dieser Konstellation die folgende Gleichung immer positiv ist.

$\Delta K = K^A + wa \cdot K^B - wa \cdot ko > 0$ mit $0 \geq a \leq 1$

(b) Änderung der Empfehlung

$$wa = \frac{K^A}{ko - K^B} = \frac{3.300 \, €}{15.000 \, € - 9.000 \, €} = 0,55$$

Sofern die Wahrscheinlichkeit, dass der Abweichung eine kontrollierbare Ursache zugrunde liegt (wa), die kritische Wahrscheinlichkeit ($\overline{wa}$) übersteigt, ist stets eine Analyse und Beseitigung der Abweichung durchzuführen, da von diesem Grenzwert an die erwarteten Opportunitätskosten, die bei Nichtbeseitigung der kontrollierbaren Abweichungsursachen anfallen, die erwarteten Kosten der Abweichungsanalyse und Abweichungsbeseitigung übersteigen.

$$\begin{aligned} wa \cdot (K^A + K^B) + (1 - wa) \cdot K^A &< wa \cdot ko \\ K^A + wa \cdot K^B &< wa \cdot ko \\ 3.300 \, € + 0,55 \cdot 9.000 \, € &= 0,55 \cdot 15.000 \, € \\ 8.250 \, € &= 8.250 \, € \end{aligned}$$

Der Controller ist somit bei einer definitiven Wahrscheinlichkeit von 0,55, dass der Abweichung eine kontrollierbare Ursache zugrunde liegt, indifferent. Erst wenn diese höher sein sollte, wäre eine Analyse und Beseitigung der Abweichung unter den Prämissen der Entscheidungsrechnung ökonomisch lohnend.

Literatur   Freidank, Vierter Teil, Kapitel III.C.3.a.

Aufgabe IV.9:   Einfache kumulative Abweichungsanalyse

(a) Plankosten

$$\begin{aligned} K^p(x^p) &= Kf^p + p^p \cdot r^p \cdot x^p \\ &= 6.000 \, € + 5 \, € \cdot 8 \, kg \cdot 250 \, \text{Stück} \\ &= 16.000 \, €. \end{aligned}$$

(b) Preisabweichung

$$\begin{aligned} \Delta P &= (p^i - p^p) \cdot r^i \cdot x^i \\ &= (6,50 \, € - 5 \, €) \cdot 9 \, kg \cdot 200 \, \text{Stück} \\ &= 2.700 \, €. \end{aligned}$$

(c) Verbrauchsabweichung

$$\begin{aligned} \Delta V &= p^p \cdot (r^i - r^p) \cdot x^i \\ &= 5 \, € \cdot (9 \, kg - 8 \, kg) \cdot 200 \, \text{Stück} \\ &= 1.000 \, €. \end{aligned}$$

(d) "Echte" Beschäftigungsabweichung

ΔEB = $p^p \cdot r^p \cdot (x^i - x^p)$

= 5 € · 8 kg · (200 Stück – 250 Stück)

= – 2.000 €.

(e) Gesamtabweichung

ΔG = $K^i(x^i) - K^p(x^p)$

= (6.000 € + 9 kg · 6,50 € · 200 Stück)

 – (6.000 € + 8 kg · 5 € · 250 Stück)

= 17.700 € – 16.000 €

= 1.700 €

oder

ΔG = $\Delta P + \Delta V + \Delta EB$

= 2.700 € + 1.000 € + (– 2.000 €)

= 1.700 €.

Literatur Fischbach, Kapitel 7.3.
Freidank, Vierter Teil, Kapitel III.C.3.b.

Aufgabe IV.10:   Differenzierte kumulative Abweichungsanalyse

<u>1. Teilabweichung (Preisabweichung):</u>

ΔP = $(p^i - p^p) \cdot r^p \cdot x^p$

= (6,50 € – 5 €) · 8 kg · 250 Stück

= 3.000 €.

<u>2. Teilabweichung (Verbrauchsabweichung):</u>

ΔV = $(r^i - r^p) \cdot p^p \cdot x^p$

= (9 kg – 8 kg) · 5 € · 250 Stück

= 1.250 €.

<u>3. Teilabweichung (Abweichung zweiten Grades):</u>

Δ 2. Grades = $(p^i - p^p) \cdot (r^i - r^p) \cdot x^p$

   + $(p^i - p^p) \cdot (x^i - x^p) \cdot r^p$

   + $(r^i - r^p) \cdot (x^i - x^p) \cdot p^p$

$$
\begin{aligned}
&= (6{,}50\ \text{€} - 5\ \text{€}) \cdot (9\ \text{kg} - 8\ \text{kg}) \cdot 250\ \text{Stück} \\
&\quad + (6{,}50\ \text{€} - 5\ \text{€}) \cdot (200\ \text{Stück} - 250\ \text{Stück}) \cdot 8\ \text{kg} \\
&\quad + (9\ \text{kg} - 8\ \text{kg}) \cdot (200\ \text{Stück} - 250\ \text{Stück}) \cdot 5\ \text{€} \\
&= 375\ \text{€} - 600\ \text{€} - 250\ \text{€} \\
&= -475\ \text{€}.
\end{aligned}
$$

4. Teilabweichung (Abweichung dritten Grades):

$$
\begin{aligned}
\Delta\ 3.\ \text{Grades} &= (p^i - p^p) \cdot (r^i - r^p) \cdot (x^i - x^p) \\
&= (6{,}50\ \text{€} - 5\ \text{€}) \cdot (9\ \text{kg} - 8\ \text{kg}) \cdot (200\ \text{Stück} - 250\ \text{Stück}) \\
&= -75\ \text{€}.
\end{aligned}
$$

5. Teilabweichung ("echte" Beschäftigungsabweichung):

$$
\begin{aligned}
\Delta EB &= (x^i - x^p) \cdot p^p \cdot r^p \\
&= (200\ \text{Stück} - 250\ \text{Stück}) \cdot 5\ \text{€} \cdot 8\ \text{kg} \\
&= -2.000\ \text{€}.
\end{aligned}
$$

Gesamtabweichung:

$$
\begin{aligned}
\Delta G &= \Delta P + \Delta V + \Delta 2.\ \text{Grades} + \Delta 3.\ \text{Grades} + \Delta EB \\
&= 3.000\ \text{€} + 1.250\ \text{€} - 475\ \text{€} - 75\ \text{€} - 2.000\ \text{€} \\
&= 1.700\ \text{€}.
\end{aligned}
$$

Ein Vergleich mit den Ergebnissen der einfachen kumulativen Abweichungsanalyse zeigt, dass

- in der nach der einfachen Analyse ermittelten Preis- und Verbrauchsabweichung Differenzen höheren Grades von insgesamt – 550 € [= (2.700 € + 1.000 €) – (3.000 € + 1.250 €)] enthalten sind, die weder der Preis- noch der Verbrauchsabweichung eindeutig zuzurechnen sind und
- nur die als letzte Teildifferenz ermittelte "echte" Beschäftigungsabweichung (- 2.000 €) auch nach der einfachen Analyse keine Abweichungen höheren Grades enthält.

Aufgabe IV.11: **Abweichungen höheren Grades**

Bei der Einbeziehung von mehr als einer Kosteneinflussgröße in die Abweichungsanalyse treten Mischabweichungen (Abweichungen höheren Grades) auf, die keiner anderen Abweichung (z.B. Preis-, Verbrauchs- und "echte" Beschäftigungsabweichung) zugerechnet werden können.

Im Rahmen der Abweichungsanalyse werden zwei grundlegende Methoden diskutiert.

Kumulative Methode

- Hier werden sukzessive immer mehr Plangrößen in die Kostenkontrolle einbezogen, deren isolierende Wirkung sich kumuliert. Mithin entspricht die Summe der einzelnen Teilabweichungen der errechneten Gesamtabweichung zwischen Ist- und Plankosten.
- Bei der einfachen kumulativen Abweichungsanalyse ist die Mischabweichung immer in der ersten bis vorletzten Teilabweichung enthalten. Nur die zuletzt ermittelte Partialdifferenz stellt eine bereinigte Teilabweichung dar.
- Durch Anwendung der differenzierten kumulativen Abweichungsanalyse können Mischabweichungen aber isoliert werden, um eine interdependenzfreie Zurechnung von Teilabweichungen zu realisieren.

Alternative Methode

- Hier werden von den Istkosten alternativ errechnete Plangrößen abgezogen, die als Sollkosten angemessen sind, wenn jeweils eine Kosteneinflussgröße planmäßig, alle übrigen aber wie in den Istkosten wirksam geworden wären.
- Da die Summe der Teilabweichungen größer als die Gesamtabweichung zwischen Ist- und Plankosten ist, findet in der Praxis primär die kumulative Form Anwendung.

Literatur   Freidank, Vierter Teil, Kapitel III.C.3.b. a.b.

Aufgabe IV.12: Preis- und Verbrauchsabweichung

(a) Ermittlung von Preis- und Verbrauchsabweichung

Einfache kumulative Abweichungsanalyse

$K^i(x^i) - K^p(x^p)$ = $(p^i - p^p) \cdot r^i + (r^i - r^p) \cdot p^p$

ΔKe = $(4\ € - 3\ €) \cdot 25\ ME + (25\ ME - 20\ ME) \cdot 3\ €$

ΔKe = $25\ € + 15\ €$

ΔKe = $40\ €$.

Differenzierte kumulative Abweichungsanalyse

ΔKe = $\Delta p \cdot r^p + \Delta p \cdot \Delta r + \Delta r \cdot p^p$

ΔKe = $1\ € \cdot 20\ ME + 1\ € \cdot 5\ ME + 5\ ME \cdot 3\ €$

ΔKe = $20\ € + 5\ € + 15\ €$

ΔKe = $40\ €$.

(b) Graphische Darstellung

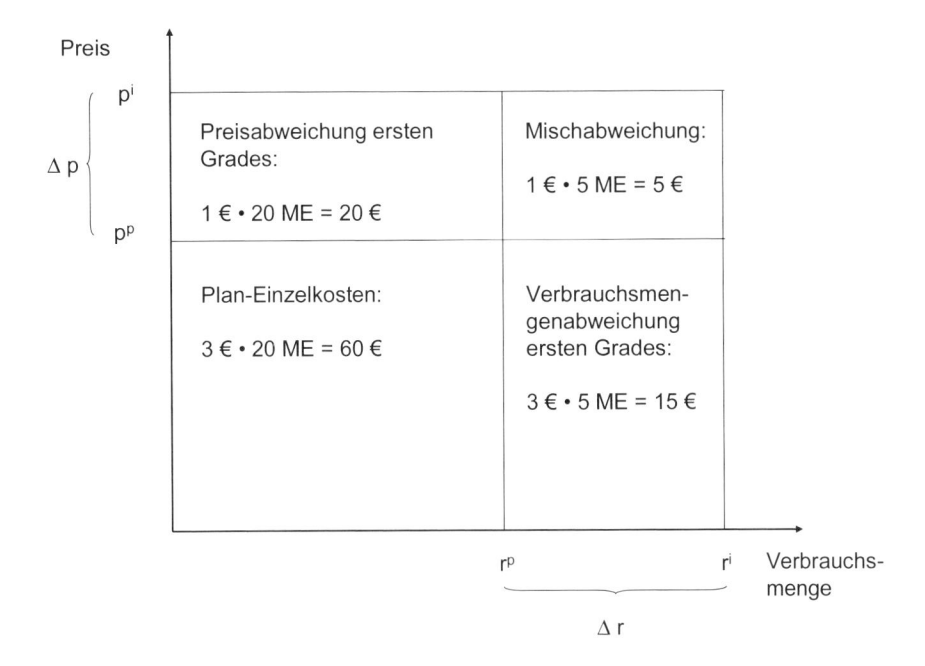

Δp \{ p^i ... p^p	Preisabweichung ersten Grades: 1 € • 20 ME = 20 €	Mischabweichung: 1 € • 5 ME = 5 €
	Plan-Einzelkosten: 3 € • 20 ME = 60 €	Verbrauchsmengenabweichung ersten Grades: 3 € • 5 ME = 15 €

Preis (y-axis), Verbrauchsmenge (x-axis), r^p ... r^i, Δr

(c) Interpretation der Ergebnisse

Während die einfache kumulative Analyse nur in der Lage ist, die Preis- und Verbrauchsabweichung ohne Abweichungen höheren (ersten) Grades auszuweisen, wird bei der differenzierten Analyse eine genaue Zurechnung der Abweichungen auf die Einflussgröße (Beschaffungspreise und Verbrauchsmengen) möglich. Da die Mischabweichung keiner dieser Bestimmungsfaktoren eindeutig zurechenbar ist, sollte sie abgespalten und nicht weiter untersucht werden. Da bei der vorgenommenen Analyse die Preisabweichung zuerst ermittelt wurde, ist bei der einfachen Form die Abweichung höheren (ersten) Grades in dieser Differenz enthalten.

<u>Literatur</u>   Freidank, Vierter Teil, Kapitel III. C. 3. b. a.b.

Aufgabe IV.13: Variatorenrechnung

Plankostenarten	Variator	Gesamte Plankosten in €	Sollkosten in € 75%	Sollkosten in € 120%
Gemeinkostenmaterial	6	80.000	68.000	89.600
Einzellohnkosten	8	240.000	192.000	278.400
Hilfskosten und Gehaltskosten	5	110.000	96.250	121.000
Kalkulatorische Abschreibungen	0	70.000	70.000	70.000
Einzelmaterialkosten	10	500.000	375.000	600.000
Summe	–	1.000.000	801.250	1.159.000

Probe der Sollkosten für die gesamte Fertigungsstelle:

$$K^p (75\%) = 205.000\ € + \frac{795.000\ €}{100} \cdot 75 = 801.250\ €$$

$$K^p (120\%) = 205.000\ € + \frac{795.000\ €}{100} \cdot 120 = 1.159.000\ €$$

Literatur   Freidank, Vierter Teil, Kapitel III.C.3.b. a.c. (c) (a.b.) (β)

B. Teilkosten- und Deckungsbeitragsrechnungen

1. Direct Costing, Grenz-Plankostenrechnung und Deckungsbeitragsrechnungen

Aufgabe IV.14: Einstufiges Direct Costing

	Verkaufserlöse	(2.000 Stück • 20 €)	40.000 €
−	variable Kosten	(2.000 Stück • 11 €)	22.000 €
=	Deckungsbeitrag		18.000 €
−	Fixkosten		6.000 €
=	Betriebserfolg		12.000 €

Literatur Fischbach, Kapitel 5.4.1
        Freidank, Vierter Teil, Kapitel IV.D.

Aufgabe IV.15: Deckungsbeitrag und Break-even-point

(a) Deckungsbeitrag je Stück

Bei einer Auflage von 420.000 Ansichtskarten und gesamten variablen Kosten von 63.000 € betragen die variablen (proportionalen) Stückkosten 0,15 € (= 63.000 € : 420.000 Stück).

	Verkaufserlös je Stück	0,25 €
−	variable Kosten je Stück	0,15 €
=	Deckungsbeitrag	0,10 €

(b) Periodenerfolg

	Verkaufserlöse	(420.000 • 0,25 €)	105.000 €
−	variable Kosten		63.000 €
=	Deckungsbeitrag		42.000 €
−	Fixkosten		25.000 €
=	Betriebserfolg		17.000 €

(c) **Break-even-point**

$$BEP^m = \frac{Kf}{(e - kv)} = \frac{25.000\ €}{(0,25 - 0,15)} = 250.000\ \text{Stück}$$

Das entspricht einem Umsatz von 250.000 Stück • 0,25 € = 62.500 €.

Literatur   Fischbach, Kapitel 5.2, Kapitel 5.4 und Kapitel 6.1.1.
Freidank, Vierter Teil, Kapitel IV.D. und Kapitel IV.E.3.c.

Aufgabe IV.16: Betriebsabrechnung auf Teilkostenbasis

(a) **Aufstellung des Betriebsabrechnungsbogens und Ermittlung der Verrechnungssätze auf Grenzplankostenbasis**

Die Lösungen befinden sich in der Tabelle auf der nächsten Seite.

(b) **Ermittlung des Plan- Stückdeckungsbeitrags für Produkt A**

	Plan-Netto-Verkaufserlös	400,0000 €
−	Plan-Grenz-Herstellkosten	300,0000 €
−	Plan-Grenz-Verwaltungs- und Vertriebskosten (14,3443 % von 300 €)	43,0329 €
=	Plan-Stückdeckungsbeitrag	56,9671 €

Literatur   Freidank, Dritter Teil, Kapitel II.C.2. und Vierter Teil, Kapitel IV. B.

Kostenstellen	Allgemeine Hilfskostenstelle	Hauptkostenstellen		
	Kantine	Fertigung I	Fertigung II	Verwaltung und Vertrieb
Plankosten/ Plan-Bezugsgrößen				
Primäre Grenz-Plankosten	60.000 €	120.000 €	360.000 €	18.000 €
Umlage der sekundären planmäßigen Grenzkosten	(- 60.000 €)	+ 20.000 € (- 45.000 €)	+ 25.000 € + 35.000 € (- 27.000 €)	+ 15.000 € + 15.000 € + 10.000 € + 27.000 €
Endkosten	0	95.000 €	393.000 €	70.000 €
Verrechnungssätze auf Gren-Plankostenbasis	$\dfrac{60.000 €}{12.000 \text{ B}} =$ 5,00 € je Beschäftigtem	$\dfrac{140.000 €}{700 \text{ Std.}} =$ 200,00 € je Stunde	$\dfrac{420.000 €}{1.400 \text{ Stück}} =$ 300,00 € je Stück	$\dfrac{70.000 €}{488.000 €} \cdot 100 \approx$ 14,3443% *

* Herstellkosten der Absatzleistungen = 200 € je Std. • 475 Std. + 300 € je Stück • 1.310 Stück = 488.000 €.

Aufgabe IV.17: Ein- und mehrstufige Deckungsbeitragsrechnung, Sortimentssteuerung

(a) Vervollständigung der Tabelle

Bereich	A		B		
Produkt	1	2	3	4	5
Absatzmenge	300 Stück	405 Stück	200 Stück	100 Stück	150 Stück
Stückerlöse	40 €	50 €	100 €	30 €	90 €
variable Stückkosten	24 €	29 €	7 €	37 €	42 €
DB I	4.800 €	8.505 €	18.600 €	- 700 €	7.200 €
DB II	13.305 €		25.100 €		
– fixe Bereichskosten	12.000 €		7.000 €		
DB III	1.305 €		18.100 €		
DB IV	19.405 €				
– fixe Unternehmenskosten	6.000 €				
Betriebserfolg	13.405 €				

(b) Beurteilung des Produktionsprogramms

Kritisch zu beurteilen ist das Produkt 4, das einen negativen Stück-Deckungsbeitrag (- 7 €) aufweist. Hier müssen Überlegungen angestellt werden, ob dieses Erzeugnis im Falle permanenter negativer Stück-Deckungsbeiträge nicht aus dem Produktionsprogramm zu eliminieren ist.

Dem Bereich A werden relativ hohe Fixkosten (12.000 €) zugerechnet, die einen niedrigen DB III verursachen. Insbesondere hier sollte nach Möglichkeiten zur Senkung der beschäftigungsunabhängigen Kosten gesucht werden.

(c) Vergleich mit der einstufigen Deckungsbeitragsrechnung

	Summe der Deckungsbeiträge I	38.405 €
–	Summe der Fixkosten	25.000 €
=	Betriebserfolg	13.405 €

Die Fixkosten werden nicht nach spezifischen Bezugsgrößen aufgeschlüsselt, sondern in einer Summe verrechnet. Deshalb gibt dieses Verfahren keine Informationen über die Struktur und damit über mögliche Anpassungen des Fixkostenblocks an Schwankungen des Beschaffungs- und Absatzmarktes.

(d) Mehrstufige Deckungsbeitragsrechnung

Die mehrstufige Deckungsbeitragsrechnung ist insbesondere in den folgenden Fällen nicht als produktpolitisches Steuerungsinstrument geeignet:

- in der Einführungsphase von Produkten, weil deren Stück-Deckungsbeiträge dann vergleichsweise niedriger oder sogar negativ sein können;
- sofern ein Produkt komplementär mit (einem) anderen Erzeugnis(sen) verbunden ist, d.h. die Inkaufnahme eines negativen Stück-Deckungsbeitrags bei einem Produkt einen vergleichsweise hohen (Stück-)Deckungsbeitrag bei (einem) anderen Erzeugnis(sen) ermöglicht;
- wenn ein Produkt oder Produktbereich als Imageträger für das Unternehmen anzusehen ist;
- im Falle der nicht eindeutigen Zurechenbarkeit der Fixkosten auf Produkte, Kostenstellen, Bereiche, etc.

Literatur   Fischbach, Kapitel 5.4.
Freidank, Vierter Teil, Kapitel IV.D. und Fünfter Teil, Kapitel II.C.4.c.

Aufgabe IV.18: Einstufiger Deckungsbeitrag mit Kurzfristiger Erfolgsrechnung

(a) Erfolgsermittlung je Stück

Erlöse und Kosten		Vollkostenrechnung	Teilkostenrechnung
	Erlös je Stück	49,00 €	49,00 €
−	variable Herstellkosten je Stück	14,00 €	14,00 €
=	Stück-Deckungsbeitrag	35,00 €	35,00 €
−	fixe Kosten je Stück	22,40 €[1]	
=	Stück-Nettoerfolg	12,60 €	---

---

[1]   22,40 € = 112.000 € : 5.000 Stück.

Aussagefähiger ist als Erfolgsbegriff der Stück-Bruttoerfolg (= Stück-Deckungsbeitrag), der im Gegensatz zum Stück-Nettoerfolg (= Stück-Gewinn) unabhängig von der Produktionsmenge ist.

(b)   Erfolgsermittlung für die gesamte Absatzmenge

	Vollkostenrechnung	Teilkostenrechnung
Erlöse	205.800 €[1]	205.800 €[2]
− variable Herstellkosten	58.800 €[2]	58.800 €[3]
− fixe Herstellkosten	94.080 €[3]	112.000 €
= Erfolg	52.920 €	35.000 €

Die Teilkostenrechnung weist die fixen Kosten den Perioden zu, in denen sie anfallen. Die Vollkostenrechnung verteilt die fixen Kosten auf die einzelnen Produkte und verlagert diese bei Bestandserhöhungen über den Lageraufbau auf spätere Perioden. So entspricht die hier ermittelte Erfolgsdifferenz zwischen Voll- und Teilkostenrechnung von 17.920 € (= 52.920 € − 35.000 €) genau der sich auf die fixen Herstellkosten beziehenden wertmäßigen Bestandsveränderungen von 17.920 € (= 22,40 € · 800 Stück).

Aufgabe IV.19:   Gesamtkosten- und Umsatzkostenverfahren, Vergleich Voll- und Teilkostenrechnung

(a)   Erfolgsermittlung auf Teilkostenbasis

S	Betriebsergebniskonto		H
fixe Herstellkosten	20.000 €	Verkaufserlöse	33.000 €
variable Herstellkosten (200 Stück · 50 €)	10.000 €	Lagerbestandserhöhungen	2.500 €
fixe Vertriebskosten	4.000 €	kalkulatorischer Betriebsverlust	1.500 €
variable Vertriebskosten (150 Stück · 20 €)	3.000 €		
	37.000 €		37.000 €

Die variablen Vertriebskosten von 20 € können nur den verkauften Erzeugnissen angelastet werden.

---

[1]   205.800 € = 49 € · 4.200 Stück.

[2]   58.800 € = 14 € · 4.200 Stück.

[3]   94.080 € = 22,40 € · 4.200 Stück.

(b) Erfolgsermittlung auf Teil- und Vollkostenbasis

(b.a) Umsatzkostenverfahren auf Teilkostenbasis

Das Umsatzkostenverfahren auf Teilkostenbasis führt auf einem anderen Rechenweg zum gleichen Ergebnis:

S	Betriebsergebniskonto		H
fixe Herstellkosten	20.000 €	Verkaufserlöse	33.000 €
variable Herstellkosten (150 Stück • 50 €)	7.500 €	kalkulatorischer Betriebsverlust	1.500 €
fixe Vertriebskosten	4.000 €		
variable Vertriebskosten (150 Stück • 20 €)	3.000 €		
	34.500 €		34.500 €

(b.b) Gesamtkostenverfahren auf Vollkostenbasis

Bei Anwendung des Gesamtkostenverfahrens auf Vollkostenbasis wird ein kalkulatorischer Betriebsgewinn ausgewiesen. Dieses Ergebnis ist auf die nun geänderte Bewertung der Lagerbestandserhöhungen mit vollen Herstellkosten zurückzuführen.

S	Betriebsergebniskonto		H
fixe Herstellkosten	20.000 €	Verkaufserlöse	33.000 €
variable Herstellkosten (200 Stück • 50 €)	10.000 €	Lagerbestandserhöhungen (50 Stück • 150 €[1])	7.500 €
fixe Vertriebskosten	4.000 €		
variable Vertriebskosten (150 Stück • 20 €)	3.000 €		
kalkulatorischer Betriebsgewinn	3.500 €		
	40.500 €		40.500 €

Die Differenz des Betriebsergebnisses zwischen Voll- und Teilkostenrechnung in Höhe von 5.000 € [= 3.500 € − (−1.500 €)] liegt mithin in dem zusätzlichen Einbezug fixer Herstellkosten von 5.000 € (= 50 Stück • 100 €) in die Bestandserhöhungen beim Vollkostenverfahren begründet.

---

[1] 150 € = 50 € + 20.000 € : 200 Stück.

(b.c) Umsatzkostenverfahren auf Vollkostenbasis

Das Umsatzkostenverfahren auf Vollkostenbasis führt wiederum auf einem anderen rechnerischen Wege zum gleichen Ergebnis wie das Gesamtkostenverfahren auf Vollkostenbasis.

S	Betriebsergebniskonto		H
fixe Herstellkosten (150 Stück • 100 €)	15.000 €	Verkaufserlöse	33.000 €
variable Herstellkosten (150 Stück • 50 €)	7.500 €		
fixe Vertriebskosten	4.000 €		
variable Vertriebskosten (150 Stück • 20 €)	3.000 €		
kalkulatorischer Betriebsgewinn	3.500 €		
	33.000 €		33.000 €

(c) Erfolgsermittlung auf Teil- und Vollkostenbasis bei geänderter Datenlage

(c.a) Umsatzkostenverfahren auf Teilkostenbasis

S	Betriebsergebniskonto		H
fixe Herstellkosten	20.000 €	Verkaufserlöse	33.000 €
variable Herstellkosten (35 Stück • 45 €) + (115 Stück • 50 €)	7.325 €	kalkulatorischer Betriebsverlust	1.325 €
fixe Vertriebskosten	4.000 €		
variable Vertriebskosten (150 Stück • 20 €)	3.000 €		
	34.325 €		34.325 €

Im Vergleich zu (b.a) senkt sich der Wert der Abgänge (mit variablen Herstellkosten bewertete verkaufte Erzeugnisse) um 175 € [= (150 Stück • 50 €) – (35 Stück • 45 € + 115 Stück • 50 €)]. Genau um diesen Betrag muss dann auch der kalkulatorische Betriebsverlust abnehmen (175 € = 1.500 € – 1.325 €).

(c.b) Umsatzkostenverfahren auf Vollkostenbasis

S	Betriebsergebniskonto		H
fixe Herstellkosten (35 Stück • 95 €) + (115 Stück • 100 €)	14.825 €	Verkaufserlöse	33.000 €
variable Herstellkosten (35 Stück • 45 €) + (115 Stück • 50 €)	7.325 €		
fixe Vertriebskosten	4.000 €		
variable Vertriebskosten (150 Stück • 20 €)	3.000 €		
kalkulatorischer Betriebsgewinn	3.850 €		
	33.000 €		33.000 €

Im Vergleich zu (b.c) steigt der kalkulatorische Betriebsverlust genau um denjenigen Betrag (350 € = 3.850 € − 3.500 €), um den der Wert der Abgänge (mit vollen Herstellkosten bewertete verkaufte Erzeugnisse) nun höher angesetzt wird [350 € = (150 Stück • 150 €) − (35 Stück • 140 € + 115 Stück •150 €)].

Aufgabe IV.20: Einstufige Deckungsbeitragsrechnung, Umsatzkostenverfahren in tabellarischer und buchhalterischer Form

(a) Erfolgsermittlung auf Teilkostenbasis in tabellarischer Form

(a.a) Kalkulation der variablen Herstellkosten der Periode 05

Kostenarten in €	Produkte			Summe
	A	B	C	
Fertigungsmaterial	50,00	20,00	60,00	100.000
+ Materialgemeinkosten (6%)	3,00	1,20	3,60	6.000
+ Fertigungslohn	80,00	30,00	100,00	160.000
+ Fertigungsgemeinkosten (30%)	24,00	9,00	30,00	48.000
= Herstellkosten	157,00	60,20	193,60	314.000

Zuschlagssatz für die variablen Materialgemeinkosten:

$$\frac{6.000\ €}{100.000\ €} \cdot 100 = 6\%.$$

Zuschlagssatz für die variablen Fertigungsgemeinkosten:

$$\frac{48.000\ €}{160.000\ €} \cdot 100 = 30\%.$$

(b) Kurzfristige Erfolgsrechnung nach dem Umsatzkostenverfahren mit summarischer Fixkostenabdeckung

Erfolgskomponenten (in €)	Produkte A	Produkte B	Produkte C	Summe
Verkaufserlöse	280.000	120.000	384.000	784.000
− variable Herstellkosten der verkauften Produkte				
(a) aus dem Lagerbestand	64.000[1]	25.000	36.000	125.000
(b) aus den Zugängen der Periode	47.100[2]	30.100	116.160	193.360
− variable Verwaltungsgemeinkosten der Periode (7,5%)	8.332,5[3]	4.132,5[4]	11.412[5]	23.877
− variable Vertriebsgemeinkosten der Periode (2,5%)	2.777,5	1.377,5	3.804	7.959
= Deckungsbeitrag	157.790	59.390	216.624	433.804
− fixe Kosten der Periode		357.689		357.689
= kalkulatorischer Betriebserfolg		76.115		76.115

Die Zuschlagssätze für die variablen Verwaltungs- und Vertriebsgemeinkosten sind auf Basis der variablen Herstellkosten des Umsatzes (318.360 € = 125.000 € + 193.360 €) zu kalkulieren.

---

[1] 64.000 € = 400 Stück · 160 €.

[2] 47.100 € = 300 Stück · 157 €.

[3] 8.332,50 € = 0,075 · 111.100 €.

[4] 4.132,50 € = 0,075 · 55.100 €.

[5] 11.412 € = 0,075 · 152.160 €.

Zuschlagssatz für die variablen Verwaltungsgemeinkosten:

$$\frac{23.877\ \text{€}}{318.360\ \text{€}} \cdot 100 = 7{,}5\%.$$

Zuschlagssatz für die variablen Vertriebsgemeinkosten:

$$\frac{7.959\ \text{€}}{318.360\ \text{€}} \cdot 100 = 2{,}5\%.$$

(c) Proberechnung

		€
	variable Herstellkosten der verkauften Produkte aus den Zugängen der Periode	193.360 €
+	variable Herstellkosten der auf Lager befindlichen Produkte aus den Zugängen der Periode	
	* Produkt A: 300 Stück • 157,00 €	47.100 €
	* Produkt B: 900 Stück • 60,20 €	54.180 €
	* Produkt C: 100 Stück • 193,60 €	19.360 €
+	variable Verwaltungsgemeinkosten der Periode	23.877 €
+	variable Vertriebsgemeinkosten der Periode	7.959 €
+	fixe Kosten der Periode	357.689 €
=	Selbstkosten der Periode	703.525 €

(d) Vergleich des Betriebserfolges

	kalkulatorischer Betriebserfolg bei Teilkostenrechnung	76.115 €
−	kalkulatorischer Betriebserfolg bei Vollkostenrechnung	66.375 €
=	Differenzbetrag	9.740 €

Die Differenz zwischen den kalkulatorischen Betriebserfolgen bei Teil- bzw. Vollkostenrechnung von 9.740 € ist, wie die nachfolgende Aufschlüsselung der fixen Kosten zeigt, auf die unterschiedliche Bewertung der Lagerbestände zurückzuführen.

Differenzbetrag		9.740 €
−	fixe Kosten der Anfangsbestände	
	Produkt A: 400 Stück • (250 € − 160 €)	36.000 €
	Produkt B: 500 Stück • (110 € − 50 €)	30.000 €
	Produkt C: 200 Stück • (370 € − 180 €)	38.000 €
+	fixe Kosten der Endbestände	
	Produkt A: 300 Stück • (280 € − 157 €)	36.900 €
	Produkt B: 900 Stück • (107 € − 60,20 €)	42.120 €
	Produkt C: 100 Stück • (346 € − 193,60 €)	15.240 €
=	Summe	0 €

(e) **Kurzfristige Erfolgsrechnung nach dem Umsatzkostenverfahren in buchhalterischer Form**

S	Fertigungsmaterial		H
	100.000 €	(1)	100.000 €

S	Fertigungslohn		H
	160.000 €	(2)	160.000 €

S	Materialgemeinkosten		H
	60.000 €	(3)	6.000 €
		(14)	54.000 €
	60.000 €		60.000 €

S	Fertigungsgemeinkosten		H
	240.000 €	(4)	48.000 €
		(15)	192.000 €
	240.000 €		240.000 €

S	Verwaltungsgemeinkosten		H
	114.820,00 €	(8)	8.332,50 €
		(10)	4.132,50 €
		(12)	11.412,00 €
		(16)	90.943,00 €
	114.820,00 €		114.820,00 €

S	Vertriebsgemeinkosten		H
	28.705,00 €	(9)	2.777,50 €
		(11)	1.377,50 €
		(13)	3.804,00 €
		(17)	20.746,00 €
	28.705,00 €		28.705,00 €

S	Fertige Erzeugnisse A		H
AB	64.000 €	EB	47.100 €
(1)	30.000 €	(5)	111.100 €
(2)	48.000 €		
(3)	1.800 €		
(4)	14.400 €		
	158.200 €		158.200 €

S	Fertige Erzeugnisse B		H
AB	25.000 €	EB	54.180 €
(1)	28.000 €	(6)	55.100 €
(2)	42.000 €		
(3)	1.680 €		
(4)	12.600 €		
	109.280 €		109.280 €

S	Fertige Erzeugnisse C		H
AB	36.000 €	EB	19.360 €
(1)	42.000 €	(7)	152.160 €
(2)	70.000 €		
(3)	2.520 €		
(4)	21.000 €		
	171.520 €		171.520 €

S	Verkaufserlöse Erzeugnis A	H
(18)	280.000 €	280.000 €

S	Verkaufserlöse Erzeugnis B	H
(19)	120.000 €	120.000 €

S	Verkaufserlöse Erzeugnis C	H
(20)	384.000 €	384.000 €

S	Betriebsergebniskonto (alle Werte in €)		H
(5) variable KH der abgesetzten fertigen Erzeugnisse A	111.100	(18) Verkaufserlöse von Erzeugnis A	280.000
(6) variable KH der abgesetzten fertigen Erzeugnisse B	55.100	(19) Verkaufserlöse von Erzeugnis B	120.000
(7) variable KH der abgesetzten fertigen Erzeugnisse C	152.160	(20) Verkaufserlöse von Erzeugnis C	384.000
(8) variable VerwaltungsGK der abgesetzten fertigen Erzeugnisse A	8.332,5		
(9) variable VertriebsGK der abgesetzten fertigen Erzeugnisse A	2.777,5		
(10) variable VerwaltungsGK der abgesetzten fertigen Erzeugnisse B	4.132,5		
(11) variable VertriebsGK der abgesetzten fertigen Erzeugnisse B	1.377,5		
(12) variable VerwaltungsGK der abgesetzten fertigen Erzeugnisse C	11.412		
(13) variable VertriebsGK der abgesetzten fertigen Erzeugnisse C	3.804		
(14) fixe MaterialGK der Periode	54.000		
(15) fixe FertigungsGK der Periode	192.000		
(16) fixe VerwaltungsGK der Periode	90.943		
(17) fixe VertriebsGK der Periode	20.746		
kalkulatorischer Betriebsgewinn	76.115		
	784.000		784.000

Literatur Fischbach, Kapitel 5.1 – 5.3.
Freidank, Dritter Teil, Kapitel II.E. und Vierter Teil, Kapitel IV.A.
Freidank/Velte, Dritter Teil, Kapitel III.D.

Aufgabe IV.21: Relative Einzelkostenrechnung

(a) Grundrechnung

Siehe nächste Seite.[1]

(b) Unterschiede zwischen Grundrechnung und Betriebsabrechnungsbogen

Die Grundrechnung im Rahmen der relativen Einzelkosten- und Deckungsbeitragsrechnung beschränkt sich auf die zweckneutrale Erfassung und Zuordnung von Kosten. Diese werden in der Grundrechnung nach unterschiedlichen Kostenkategorien aufbereitet, z.B. hinsichtlich ihrer Ausgabennähe sowie danach, ob es sich um Leistungs- oder Bereitschaftskosten handelt. Die auf diesem Wege systematisierten Daten stehen für unterschiedliche Sonderrechnungen zur Verfügung, insbesondere zur Investitions-, Finanz- und Erfolgsplanung sowie -kontrolle. Im Gegensatz zum Betriebsabrechnungsbogen enthält die Grundrechnung keine Gliederung in eine Kostenarten-, Kostenstellen- und Kostenträgerrechnung. Auf eine Verrechnung der als nicht entscheidungsrelevant angesehenen Gemeinkosten auf untergeordnete Bezugsobjekte wird entsprechend dem Identitätsprinzip verzichtet.

Literatur   Freidank, Vierter Teil, Kapitel IV.C.

---

[1] Fußnoten von der folgenden Seite:

a   4.000 € = 0,1 • 20 € • 2.000 Stück.

b   18.000 € = 0,15 • 40 € • 3.000 Stück.

c   16.000 € = 8 € • 2.000 Stück.

d   51.000 € = 17 € • 3.000 Stück.

e   2.400 € = 1,20 € • 2.000 Stück.

f   6.000 € = 2 € • 3.000 Stück.

Kostenkategorien	Zurechnungsobjekte		Produkte		Kostenstellen			Abteilungen	
			Alpha	Beta	I	II	III	A	B
Perioden-EK / kurzfristig variable Kosten	absatz-abhängig	Provision	4.000[a]	18.000[b]					
	erzeugnis-abhängig	Rohstoffe	16.000[c]	51.000[d]					
		Packstoffe	2.400[e]	6.000[f]					
		Betriebsstoffe			700	1.400	300		
		Energie			2.800	5.600	3.200		
kurzfristig nicht-variable Kosten	monatliche Bindung:								
	- Löhne				12.200	6.400	5.000		
	- Energie				900	1.000	2.000		
	- Überstundenlöhne					1.700			
	vierteljährliche Bindung:								
	- Gehälter				4.000	5.100	5.100	1.300	2.100
	- Miete				5.000	5.000		12.300	14.700
	jährliche Bindung:								
	- Provision		500	600					
Perioden-GK	Reparaturen				2.000		31.000		12.000

Hinweis: Die Fußnoten a bis f zu dieser Tabelle befinden sich auf der vorherigen Seite.

Aufgabe IV.22: **Mehrstufige Deckungsbeitragsrechnung und Kalkulation**

Zunächst gilt es, für jede Bezugsgrundlage wie Kostenträger, Kostenträgergruppe und Unternehmen die Relation zwischen den fixen Einzelkosten dieser Basis und den entsprechenden proportionalen Kosten zu bilden. Für das vorliegende Beispiel ergeben sich dann folgende planmäßige Zuschlagsätze (zu):

$$zu_1 = \frac{\text{Fixe Kostenträger-Einzelkosten} \cdot 100}{\text{Proportionale Selbstkosten der Produkte}}$$

Produkt A: $\quad zu_1 = \dfrac{1.000.000\ € \cdot 100}{2.000.000\ €} = 50\%$

$$zu_2 = \frac{\text{Fixe Kostenträger-Gruppen-Einzelkosten} \cdot 100}{\text{Proportionale Selbstkosten der Produkte dieser Gruppe}}$$

Produkt A, B: $\quad zu_2 = \dfrac{4.200.000\ € \cdot 100}{10.000.000\ €} = 42\%$

$$zu_3 = \frac{\text{Fixe Unternehmens-Einzelkosten} \cdot 100}{\text{Proportionale Selbstkosten aller Produkte}}$$

Produkt A, B, C: $\quad zu_2 = \dfrac{3.900.000\ € \cdot 100}{15.600.000\ €} = 25\%$

Die Plankalkulation der Selbstkosten einer Leistungseinheit des Produktes A lässt sich wie folgt darstellen.

	Proportionale Selbstkosten	260,00 €
+	Fixe Kostenträger-Einzelkosten (50% von 260 €)	130,00 €
+	Fixe Kostenträger-Gruppen-Einzelkosten (42% von 260 €)	109,20 €
+	Fixe Unternehmens-Einzelkosten (25% von 260 €)	65,00 €
=	Plan-Selbstkosten pro Stück des Produktes A	564,20 €

Literatur   Fischbach, Kapitel 5.4.2.
            Freidank, Vierter Teil, Kapitel IV.D.

2. Der Einsatz von Partialkosten- und Deckungsbeitragsrechnungen als unternehmerische Entscheidungshilfe

Aufgabe IV.23: Optimales Produktionsprogramm und Preisuntergrenze

(a) Optimales Produktionsprogramm

Plandaten	Produkte		Summe
	A	B	
benötigte Kapazität	400 Std.[1]	800 Std.[2]	1.200 Std.
absoluter Plan-Stückdeckungsbeitrag	12 €[3]	18 €[4]	---
engpassbezogener Plan-Stückdeckungsbeitrag	60 €[5]	36 €[6]	---
Rangfolge	I.	II.	---
zugeteilte Plan-Kapazität	400 Std.	600 Std.[7]	1.000 Std.
optimale Produktionsmenge	2.000 Stück	1.200 Stück[8]	3.200 Stück
Plan-Deckungsbeitrag	24.000 €[9]	21.600 €[10]	45.600 €

Bei der Schmidt KG besteht ein Fertigungsengpass, da die benötigte Kapazität von 1.200 Stunden größer ist als die zur Verfügung stehende Periodenkapazität von 1.000 Stunden. Entscheidungskriterium ist deshalb der engpassbezogene (= relative) Deckungsbeitrag, der den absoluten Stückdeckungsbeitrag in Beziehung zur jeweiligen produktorientierten Beanspruchung des Engpasses setzt.

---

[1] 400 Std. = 0,2 Std./Stück • 2.000 Stück.

[2] 800 Std. = 0,5 Std./Stück • 1.600 Stück.

[3] 12 € = 29 € - 17 €.

[4] 18 € = 39 € - 21 €.

[5] 60 €/Std. = 12 € : 0,2 Std.

[6] 36 €/Std. = 18 € : 0,5 Std.

[7] 600 Std. = 1.000 Std. - 400 Std.

[8] 1.200 Stück = 600 Std. : 0,5 Std.

[9] 24.000 € = 12 € • 2.000 Stück.

[10] 21.600 € = 18 € • 1.200 Stück.

(b) Preisuntergrenzenbestimmung

$PUG_{eng\,A}$ = $kv^p + ko_A$ mit $ko_A = db^p_{engB} \cdot eng^P_A$

= 17 € + 36 € • 0,2 Std.

= 24,20 €

Die Schmidt KG könnte dem Kunden das Produkt bis zum Netto-Verkaufspreis von 24,20 € anbieten, ohne dass das ermittelte optimale Produktionsprogramm seine Optimalität verliert. Bei einem Unterschreiten dieser Grenze muss das gewinnmaximale Programm neu berechnet werden, da nun eine andere Mengenrelation zwischen den Produkten A und B zu einem höheren Deckungsbeitragsvolumen führt als das ursprünglich ermittelte Verhältnis mit 2.000 Stück für Produkt A und 1.200 Stück für Produkt B.

Literatur Fischbach, Kapitel 6.2 und Kapitel 6.3.1.
Freidank, Vierter Teil, Kapitel IV.E.2.a. und Kapitel IV.E.3.b. a.b.

Aufgabe IV.24: Deckungsbeitrag und Preisuntergrenzen

(a) Erfolgsplanung

6.000 Stück • 5 € − (15.000 € + 2 € • 6.000 Stück) = 3.000 €

$$x^p_{6.000\,€} = \frac{(Kf^p + 6.000\,€)}{db^p}$$

$$= \frac{(15.000\,€ + 6.000\,€)}{(5\,€ - 2\,€)}$$

= 7.000 Stück

Bei einer Produktionsmenge von 7.000 Stück ergibt sich ein neuer Gewinn von:

7.000 Stück • 5 € − (15.000 € + 2 € • 7.000 Stück) = 6.000 €.

(b) Preisuntergrenzenbestimmung

(b.a)
PUG^e = kv^p = 2 €

(b.b)
PUG^e_{eng} = $kv^p + ko$

$$= 2\,€ + \frac{(3\,€ \cdot 7.000\,\text{Stück} - 3\,€ \cdot 6.000\,\text{Stück})}{2.000\,\text{Stück}}$$

$$= 2\,€ + 1{,}50\,€$$

$$= 3{,}50\,€$$

Kontrolle: 6.000 Stück · 3,50 € = 7.000 Stück · 3 €.

(b.c)

PUG $= kv^p + kf^p$

$$= 2\,€ + \frac{15.000\,€}{7.000\,\text{Stück}}$$

$$= 4{,}14\,€$$

Literatur Fischbach, Kapitel 6.3.1.
Freidank, Vierter Teil, Kapitel IV.E.3.b. a.b.

Aufgabe IV.25: Preisuntergrenzen

(a) Erfolgsorientierte Preisuntergrenze

Zur Ermittlung der erfolgsorientierten Preisuntergrenze sind die einzelnen Positionen der Zuschlagskalkulation (vgl. die Lösung zu Aufgabe III.37) zu analysieren:

Die (variablen) Einzelkosten für Fertigungsmaterial und -lohn fallen für diesen speziellen Auftrag an. Sie müssen folglich in die Ermittlung der kurzfristigen Preisuntergrenze einfließen, da nur sie bei einem Verzicht auf die Herstellung des Erzeugnisses wegfallen würden. Die fixen Material-, Fertigungs-, Verwaltungs- und Vertriebsgemeinkosten können kurzfristig unberücksichtigt bleiben. Sie resultieren aus der Verrechnung fixer Kostenanteile. Dagegen sind die Sondereinzelkosten der Fertigung weiterhin zu berücksichtigen, da diese nur diesem Auftrag zuzurechnen sind. Ein Gewinnzuschlag fließt nicht in die kurzfristige Preisuntergrenze ein. Somit lässt sich die erfolgsorientierte absolute Preisuntergrenze wie folgt kalkulieren:

	Fertigungsmaterial	420,00 €
+	Fertigungslohn	380,00 €
+	Sondereinzelkosten der Fertigung	82,00 €
=	Herstellkosten	882,00 €
=	Selbstkosten	
=	Netto-Angebotspreis	
+	20% Umsatzsteuer	176,40 €
=	Brutto-Angebotspreis	1.058,40 €.

(b) Zusatzauftrag bei Engpass

Im Falle eines Engpasses sind neben den variablen Kosten zusätzlich die Opportunitätskosten mit in die Entscheidungsrechnung einzubeziehen. Diese ergeben sich unter Berücksichtigung der alternativen Produktionsmengen aus den zusätzlichen Deckungsbeiträgen, die die zu verdrängenden Erzeugnisse erwirtschaften würden.

Literatur   Fischbach, Kapitel 6.3.1.
            Freidank, Vierter Teil, Kapitel IV.E.3.b. a.b.

Aufgabe IV.26: Optimales Produktionsprogramm, Preisuntergrenzenbestimmung und Sensibilitätsanalyse

(a) Ermittlung des gewinnmaximalen Produktionsprogramms

Plandaten	A	B	C	Summe
maximale Plan-Absatzmenge	200 Stück	300 Stück	400 Stück	900 Stück
Plan-Nettoverkaufspreis (pro Stück)	12 €	13 €	8 €	---
variable Plan-Stückkosten	3 €	7 €	5 €	---
Plan-Stückdeckungsbeitrag	9 €	6 €	3 €	---
planmäßige Beanspruchung der Maschine Alpha	3 ZE je Stück	5 ZE je Stück	2 ZE je Stück	---
Beanspruchung der Maschine Alpha bei Produktion der maximalen Absatzmenge[1]	600 ZE	1.500 ZE	800 ZE	2.900 ZE
planmäßige Beanspruchung der Maschine Beta	6 ZE je Stück	3 ZE je Stück	1 ZE je Stück	---
Beanspruchung der Maschine Beta bei Produktion der maximalen Absatzmenge[2]	1.200 ZE	900 ZE	400 ZE	2.500 ZE

Das gewinnmaximale Produktionsprogramm ist demnach an der Maschine B auszurichten, die den Engpassfaktor darstellt. Somit beziehen sich die engpassbezogenen (relativen) Plan-Stückdeckungsbeiträge ausschließlich auf die Maschine B.

---

[1] Bei Realisierung der maximalen Plan-Absatzmengen wird die Maschine Alpha 2.900 ZE lang beansprucht. Gegeben ist eine Periodenkapazität von 3.000 ZE. Folglich liegt kein Engpass vor.

[2] Bei Realisierung der maximalen Absatzmenge werden 2.500 ZE benötigt. Da die Maschine Beta lediglich eine Periodenkapazität von 2.400 Stunden hat, liegt hier ein Engpass vor.

Plandaten	A	B	C	Summe
maximale Plan-Absatzmenge	200 Stück	300 Stück	400 Stück	900 Stück
Plan-Stückdeckungsbeitrag	9 €	6 €	3 €	---
planmäßige Beanspruchung der Maschine Beta	6 ZE je Stück	3 ZE je Stück	1 ZE je Stück	---
engpassbezogener Plan-Stückdeckungsbeitrag	1,50 €[1]	2,00 €[2]	3,00 €[3]	---
Rangfolge	III	II	I	---
optimale Produktionsmenge	183 Stück[4]	300 Stück	400 Stück	883 Stück
benötigte Kapazität der Maschine B	1.098 ZE[5]	900 ZE	400 ZE	2.398 ZE
Plan-Deckungsbeitrag	1.647 €[6]	1.800 €[7]	1.200 €[8]	4.647 €

Literatur   Fischbach, Kapitel 6.2.
Freidank, Vierter Teil, Kapitel IV.E.2.a.

(b) Lineare Simultanplanung

Nunmehr tritt auch an der Maschine Alpha ein Engpass auf. Beim Vorliegen mehrerer Restriktionen ist das gewinnmaximale Produktionsprogramm mit Hilfe einer Simultanplanung zu bestimmen. Der lineare Planungsansatz muss dann wie nachfolgend dargestellt formuliert werden.

$9 € \cdot x_A + 6 € \cdot x_B + 3 € \cdot x_C = DBV^p \Rightarrow$ Max!

---

[1] 1,50 € = 9 € : 6 ZE.

[2] 2,00 € = 6 € : 3 ZE.

[3] 3,00 € = 3 € : 1 ZE.

[4] 183 Stück = 1.098 ZE : 6 ZE.

[5] 1.098 ZE = 2.398 ZE • (400 Stück • 1 ZE + 300 Stück • 3 ZE).

[6] 1.647 € = 9 € • 183 Stück.

[7] 1.800 € = 6 € • 300 Stück.

[8] 1.200 € = 3 € • 400 Stück.

3 ZE $\cdot x_A$ + 5 ZE $\cdot x_B$ + 2 ZE $\cdot x_C$ $\leq$ 1.800 ZE (Produktionsrestriktion Maschine Alpha)

6 ZE $\cdot x_A$ + 3 ZE $\cdot x_B$ + 1 ZE $\cdot x_C$ $\leq$ 2.400 ZE (Produktionsrestriktion Maschine Beta)

x_A $\leq$ 200 Stück (Absatzrestriktion Produkt A)

x_B $\leq$ 300 Stück (Absatzrestriktion Produkt B)

x_C $\leq$ 400 Stück (Absatzrestriktion Produkt C)

x_A $\geq$ 0 Stück

x_B $\geq$ 0 Stück (Nicht-Negativitätsbedingungen)

x_C $\geq$ 0 Stück

Das Ausgangs-Simplextableau hat dann nachstehende Struktur.

	x_A	x_B	x_C	
x_D	3	5	2	1.800
x_E	6	3	1	2.400
x_F	1	0	0	200
x_G	0	1	0	300
x_H	0	0	1	400
	-9	-6	-3	0

Nach der zweiten Iteration ergibt sich das folgende optimale Simplextableau.

	x_F	x_D	x_H	
x_B	-0,6	0,2	-0,4	80
x_E	-4,2	-0,6	0,2	560
x_A	1	0	0	200
x_G	0,6	-0,2	0,4	220
x_C	0	0	1	400
	5,4	1,2	0,6	3.480

Bei einer Produktion der Erzeugnisse A, B und C mit 200, 80 und 400 Stück erreicht das Deckungsbeitragsvolumen sein Maximum:

Erzeugnis A =	200 Stück • 9 €	=	1.800 €
Erzeugnis B =	80 Stück • 6 €	=	480 €
Erzeugnis C =	400 Stück • 3 €	=	1.200 €
		=	3.480 €.

Ferner lassen sich aus dem Optimaltableau die durch das gewinnmaximale Produktionsprogramm nicht genutzten Fertigungs- und Absatzkapazitäten ermitteln, die durch die Schlupfvariablen der Scheinprodukte E und G zum Ausweis gebracht werden:

x_E = 560 ZE = 2.400 ZE × (6 ZE • 200 Stück + 3 ZE • 80 Stück + 1 ZE • 400 Stück)

x_G = 220 Stück = 300 Stück − 80 Stück.

Literatur   Freidank, Vierter Teil, Kapitel IV.E.2.a. und Kapitel IV.E.3.a.

(c) Preisuntergrenzenbestimmung

Zum Zwecke der planmäßigen Festlegung der erfolgsorientierten Preisuntergrenzen muss das unter (b) ermittelte optimale Simplextableau wie folgt aufbereitet werden.

	x_B	x_E	x_A	x_G	x_C	
x_F	-0,6 • 6	-4,2 • 0	1 • 9	0,6 • 0	0 • 3	= 5,4 > 0
x_D	0,2 • 6	-0,6 • 0	0 • 9	-0,2 • 0	0 • 3	= 1,2 > 0
x_H	-0,4 • 6	0,2 • 0	0 • 9	0,4 • 0	1 • 3	= 0,6 > 0

Das optimale Produktionsprogramm verliert seine Optimalität, wenn eine der drei Gleichungen negativ wird. Die entsprechenden Grenzwerte für die Ermittlung der erfolgsorientierten Preisuntergrenzen lassen sich aus diesen Ergebnissen durch eine Sensitivitätsanalyse der Strukturvariablen ableiten.

Für x_B:

$-0,6 \cdot db^p_B + 1 \cdot 9\,€ + 0 \cdot 3\,€ \geq 0$

$0,2 \cdot db^p_B + 0 \cdot 9\,€ + 0 \cdot 3\,€ \geq 0$

$-0,4 \cdot db^p_B + 0 \cdot 9\,€ + 1 \cdot 3\,€ \geq 0$

$0 \leq db^p_B \leq 7{,}50\,€.$

Für x_A:

$$-0.6 \cdot 6\,€ + 1 \cdot db^p_A + 0 \cdot 3\,€ \geq 0$$

$$0.2 \cdot 6\,€ + 0 \cdot db^p_A + 0 \cdot 3\,€ \geq 0$$

$$-0.4 \cdot 6\,€ + 0 \cdot db^p_A + 1 \cdot 3\,€ \geq 0$$

$$3.60\,€ \leq db^p_A \leq 9\,€.$$

Für x_C:

$$-0.6 \cdot 6\,€ + 1 \cdot 9\,€ + 0 \cdot db^p_C \leq 0$$

$$0.2 \cdot 6\,€ + 0 \cdot 9\,€ + 0 \cdot db^p_C \leq 0$$

$$-0.4 \cdot 6\,€ + 0 \cdot 9\,€ + 1 \cdot db^p_C \leq 0$$

$$2.40\,€ \leq db^p_C \leq 3\,€.$$

Solange sich die Plan-Stückdeckungsbeiträge der drei Erzeugnisse in den angegebenen Grenzen bewegen, führt keine andere Kombination der vorhandenen Ressourcen zu einem höheren Plan-Deckungsbeitragsvolumen als die durch das ursprüngliche (optimale) Produktionsprogramm festgelegte Mengenstruktur. Die planmäßigen Preisuntergrenzen für die Erzeugnisse A, B und C lassen sich durch Addition der jeweiligen minimalen Plan-Stückdeckungsbeiträge und der variablen Plan-Stückkosten ermitteln.

PUG^e_{engA} = 3,60 € + 3,00 € = 6,60 €

PUG^e_{engB} = 0,00 € + 7,00 € = 7,00 €

PUG^e_{engC} = 2,40 € + 5,00 € = 7,40 €

Erst wenn diese Absatzpreisgrenzen unterschritten werden, bedarf es einer Neuberechnung des gewinnmaximalen Produktionsprogramms.

<u>Literatur</u>   Freidank, Vierter Teil, Kapitel IV.E.3.b. a.b.

Aufgabe IV.27: **Optimales Produktionsprogramm**

(a) Berechnung der Schnittpunkte

$2\ ME \cdot x_A + 4\ ME \cdot x_B \leq 800\ ME$ (Beschaffungsrestriktion)

$x_A = 400$ Stück ($x_B = 0$)

$x_B = 200$ Stück ($x_A = 0$)

$1{,}25\ € \cdot x_A + 5\ € \cdot x_B = DBV \Rightarrow Max!$ (Zielfunktion)

$1{,}25\ € \cdot 800$ Stück $= 1.000\ €$ ($x_B = 0$)

$5\ € \cdot 200$ Stück $= 1.000\ €$ ($x_A = 0$)

(b) Optimale Lösung

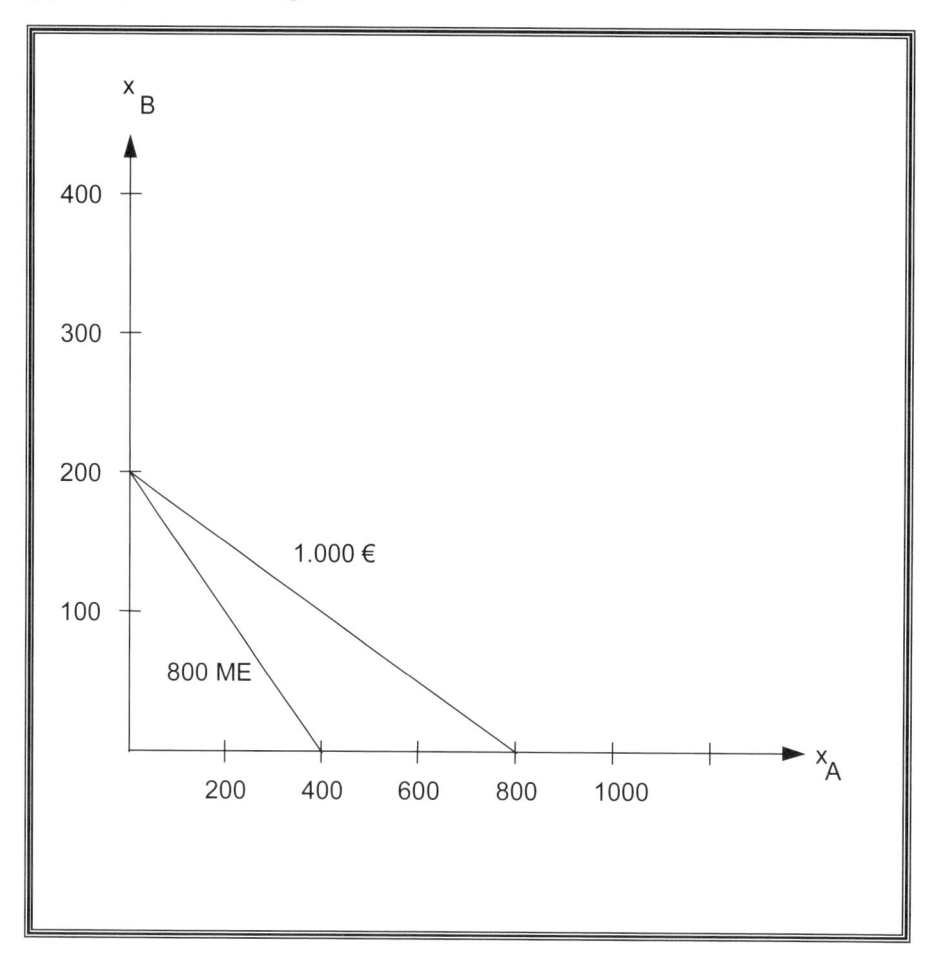

```
x_B
 ↑
400 ┤
    │
300 ┤
    │
200 ┤●
    │ \  \
    │  \   \  1.000 €
100 ┤   \     \
    │ 800 ME\    \
    │        \     \
    └────┼────●────┼────●────┼────┼───→ x_A
        200  400  600  800  1000
```

Die Graphik zeigt, dass aufgrund der Beschaffungsrestriktion das Plan-Deckungsbeitragsvolumen bei einer ausschließlichen Herstellung des Produktes B mit 200 Stück sein Maximum von 1.000 € erreicht.

<u>Literatur</u>   Freidank, Vierter Teil, Kapitel IV.E.2.a. und Kapitel IV.E.3.a.

Aufgabe IV.28: Simultane Produktionsprogrammplanung

Der Lösungsraum wird durch die Produktionsrestriktion R I und die Beschaffungsrestriktion R III eingegrenzt. Beide Restriktionen werden durch die Inanspruchnahme der Ressourcen des optimalen Fertigungsprogramms voll ausgeschöpft:

R I = 3 Min. • 1.000 Stück + 5 Min. • 2.400 Stück = 15.000 Min.

R III = 6 ME • 1.000 Stück + 3 ME • 2.400 Stück = 13.200 ME.

Die Produktionsrestriktion R II schneidet oder tangiert den Lösungsraum nicht. Hierdurch wird signalisiert, dass noch freie Kapazitäten vorliegen. Im Hinblick auf die optimale Lösung können diese wie folgt berechnet werden:

R II = 4 Min. • 1.000 Stück + 5 Min. • 2.400 Stück = 8.000 Min.

(9.500 Min. − 8.000 Min. = 1.500 Min.).

Die Funktion des Plan-Deckungsbeitragsvolumens zeigt sämtliche Kombinationen der Produktions- und Absatzmengen der Erzeugnisse A und B, die zu einem Ergebnis von 38.800 € führen. Aufgrund der Wirkungen von Restriktion I und II wird aber lediglich bei einer Fertigung von Erzeugnis A mit 1.000 Stück und Erzeugnis B mit 2.400 Stück das Plan-Deckungsbeitragsvolumen maximiert:

DBV^P = 10 € • 1.000 Stück + 12 € • 2.400 Stück = 38.800 €.

Literatur   Freidank, Vierter Teil, Kapitel IV.E.2.a. und Kapitel IV.E.3.a.

Aufgabe IV.29: Produktionsvollzugsplanung

(a) Optimale Maschinenbelegung

Entscheidungskriterium bei der Bestimmung der optimalen Maschinenbelegung sind die vollen bzw. variablen Plan-Stückkosten der beiden Produkte. Diese ergeben sich aus der Multiplikation der Plan-Fertigungsdauer auf einer Maschine in Minuten mit den entsprechenden Plankosten pro Minute dieser Anlage.

Anlage	auf Vollkostenbasis		auf Teilkostenbasis	
	Alpha	Beta	Alpha	Beta
I	40 €	35 €	24 €	21 €
II	36 €	45 €	24 €	30 €
III	40 €	48 €	15 €	18 €

Folglich müsste bei einer Entscheidung nach Vollkostenrechnung die Fertigung von Alpha auf Anlage II und die Fertigung von Beta auf Anlage I erfolgen. Bei einer Entscheidung auf Grundlage der Teilkostenrechnung würden beide Produkte auf Anlage III gefertigt werden.

Demnach ergeben sich für Alpha und Beta folgende Plan-Deckungsbeiträge.

Erzeugnisse	Planerlöse und Plan-Fixkosten		bei Vollkostenrechnung		bei Teilkostenrechnung	
	Planerlöse in €	Plan-Fixkosten in €	variable Plankosten	DB^p	variable Plankosten	DB^p
Alpha	50.000[1]	---	24.000[2]	26.000	15.000[3]	35.000
Beta	50.000	---	21.000[4]	29.000	18.000[5]	32.000
	100.000	60.000	45.000	55.000	33.000	67.000

Bei Festlegung der optimalen Maschinenbelegung auf Vollkostenbasis errechnet sich das planmäßige Periodenergebnis aus:

Plan-Deckungsbeitrag   –   Plan-Fixkosten   =

55.000 €   –   60.000 €   =   - 5.000 € (Verlust).

Bei Festlegung der optimalen Maschinenbelegung auf Grundlage der Teilkostenrechnung beträgt das planmäßige Periodenergebnis

Plan-Deckungsbeitrag   –   Plan-Fixkosten   =

67.000 €   –   60.000 €   =   7.000 € (Gewinn).

---

[1]   50 € Erlös je Stück • 1.000 Stück = 50.000 €.

[2]   Bei der Produktion von Alpha auf Anlage II entstehen 24 € variable Kosten pro Stück, bei einer Produktion von 1.000 Stück folglich 24.000 €.

[3]   Bei der Produktion von Alpha auf Anlage III entstehen 15 € variable Kosten pro Stück, bei einer Produktion von 1.000 Stück folglich 15.000 €.

[4]   Bei der Produktion von Beta auf Anlage I entstehen 21 € variable Kosten je Stück, bei einer Produktion von 1.000 Stück folglich 21.000 €.

[5]   Bei der Produktion von Beta auf Anlage III entstehen 18 € variable Kosten pro Stück, bei einer Produktion von 1.000 Stück folglich 18.000 €.

(b) Eigenfertigung und Fremdbezug

Das Produkt Alpha ist weiterhin in Eigenfertigung zu erstellen, da die in diesem Zusammenhang planmäßig entstehenden Kosten in Höhe von 15 € niedriger sind als der Fremdbezug zu 17 €. Da bei der Produktion von Beta variable Kosten in Höhe von 18 € anfallen ist ein Fremdbezug vorteilhafter.

Literatur   Fischbach, Kapitel 6.
Freidank, Vierter Teil, Kapitel III.C.3.c., Kapitel IV.E.2.b. und Kapitel IV.E.4.b.

Aufgabe IV.30: Simultane Produktionsvollzugs- und –programmplanung

(a) Minimierungsansatz für die variablen Plankosten

Auf S. 266 f. ist der lineare Planungsansatz, der auf eine Minimierung der variablen Plankosten abzielt, mit den insgesamt 11 Bereitstellungsalternativen für die Produkte A, B und C abgebildet. Die Lösung des Ansatzes führt im einzelnen zu folgenden Ergebnissen bezüglich der Strukturvariablen, für die Ganzzahligkeitsbedingungen gelten:

x_{AI} = 345 Stück x_{AIII} = 1.528 Stück

x_{BI} = 810 Stück x_{BIII} = 90 Stück

x_{AII} = 127 Stück x_{BIV} = 900 Stück

x_{CII} = 1.551 Stück x_{CIV} = 749 Stück.

Minimierungsansatz für die variablen Plankosten

$26 \text{ €} \cdot x_{AI} + 18 \text{ €} \cdot x_{BI} + 20 \text{ €} \cdot x_{CI} + 27 \text{ €} \cdot x_{AII} + 32 \text{ €} \cdot x_{BII} + 14 \text{ €} \cdot x_{CII}$

$13 \text{ Min.} \cdot x_{AI} + 6 \text{ Min.} \cdot x_{BI} + 10 \text{ Min.} \cdot x_{CI}$

$9 \text{ Min.} \cdot x_{AII} + 8 \text{ Min.} \cdot x_{BII} + 7 \text{ Min.} \cdot x_{CII}$

$x_{AI} \qquad\qquad\qquad + x_{AII}$

$x_{BI} \qquad\qquad\qquad + x_{BII}$

$x_{CI} \qquad\qquad\qquad + x_{CII}$

x_{AI}

x_{BI}

x_{CI}

x_{AII}

x_{BII}

x_{CII}

$+\ 25\ €\cdot x_{AIII}\quad +\ 16\ €\cdot x_{BIII}\quad +\ 24\ €\cdot x_{CIII}\quad +\ 17\ €\cdot x_{BIV}\quad +\ 14\ €\cdot x_{CIV}\ =\ Kv^p \Rightarrow Min!$

≤ 9.000 Min.

≤ 12.000 Min.

$5\ Min.\cdot x_{AIII}\ +\ 4\ Min.\cdot x_{BIII}\ +\ 4\ Min.\cdot x_{CIII} \leq 8.000$ Min.

$x_{BIV} \leq 900$ Stück

$x_{CIV} \leq 750$ Stück

$+\ x_{AIII} = 2.000$ Stück

$+\ x_{BIII}\ +\ x_{BIV} = 1.800$ Stück

$+\ x_{CIII}\ +\ x_{CIV} = 2.300$ Stück

≥ 0 Stück

≥ 0 Stück

≥ 0 Stück

≥ 0 Stück

≥ 0 Stück

≥ 0 Stück

$x_{AIII} \geq 0$ Stück

$x_{BIII} \geq 0$ Stück

$x_{CIII} \geq 0$ Stück

$x_{BIV} \geq 0$ Stück

$x_{CIV} \geq 0$ Stück

zu (b):   Maximierungsansatz für das Plan-Deckungsbeitragsvolumen

4 € · x_{AI} + 8 € · x_{BI} + 2 € · x_{CI} + 3 € · x_{AII} − 6 € · x_{BII} + 8 € · x_{CII}

13 Min. · x_{AI} + 6 Min. · x_{BI} + 10 Min. · x_{CI}

9 Min. · x_{AII} + 8 Min. · x_{BII} + 7 Min. · x_{CII}

x_{AI} + x_{AII}

x_{BI} + x_{BII}

x_{CI} + x_{CII}

x_{AI}

x_{BI}

x_{CI}

x_{AII}

x_{BII}

x_{CII}

$$+ 5 \text{€} \cdot x_{AIII} + 10 \text{€} \cdot x_{BIII} - 2 \text{€} \cdot x_{CIII} + 9 \text{€} \cdot x_{BIV} + 8 \text{€} \cdot x_{CIV} = DBV^p \Rightarrow \text{Max!}$$

$$\leq 9.000 \text{ Min.}$$
$$\leq 12.000 \text{ Min.}$$
$$5 \text{ Min.} \cdot x_{AIII} + 4 \text{ Min.} \cdot x_{BIII} + 4 \text{ Min.} \cdot x_{CIII} \leq 8.000 \text{ Min.}$$
$$x_{BIV} \leq 900 \text{ Stück}$$
$$x_{CIV} \leq 750 \text{ Stück}$$
$$+ x_{AIII} \leq 2.000 \text{ Stück}$$
$$+ x_{BIII} + x_{BIV} \leq 1.800 \text{ Stück}$$
$$+ x_{CIII} + x_{CIV} \leq 2.300 \text{ Stück}$$
$$\geq 0 \text{ Stück}$$
$$\geq 0 \text{ Stück}$$
$$\geq 0 \text{ Stück}$$
$$\geq 0 \text{ Stück}$$
$$\geq 0 \text{ Stück}$$
$$\geq 0 \text{ Stück}$$
$$x_{AIII} \geq 0 \text{ Stück}$$
$$x_{BIII} \geq 0 \text{ Stück}$$
$$x_{CIII} \geq 0 \text{ Stück}$$
$$x_{BIV} \geq 0 \text{ Stück}$$
$$x_{CIV} \geq 0 \text{ Stück}$$

Aus dem Ergebnis lassen sich die Bereitstellungswege und -kosten für die Produkte ableiten.

<u>Erzeugnis A:</u>

345 Stück auf Anlage I	8.970 €[1]
127 Stück auf Anlage II	3.429 €[2]
1.528 Stück auf Anlage III	38.200 €[3]

<u>Erzeugnis B:</u>

810 Stück auf Anlage I	4.580 €[4]
90 Stück auf Anlage III	1.440 €[5]
900 Stück Fremdbezug	15.300 €[6]

<u>Erzeugnis C:</u>

1.551 Stück auf Anlage II	21.714 €[7]
749 Stück Fremdbezug	10.486 €[8]
= Summe der (minimalen) variablen Plankosten	114.119 €

Ferner weist die optimale Lösung in Form der Schlupfvariablen x_H einen Wert von 1 aus. Hierbei handelt es sich um eine Einheit der nicht benötigten Fremdbezugsalternative von Produkt B (750 Stück – 749 Stück).

<u>Literatur</u> Fischbach, Kapitel 6.2
Freidank, Vierter Teil, Kapitel IV.E.3.a. und Kapitel IV.E.4.b.

---

[1] 8.970 € = 26 € • 345 Stück.

[2] 3.429 € = 27 € • 127 Stück.

[3] 38.200 € = 25 € • 1.528 Stück.

[4] 14.580 € = 18 € • 810 Stück.

[5] 1.440 € = 16 € • 90 Stück.

[6] 15.300 € = 17 € • 900 Stück.

[7] 21.714 € = 14 € • 1.551 Stück.

[8] 10.486 € = 14 € • 749 Stück.

(b) Maximierungsansatz für das Plan-Deckungsbeitragsvolumen

Wie auf S. 268 f. dargestellt wird, muss nun die Zielfunktion des Optimierungsansatzes auf eine Maximierung des Plan-Deckungsbeitragsvolumens ausgerichtet sein. Im Rahmen einer solchen (simultanen) Programm- und Vollzugsplanung ist pro Bereitstellungsweg der einzelnen Produkte jeweils ein separater Plan-Stückdeckungsbeitrag zu berücksichtigen. Die optimale Lösung führt bezüglich der Strukturvariablen, für die Ganzzahligkeitsbedingungen gelten, im Einzelnen zu folgenden Ergebnissen:

x_{AI}	=	750 Stück	x_{BIII}	=	900 Stück
x_{AII}	=	127 Stück	x_{BIV}	=	900 Stück
x_{CII}	=	1.550 Stück	x_{CIV}	=	750 Stück
x_{AIII}	=	880 Stück			

Diese kombinierte Vollzugs- und Programmplanung führt zu nachstehendem (maximalen) Plan-Deckungsbeitragsvolumen.

Erzeugnis A:

750 Stück auf Anlage I	3.000 €[1]
127 Stück auf Anlage II	381 €[2]
880 Stück auf Anlage III	4.400 €[3]

Erzeugnis B:

900 Stück auf Anlage III	9.000 €[4]
900 Stück Fremdbezug	8.100 €[5]

---

[1] 3.000 € = 4 € • 750 Stück.

[2] 381 € = 3 € • 127 Stück.

[3] 4.400 € = 5 € • 880 Stück.

[4] 9.000 € = 10 € • 900 Stück.

[5] 8.100 € = 9 € • 900 Stück.

Erzeugnis C:

1.550 Stück auf Anlage II	12.400 €[1]
750 Stück Fremdbezug	6.000 €[2]
= (maximales) Plan-Deckungsbeitragsvolumen	43.281 €

Ferner weist die optimale Lösung für die Schlupfvariablen x_E und x_I die Werte von 7 Min. (= 12.000 Min. – 127 Stück • 9 Min. – 1.550 Stück • 7 Min.) und 243 Stück (= 2.000 Stück – 750 Stück – 127 Stück – 880 Stück) aus. Ansonsten werden alle anderen begrenzt zur Verfügung stehenden Kapazitäten in voller Höhe genutzt.

Literatur   Freidank, Vierter Teil, Kapitel IV.E.3.a. und Kapitel IV.E.4.b.

Aufgabe IV.31:   **Break-even-point**

(a)   **Berechnung der Break-even-point**

(a.a)   **mengenmäßiger Break-even-point**

$$BEP^m = \frac{59.400\ €}{(1{,}50\ € - 0{,}60\ €)} = 66.000\ \text{Stück}$$

(a.b)   **wertmäßiger Break-even-point**

$$BEP^w = \frac{59.400\ €}{1 - \dfrac{0{,}60\ €}{1{,}50\ €}} = 99.000\ €^{[3]}$$

---

[1]   12.400 € = 8 € • 1.550 Stück.

[2]   6.000 € = 8 € • 750 Stück.

[3]   99.000 € = 66.000 Stück • 1,50 €.

(b) Erfolgsplanung

$$BEP^m = \frac{(59.400\ € + 32.400\ €)}{[(1 + 0{,}25) \cdot 1{,}50\ € - 0{,}60\ €]} = 72.000\ \text{Stück}$$

$$BEP^w = \frac{(59.400\ € + 32.400\ €)}{1 - \dfrac{0{,}60\ €}{(1 + 0{,}25) \cdot 1{,}50\ €}} = 99.000\ €\ [1]$$

Da die Gewinnschwelle nach Preisanhebung und Werbekampagne erst später erreicht wird, ist aus kostenrechnerischer Sicht von der Preiserhöhung abzuraten.

Literatur   Fischbach, Kapitel 6.1.
            Freidank, Vierter Teil, Kapitel IV.E.3.c.

Aufgabe IV.32: Erfolgs- und Programmplanung in Mehrproduktunternehmen

(a) Abdeckung der Plan-Fixkosten und planmäßiger Mindestgewinn

(a.a) Deckungsgleichung

$39\ € \cdot x_A + 26\ € \cdot x_B = 48.000\ € + 19\ € \cdot x_A + 14\ € \cdot x_B$

oder

$20\ € \cdot x_A + 12\ € \cdot x_B = 48.000\ €$

mit

$$x_A = 0 \Rightarrow x_B = \frac{48.000\ €}{12\ €} = 4.000\ \text{Stück}$$

$$x_B = 0 \Rightarrow x_A = \frac{48.000\ €}{20\ €} = 2.400\ \text{Stück}$$

---

[1] 135.000 € = 72.000 Stück · 1,875 €.

(a.b) Gewinnplanung

12.000 € = 39 € · x_A + 26 € · x_B − (48.000 € + 19 € · x_A + 14 € · x_B)   oder

20 € · x_A + 12 € · x_B = 60.000 €   mit

$$x_A = 0 \Rightarrow x_B = \frac{60.000\ €}{12\ €} = 5.000\ \text{Stück}$$

$$x_B = 0 \Rightarrow x_A = \frac{60.000\ €}{20\ €} = 3.000\ \text{Stück}$$

(a.c) Graphische Darstellung und Erläuterung

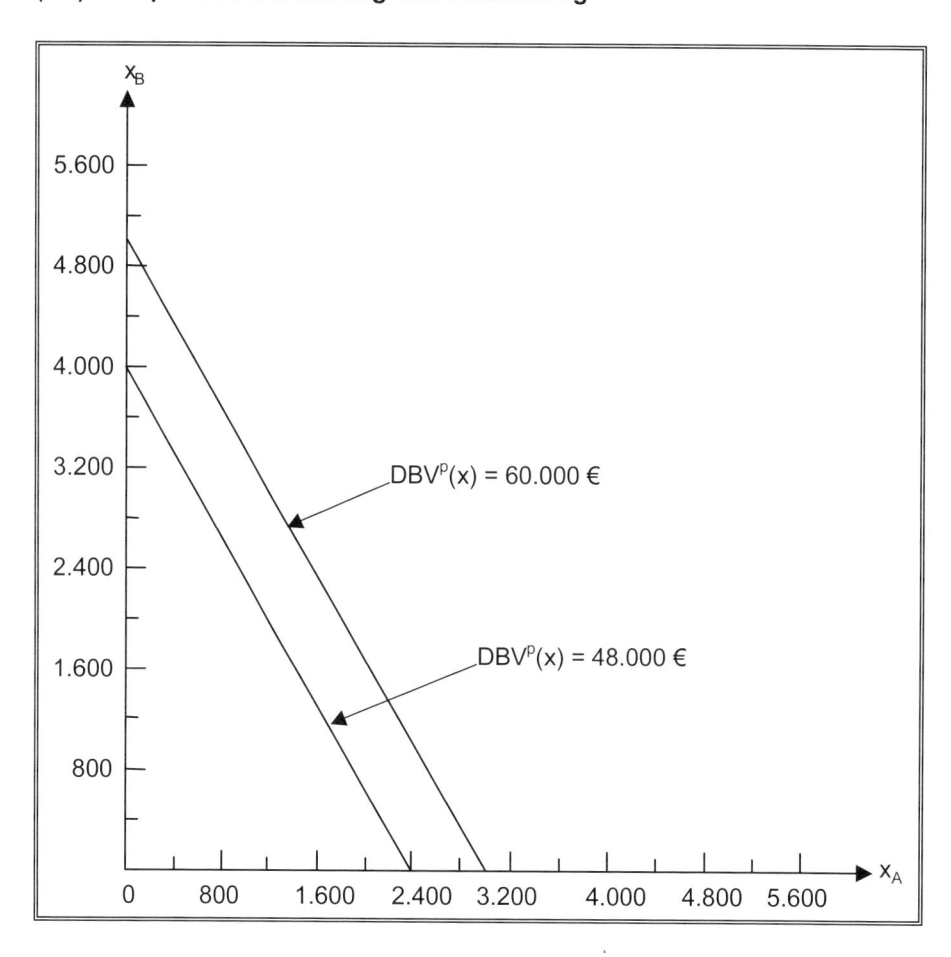

Jeder beliebige Punkt auf den beiden Geraden, der eine bestimmte Produktions- und Absatzmengenkombination der Produkte A und B darstellt, führt zu einer Deckung der Plan-Fixkosten von 48.000 € [Gerade mit $DBV^P(x)$ = 48.000 €] bzw. zur Erwirtschaftung eines planmäßigen Mindestgewinns von 12.000 € [Gerade mit $DBV^P(x)$ = 60.000 €]. Im Falle unbegrenzter Produktions- und Absatzkapazitäten stehen dem Unternehmen mithin unendlich viele Mengenkombinationen der Erzeugnisse A und B zur Verfügung, die alle zur Realisierung der beiden angestrebten Erfolgsziele führen.

(b) Ermittlung des gewinnmaximalen Produktionsprogramms

Plandaten Erzeugnisarten	1 x^p	2 db^p	3 Plan-Bearbeitungszeit	4 db^p_{eng} Spalte 2:3	5 optimale Plan-Zeit Spalte 1•3	6 x^{po} Spalte 5:3	7 DB^p Spalte 2•6
A	3.000 Stück	20 €	4 Min.	5 €	8.000 Min.	2.000 Stück	40.000 €
B	6.000 Stück	12 €	2 Min.	6 €	12.000 Min.	6.000 Stück	72.000 €
Summe	9.000 Stück	---	---	---	20.000 Min.	8.000 Stück	112.000 €

Die vorstehende Tabelle zeigt, dass bei einer Produktion von 2.000 Stück von Produkt A und 6.000 Stück von Produkt B das Plan-Deckungsbeitragsvolumen mit 112.000 € sein Maximum erreicht. Der Plan-Gewinn beträgt somit 64.000 € (= 112.000 € − 48.000 €). Entscheidungsgrundlage zur Ausfüllung des Produktionsengpasses von 20.000 Min. sind die engpassbezogenen Plan-Stückdeckungsbeiträge der Erzeugnisse A und B mit 5 € bzw. 6 €.

Literatur   Freidank, Vierter Teil, Kapitel IV.E.3.c. und Kapitel IV.E.2.a.

Aufgabe IV.33:   Eigenfertigung oder Fremdbezug

(a) Kostenrechnerische Gesichtspunkte

Bei der Wahl zwischen Eigenfertigung und Fremdbezug sind bei Vernachlässigung der fixen Plankosten drei kurzfristige Entscheidungssituationen möglich:

- Bezüglich der zur Produktion des Zubehörteils benötigten Maschinen besteht kein Engpass. In diesem Fall ist die Eigenfertigung des Zubehörteils dann sinnvoll, wenn dessen proportionale Plan-Stück-Selbstkosten nicht höher sind als dessen Netto-Fremdbezugspreis.

- Liegt bei einer zur Fertigung des Zubehörteils benötigten Maschine ein Engpass vor, so ist die Fremdbezugsalternative als fiktives Produktionsverfahren in die Programm- und/oder Vollzugsplanung mit einzubeziehen.

- Liegen mehrere Engpässe bei den zur Fertigung des Zubehörteils benötigten Maschinen vor, so ist das Zubehörteil als fiktives Erzeugnis (ggf. mit der Fremdbezugsrestriktion) mit in die lineare Optimalplanung des Produktionsprogramms und/oder des -vollzugs zu integrieren.

(b) Entscheidungsrelevanz der fixen Plankosten

(b.a) Kostenvergleichsrechnung

Kalkulatorische Abschreibungen

$$\frac{(87.000\ € - 3.000\ €)}{7\ \text{Jahre Nutzungsdauer}} = 12.000\ €$$

Kalkulatorische Zinsen

$$\frac{(87.000\ € + 3.000\ €)}{2} \cdot 0{,}08 = 3.600\ €$$

Wartungspauschale = 400 €

= jährliche Plan-Fixkosten der Maschine = 16.000 €

Somit ergeben sich Plan-Stückkosten für das Zubehörteil von

$$\frac{16.000\ €}{5.000\ \text{Stück}} + 4\ € = 7{,}20\ €.$$

Folglich ist die Fremdbezugsalternative des Zubehörteils, die zu einem Netto-Stückpreis von 6,50 € möglich wäre, unter Berücksichtigung der zusätzlich anfallenden fixen Plankosten lohnender als die Eigenfertigung.

(b.b) Ermittlung der kritischen Produktionsmenge

Die kritische Produktionsmenge (x_k) wird dann erreicht, wenn die Plan-Selbstkosten pro Stück dem Plan-Nettopreis pro Stück der Fremdbezugsalternative entsprechen.

$$x_k = \frac{Kf^p}{(p^p - kv^p)}$$

$$= \frac{16.000\ \text{€}}{(6,50\ \text{€} - 4\ \text{€})} = 6.400\ \text{Stück}$$

Mithin müssen mindestens 6.400 Stück des Zubehörteils benötigt werden, bevor die Eigenfertigung günstiger ist als der Fremdbezug:

$$\frac{(16.000\ \text{€} + 4\ \text{€} \cdot 6.400\ \text{Stück})}{6.400\ \text{Stück}} = 6,50\ \text{€}.$$

Literatur   Fischbach, Kapitel 6.3.
Freidank, Vierter Teil, Kapitel IV.E.4.b.

Aufgabe IV.34: Break-even-Analyse bei stufenweiser Fixkostendeckungsrechnung

(a) Globale Fixkostenanalyse

Das Verfahren der globalen Fixkostenanalyse verzichtet auf eine Unterteilung der beschäftigungsunabhängigen Fixkosten in produkt- und unternehmensspezifischen Komponenten und somit auf eine differenzierte Betrachtung des Fixkostenblocks. Daher belasten die gesamten Fixkosten bereits zu Beginn des Verfahrens das Periodenergebnis in voller Höhe (700.000 € + 150.000 € = 850.000 €). Anschließend werden die Deckungsbeiträge der jeweiligen Sorten sukzessive gegen gerechnet. Die Reihenfolge, anhand derer die Produkte in die Analyse einfließen, wird durch die jeweilige Deckungsbeitragsintensität der Sorten ($DB_i^p : E^p$) bestimmt.

Getränke sorte	db^p	DB_I^p	E^p	$DB_I^p : E^p$	Rangfolge
Kirsch	0,40 €	180.000 €	1.350.000 €	$0,1\overline{3}$	4
Apfel	0,60 €	300.000 €	1.200.000 €	0,25	2
Orange	0,50 €	275.000 €	1.485.000 €	$0,18\overline{5}$	3
Tomate	0,70 €	140.000 €	500.000 €	0,28	1
Summe	-	895.000 €	4.535.000 €	-	-

$$G^p = 895.000\ € - 850.000\ € = 45.000\ €$$

$BEP^w = 500.000\ € + 1.200.000\ €$

$$+\ 1.485.000\ €\ +\ \frac{(180.000\ €\ -\ 45.000\ €)}{180.000\ €} \bullet 1.350.000\ € = 4.197.500\ €$$

Um diesen Netto-Umsatz planmäßig erzielen zu können, müssen die Verkaufsmengen der Sorten „Tomate", „Apfel" und „Orange" zu 100% und die Sorte „Kirsch" zu 75% (135.000 € : 180.000 € • 100) abgesetzt werden. In diesem Fall sind sämtliche produktfixen Kosten (700.000 €) und die unternehmensfixen Kosten (150.000 €) gedeckt. Die globale Fixkostenanalyse sieht zunächst Absatzrückgänge bei dem (den) Produkt(en) mit der (den) niedrigsten Deckungsbeitragsintensität(en) vor.

(b) Ermittlung des Sicherheitsgrades (Si)

$$BEP^w = \frac{\sum Kf^p}{\frac{\sum DB_I^p}{\sum E^p}}$$

$$BEP^w = \frac{850.000\ €}{\frac{895.000\ €}{4.535.000\ €}} = 4.306.983,24\ €$$

$$Si = \frac{\sum E^p - BEP^w}{\sum E^p} \cdot 100$$

$$Si = \frac{4.535.000\ € - 4.306.983,24\ €}{4.535.000\ €} \cdot 100 = 5,028$$

Der Gesamtumsatz darf planmäßig um ca. 5,028% sinken, bevor die Fruit AG die Verlustzone erreicht [895.000 € · (1 – 0,05028) = 850.000 €].

(c) Stufenweise Fixkostenanalyse

Festlegung der Rangfolge nach Maßgabe der Ergebnisbeiträge (DB_{II}^p) der einzelnen Sorten.

Getränkesorte	DB_I^p	Produktfixe Kosten	DB_{II}^p	Rangfolge
Kirsch	180.000 €	170.000 €	10.000 €	4
Apfel	300.000 €	200.000 €	100.000 €	1
Orange	275.000 €	210.000 €	65.000 €	2
Tomate	140.000 €	120.000 €	20.000 €	3
Summe	895.000 €	700.000 €	195.000 €	-

$$BEP_1^w = 1.200.000 € + \frac{(275.000 € - 15.000 €^*)}{275.000 €} \cdot 1.485.000 € = 2.604.000 €$$

* (15.000 € = 300.000 € + 275.000 € - 200.000 € - 210.000 € - 150.000 €)

Um diesen Netto-Umsatz planmäßig erzielen zu können, müssen die Verkaufsmengen der Sorte „Apfel" zu 100% und die der Sorte „Orange" zu 94,5454% (260.000 € : 275.000 € · 100) abgesetzt werden. In diesem Falle sind die produktfixen Kosten der Sorte „Apfel" (200.000 €) und „Orange" (210.000 €) sowie die Unternehmensfixkosten (150.000 €) gedeckt. Die Sorten „Tomate" und „Kirsch" werden nicht in die Analyse einbezogen.

$$BEP_2^w = 1.200.000 € + 1.485.000 € + \frac{(140.000 € - 35.000 €^*)}{140.000 €} \cdot 500.000 €$$
$$= 3.060.000 €$$

* (35.000 € = 300.000 € + 275.000 € + 140.000 € - 200.000 € - 210.000 € - 120.000 € - 150.000 €)

Um diesen Netto-Umsatz planmäßig erzielen zu können, müssen die Verkaufsmengen der Sorten „Apfel" und „Orange" zu 100% und die der Sorte „Tomate" zu 75% (105.000 € : 140.000 € · 100) abgesetzt werden. In diesem Falle sind die produktfixen Kosten der Sorten „Apfel" (200.000 €), „Orange" (210.000 €) und „Tomate" (120.000 €) sowie die Unternehmensfixkosten (150.000 €) gedeckt. Die Sorte „Kirsch" wird nicht in die Betrachtung einbezogen.

Die Berechnung von BEP_3^w entspricht dem Ergebnis und der Interpretation zur globalen Fixkostenanalyse unter Gliederungspunkt (a).

Literatur Freidank, Vierter Teil, Kapitel IV. E. 3. c.

Aufgabe IV.35: Preisobergrenzen bei Engpässen

(a) Preisobergrenzenbestimmung

(a.a) Preisobergrenzenbestimmung bei Konstanz des Plan-Netto-Einkaufspreises beim Alternativprodukt

$$POG_{engA} = 34\ € + \left[36\ € - \frac{30\ €}{15\ Min.} \cdot 12\ Min.\right] \cdot \frac{1}{4} = 37\ €$$

$$POG_{engB} = 34\ € + \left[30\ € - \frac{36\ €}{12\ Min.} \cdot 15\ Min.\right] \cdot \frac{1}{3} = 29\ €$$

(a.b) Preisobergrenzenbestimmung im Falle gleichzeitiger Änderung des Plan-Netto-Einkaufspreises bei beiden Erzeugnissen

$$(246\ € - 74\ €^1 - 4\ ME \cdot p^p) \cdot \frac{14.400\ Min.}{12\ Min.}$$

$$= (230\ € - 98\ €^2 - 3\ ME \cdot p^p) \cdot \frac{14.400\ Min}{15\ Min.}$$

$206.400\ € - 4.800\ ME \cdot p^p = 126.720\ € - 2.880\ ME \cdot p^p$

$$p^p = \frac{(206.400\ € - 126.720\ €)}{(4.800\ ME - 2.880\ ME)}$$

$p^p = POG_{engA} = 41{,}50\ €$

---

[1] 74 € = 210 € - 4 ME • 34 €.

[2] 98 € = 200 € - 3 ME • 34 €.

(b) Interpretation der Ergebnisse

(b.a) Preisobergrenzenbestimmung bei Konstanz des Plan-Netto-Einkaufspreises beim Alternativprodukt

- Die Preisobergrenze der Rohstoffart kann bezüglich Produkt A bis auf 37 € pro Mengeneinheit steigen, bevor eine Substitution von Produkt A durch Produkt B zu einem höheren Deckungsbeitragsvolumen führt.

- Die Frage nach einer Einstellung der Produktion ist bei der Konstellation der Entscheidungssituation nicht relevant, da unterstellt wird, dass bei einem Überschreiten der Preisobergrenze bei Erzeugnis A von 37 € auf die Produktion von Erzeugnis B übergangen werden kann, bei dem aber der Plan-Netto-Einkaufspreis der Rohstoffart sich nicht ändert und damit stets ein positives Deckungsbeitragsvolumen ausgewiesen wird.

(b.b) Preisobergrenzenbestimmung im Falle gleichzeitiger Änderung des Plan-Netto-Einkaufspreises bei beiden Erzeugnissen

- $p^p < 41{,}50\ €$ Die Produktion von Erzeugnis A führt zu einem höheren Plan-Deckungsbeitragsvolumen.

- $p^p > 41{,}50\ €$ Die Produktion von Erzeugnis B führt zu einem höheren Plan-Deckungsbeitragsvolumen.

- $p^p = 41{,}50\ €$ Der Entscheidungsträger ist indifferent, da bei diesem Plan-Netto-Einkaufspreis beide Produktionsalternativen aus erfolgswirtschaftlicher Sicht zum gleichen Deckungsbeitragsvolumen führen.[1]

Eine Einstellung der Produktion kommt jedoch erst dann in Betracht, wenn der Plan-Netto-Einkaufspreis der Rohstoffart soweit steigt, dass das Plan-Deckungsbeitragsvolumen negativ wird und kein Substitutionsgut existiert, dessen planmäßiger Bezugspreis unter der absoluten Preisobergrenze von Produkt B liegt. Diese ermittelt sich wie folgt:

$$POG_B = 34\ € + \frac{30\ €}{3\ ME} = 44\ €\,[2]$$

Literatur   Fischbach, Kapitel 6.3.2.
Freidank, Vierter Teil, Kapitel IV. E. 4. a. a.c.

---

[1] $6\ €_A \bullet 1.200\ Stück_A = 7{,}50\ €_B \bullet 960\ Stück_B = 7.200\ €$

[2] $(230\ € - 98\ € - 3\ ME \bullet 44\ €) = 0$

Aufgabe IV.36: Preisobergrenzen bei Mehrproduktartenfertigung

(a) Berechnung der Preisobergrenzen

$$POG_{I,A} = 5{,}60\ € + \frac{12\ €}{6\ ME} = 7{,}60\ €/ME$$

$$POG_{I,B} = 5{,}60\ € + \frac{8\ €}{2\ ME} = 9{,}60\ €/ME$$

$$POG_{I,C} = 5{,}60\ € + \frac{24\ €}{4\ ME} = 11{,}60\ €/ME$$

(b) Begründung, Interpretation und Berechnung

Im Vergleich zur Berechnung einer gemeinsamen (durchschnittlichen) Preisobergrenze für eine Einheit des Rohstoffes I können bei der individuellen Ermittlung unterschiedliche Grenzen für die Einstellung der Produktion der einzelnen Erzeugnisse bzw. den anderweitigen Bezug von Rohstoff I festgelegt werden. Für die Berechnung der gemeinsamen Preisobergrenze gilt (KOG = Kostenobergrenze).

KOG_I = 8.000 Stück • (12,00 € + 6 ME • 5,60 €) + 10.000 Stück • (8,00 € + 2 ME • 5,60 €) + 12.000 Stück • (24,00 € + 4 ME • 5,60 €)

KOG_I = 1.113.600 €

POG_I = $\frac{1.113.600\ €}{116.000\ ME}$ = 9,60 €/ME

Während bei der Globalbetrachtung aus erfolgswirtschaftlicher Sicht ein Überschreiten des kritischen Wertes von 9,60 €/ME schon ein Unterlassen der gesamten Produktion fordert, ist im Falle der Einzelbestimmung zu erkennen, dass ab diesem Plan-Netto-Einkaufspreis das Erzeugnis C noch dazu beiträgt, den Plan-Erfolg positiv zu beeinflussen; lediglich die Produktion von A müsste eingestellt werden. Bei Produktart B ist der Entscheidungsträger indifferent, da ihr Plan-Stück-Deckungsbeitrag bei 0 liegt. Die Produktart C erwirtschaftet bei dieser Konstellation allein noch einen positiven Plan-Stückdeckungsbeitrag (80,00 € - 33,60 € - 9,60 € • 4 ME = 8 €).

Literatur   Freidank, Vierter Teil, Kapitel IV. E. 4. a. a.b.

Aufgabe IV.37: Preisobergrenzen im Falle abbaufähiger Fixkosten

Die Formeln zur Preisgrenzenbestimmung lauten wie folgt

$$PUG^e = kv^p + \frac{(\Delta^p_{ab} - K^p_{sw})}{x^p}$$

$$POG = \frac{[E^p(x^p) - Kv^{p*}(x^p) - \Delta Kf^p_{ab} + K^p_{sw}]}{x^p} \cdot \frac{1}{r^p}$$

Erläuterungen und Begründungen zur Preisuntergrenzenbestimmung

Unter der Prämisse nicht beeinflussbarer Plan-Fixkosten muss das Massenerzeugnis zunächst mindestens die proportionalen (variablen) Plan-(Selbst-)kosten erwirtschaften, da nur diese im Falle einer Nichtproduktion wegfallen würden.

Besteht aber für die Unternehmung im Unterbeschäftigungsfalle die Möglichkeit, bei Nichtrealisierung der Produktion bestimmte Fertigungskapazitäten durch vorübergehende Stilllegung an die veränderte Beschäftigungslage anzupassen, dann sind bei der Berechnung der Preisuntergrenze zusätzlich die planmäßig während der Stillstandszeit abbaufähigen fixen Kapazitätskosten (z.B. Personal- und Instandhaltungskosten), die mit dem Symbol ΔKf^p_{ab} belegt werden, in das Kalkül einzubeziehen. Dies hat zur Folge, dass sich die erfolgsorientierte Preisuntergrenze durch die auf die geplante Absatzmenge (x^p) umgelegten abbaufähigen Plan-Fixkosten erhöht. Im Falle einer Stilllegung können andererseits aber auch planmäßig Stilllegungs-, Stillstands- und Wiederanlaufkosten (z.B. Montage-, Reparaturkosten sowie Kosten für die Einarbeitung des neuen Personals) entstehen, die, umgelegt auf die Plan-Absatzmenge, zu einer Reduzierung der Preisuntergrenze führen.

Erläuterungen und Begründungen zur Preisobergrenzenbestimmung

Bei der oben angeführten Formel ist zu beachten, dass in die anzusetzenden proportionalen (variablen) Plankosten [$Kv^{p*}(x^p)$] nicht diejenigen Kostenbestandteile einfließen dürfen, die den zu untersuchenden Einsatzfaktor betreffen. Das erste Glied dieser Gleichung gibt den Betrag an, der maximal zur Verfügung steht, um die Inputfaktorart für die Produktion einer Mengeneinheit des bestimmten Erzeugnisses zu beschaffen. Im Falle eines Beschaffungsverzichtes der Inputfaktorart würden genau diese Kosten fortfallen.

Können jedoch in der Planperiode zusätzlich fixe Plankosten durch quantitative Anpassungsprozesse abgebaut werden, dann muss die Grundformel, analog zur Preisuntergrenzenplanung, modifiziert werden. Im Gegensatz zur Preisuntergrenzenplanung weisen die Vorzeichen der abbaufähigen fixen Plan-Kapazitätskosten sowie der planmäßigen Stilllegungs-, Stillstands- und Wiederanlaufkosten umgekehrte Vorzeichen auf. Übersteigen die beeinflussbaren Plan-Fixkosten die geplanten Stilllegungs-, Stillstands- und Wiederanlaufkosten, dann muss die Preisobergrenze tendenziell sinken, da die Entscheidungsträger im Falle abbaubarer, aber nicht abgebauter beschäftigungsunabhängiger Plankosten nur bereit sein werden, einen entsprechend geringeren Plan-Netto-Einkaufspreis für den untersuchten variablen Einsatzfaktor zu zahlen. Diese Formel hat wie bei der Preisuntergrenzenplanung lediglich dann Gültigkeit, wenn die fixen Plankosten zeitpunktbezogen zu Beginn der Planungsperiode abgebaut werden können.

<u>Literatur</u>   Freidank, Vierter Teil, Kapitel IV. E. 3. b. a.b. und Kapitel IV. E. 4. a. a.b.

V. Weiterentwicklungen der Kostenrechnung und des Kostenmanagements

A. Die Prozesskostenrechnung

Aufgabe V.1: Bezugsgrößenkalkulation und Prozesskostenrechnung

(a) Kalkulation der Herstell- und Selbstkosten

Zuschlagsatz für Materialgemeinkosten:

$$\frac{30.000\ €}{20.000\ €} \cdot 100 = 150\%.$$

Maschinenstundensatz zur Verrechnung der Fertigungsgemeinkosten:

$$\frac{480.000\ €}{4.000\ \text{Std.}^1} = 120\ €\ /\ \text{Std.}$$

---

[1] 4.000 Std. = 2 Std. • 200 Stück + 6 Std. • 600 Stück.

Kostenarten \ Produkte	A	B
Fertigungsmaterial	2.000 €	18.000 €
+ Materialgemeinkosten (150%)	3.000 €	27.000 €
+ Fertigungslohn	4.000 €	36.000 €
+ Fertigungsgemeinkosten (120 €/Std.)	48.000 €	432.000 €
= Herstellkosten der Fertigung	57.000 €	513.000 €
multipliziert mit 0,8 (= Anteil der Absatzmenge an der Produktion)		
= Herstellkosten des Umsatzes	45.600 €	410.400 €
+ Verwaltungs- und Vertriebsgemeinkosten (35%)	15.960 €	143.640 €
= Selbstkosten (gesamt)	61.560 €	554.040 €
dividiert durch die Absatzmenge	(160 Stück)	(480 Stück)
= Selbstkosten je Stück	384,75 €	1.154,25 €

Zuschlagsatz für die Verwaltungs- und Vertriebsgemeinkosten beträgt:

$$\frac{159.600\ €}{(45.600\ € + 410.400\ €)} \cdot 100 = 35\%.$$

(b) Vergleich der Kalkulationsmethoden

Die traditionellen Kalkulationsverfahren orientieren sich bei der Verteilung der Gemeinkosten am Fertigungsbereich. Dazu werden ein oder mehrere Zuschlagsätze und/oder Maschinenstundensätze benutzt. Veränderte Kostenstrukturen (insbesondere stark steigende Kosten in indirekten Leistungsbereichen) und eine unterstellte Proportionalität zwischen Einzel- und Gemeinkosten führen zu Ergebnissen,

- die schon durch geringe Erfassungsfehler erheblich verfälscht werden können und
- die tendenziell für Produkte mit hohen Fertigungszahlen zu hohe Stückkosten ausweisen (et vice versa).

Die Prozesskostenkalkulation versucht, die aufgezeigten Mängel zu vermeiden, indem die Zurechnung der fixen Gemeinkosten mit Hilfe einzelner Kostentreiber vorgenommen wird. Diese stellen Bezugsgrößen für bestimmte volumenabhängige (leistungsmengeninduzierte) Prozesse vor allem indirekter Leistungsbereiche dar, die durch eine Tätigkeitsanalyse ermittelt werden. Mit Hilfe von Prozesskostensätzen werden sodann die Gemeinkosten nach Maßgabe der beanspruchten Aktivitäten den Produkten angelastet. Die Zurechnung von Gemeinkosten, denen leistungsmengenneutrale Prozesse zugrunde liegen, erfolgt hingegen nach traditionellem Muster mit Hilfe von Umlagesätzen oder prozentualen Zuschlagsätzen. Somit ermöglicht die Prozesskostenkalkulation eine weitere, nicht aber eine vollständige Durchdringung des Blocks der fixen Gemeinkosten in den indirekten Leistungsbereichen. Zu diesem Zweck ist ein erheblicher Informationsaufwand notwendig, der ohne eine IT-Unterstützung kaum bewältigt werden kann. Die durch die Prozesskostenkalkulation erreichten Erkenntnisfortschritte sind deshalb mit dem dafür nötigen Informationsaufwand abzuwägen.

<u>Literatur</u>   Fischbach, Kapitel 8.2.
          Freidank, Dritter Teil, Kapitel II.D.2.b. und Fünfter Teil, Kapitel I.

Aufgabe V.2:   **Prozesskostenrechnung**

Bei der Berechnung des Maschinenstundensatzes sind die Rüstkosten nicht zu berücksichtigen:

$$\frac{(480.000 \, € - 40.000 \, €)}{4.000 \, Std.} = 110 \, € / Std.$$

Die Kalkulation der Selbstkosten zeigt die nachfolgende Tabelle.

Kostenarten \ Produkte	A	B
Fertigungsmaterial	2.000 €	18.000 €
+ Materialgemeinkosten (A : B = 1/3 : 2/3)	10.000 €	20.000 €
+ Fertigungslohn	4.000 €	36.000 €
+ Fertigungsgemeinkosten (110 €/Std.)	44.000 €	396.000 €
+ Rüstkosten	20.000 €	20.000 €
= Herstellkosten der Fertigung	80.000 €	490.000 €
multipliziert mit 0,8 (= Anteil der Absatzmenge an der Produktion)		
= Herstellkosten des Umsatzes	64.000 €	392.000 €
+ Verwaltungs- und Vertriebsgemeinkosten	64.000 €	392.000 €
* Einkauf (62.000 €)	12.400 €	49.600 €
* Vertrieb (48.000 €)	32.000 €	16.000 €
* sonstige Kosten (49.600 €)	24.800 €	24.800 €
= Selbstkosten (gesamt)	133.200 €	482.400 €
dividiert durch die Absatzmenge	(160 Stück)	(480 Stück)
= Selbstkosten je Stück	832,50 €	1.005,00 €

Für das niedrigvolumige Produkt A ergeben sich bei der Prozesskostenkalkulation aufgrund seines aufwendigeren Erstellungsprozesses erheblich höhere Selbstkosten, während die Selbstkosten von B sinken. Damit werden die Annahmen bestätigt, die zu einer Weiterentwicklung traditioneller Kalkulationsverfahren durch die Prozesskostenrechnung geführt haben.

<u>Literatur</u>   Fischbach, Kapitel 4.3. und Kapitel 8.2.
                Freidank, Fünfter Teil, Kapital I.B.

Aufgabe V.3: Prozesskostenrechnung

Der Maschinenstundensatz errechnet sich aus

$$\frac{330.000 \text{ € restliche Kosten}}{1.320 \text{ Maschinenstunden}} = 250 \text{ € / Std.}$$

Die nachfolgende Tabelle zeigt die Ermittlung der Selbstkosten je Stück.

Kosten / Produkte	Einzelmaterialkosten	restliche Kosten	Selbstkosten	Selbstkosten pro Stück
A	20 € • 10 St. = 200 €	10 St. • 2 Std. • 250 € = 5.000 €	5.200 €	(bei 10 Stück) 520 €
B	50 € • 10 St. = 500 €	10 St. • 10 Std. • 250 € = 25.000 €	25.500 €	(bei 10 Stück) 2.550 €
C	20 € • 100 St. = 2.000 €	100 St. • 2 Std. • 250 € = 50.000 €	52.000 €	(bei 100 Stück) 520 €
D	50 € • 100 St. = 5.000 €	100 St. • 10 Std. • 250 € = 250.000 €	255.000 €	(bei 100 Stück) 2.550 €
Summe	7.700 €	330.000 €	337.700 €	---

Aufgabe V.4: Prozesskostenrechnung

Für die Lohnkosten sowie die Fertigungs- und Materialgemeinkosten ergeben sich folgende Prozesskostensätze:

$$\text{Lohnkosten} = \frac{26.400 \text{ €}}{1.320 \text{ Std.}} = 20 \text{ €/Std.}$$

$$\text{Fertigungsgemeinkosten} = \frac{39.600 \text{ €}}{1.320 \text{ Std.}} = 30 \text{ €/Std.}$$

Materialgemeinkosten = $\dfrac{132.000\ €}{1.320\ \text{Std.}} = 100\ €/\text{Std.}$

Da die Kostentreiber der Lohn-, Fertigungsgemein- und Materialgemeinkosten korrelieren, könnten die Aktivitäten im Hinblick auf diese drei Kostenarten auch mittels einer gemeinsamen Bezugsgröße bzw. eines gemeinsamen Prozesskostensatzes verrechnet werden.

Lohn-, Materialgemein- und Fertigungsgemeinkosten = $\dfrac{198.000\ €}{1.320\ \text{Std.}} = 150\ €/\text{Std.}$

Die Tabelle auf der nächsten Seite zeigt die Ermittlung der Selbstkosten pro Stück nach Maßgabe der Prozesskostenrechnung.

Vergleicht man die Ergebnisse der traditionellen Stückkostenrechnung (Aufgabe V.A.3 auf S. 289) mit denen der Prozesskostenkalkulation (Aufgabe V.A.4 auf S. 289 ff.), so zeigt sich, dass die kleinvolumigen Produkte A und B jetzt mit höheren und das großvolumige Erzeugnis D mit niedrigeren Selbstkosten pro Stück kalkuliert werden. Die Ursachen für die Veränderungen der Selbstkosten liegen in der Vorgehensweise der Prozesskostenrechnung begründet, die den individuellen Leistungsverbrauch der Kostenträger unter Rückgriff auf die Aktivitäten der indirekten Leistungsbereiche (Rüsten, Einkauf und Vertrieb) berücksichtigt. Hierdurch wird es tendenziell möglich, niedrigvolumigeren Produkten höhere Selbstkosten zuzurechnen als hochvolumigeren (et vice versa). Allerdings scheint diese Aussage den Kalkulationsergebnissen von Erzeugnis C zu widersprechen, denn trotz der im Verhältnis angewachsenen Ausbringungsmenge werden durch die Prozesskostenrechnung höhere Selbstkosten pro Stück (720 €) zum Ausweis gebracht. Das Resultat ist jedoch auf den für dieses Produkt vergleichsweise höheren Bedarf an Einsatzfaktoren zurückzuführen. Betrachtet man die zusätzlich bei der Prozesskostenkalkulation aufgenommenen Kostentreiber in den indirekten Leistungsbereichen, so fällt dort ein beträchtlicher Verbrauch an Gemeinkosten durch Produkt C auf, der dann auch das Kalkulationsergebnis erklärt.

V. Weiterentwicklungen der Kostenrechnung

Kostenarten	Produkte				Summe
	A	B	C	D	
Einzelmaterialkosten	200 €	500 €	2.000 €	5.000 €	7.700 €
Lohnkosten (20 €/Std.)	20 Std. • 20 € = 400 €	100 Std. • 20 € = 2.000 €	200 Std. • 20 € = 4.000 €	1.000 Std. • 20 € = 20.000 €	26.400 €
Fertigungsgemeinkosten (30 €/Std.)	20 Std. • 30 € = 600 €	100 Std. • 30 € = 3.000 €	200 Std. • 30 € = 6.000 €	1.000 Std. • 30 € = 30.000 €	39.600 €
Materialgemeinkosten (100 €/Std.)	20 Std. • 100 € = 2.000 €	100 Std. • 100 € = 10.000 €	200 Std. • 100 € = 20.000 €	1.000 Std. • 100 € = 100.000 €	132.000 €
Rüstkosten (5.000 €/Std.)	2 Std. • 5.000 € = 10.000 €	2 Std. • 5.000 € = 10.000 €	4 Std. • 5.000 € = 20.000 €	4 Std. • 5.000 € = 20.000 €	60.000 €
Kosten der Einkaufsabteilung (2.000 €/Prozess)	2 Prozesse • 2.000 € = 4.000 €	2 Prozesse • 2.000 € = 4.000 €	4 Prozesse • 2.000 € = 8.000 €	4 Prozesse • 2.000 € = 8.000 €	24.000 €
Kosten der Vertriebsabteilung (12.000 €/Prozess)	1 Prozess • 12.000 € = 12.000 €	1 Prozess • 12.000 € = 12.000 €	1 Prozess • 12.000 € = 12.000 €	1 Prozess • 12.000 € = 12.000 €	48.000 €
gesamte Selbstkosten	29.200 €	41.500 €	72.000 €	195.000 €	337.700 €
Selbstkosten pro Stück	2.920 € (bei 10 Stück)	4.150 € (bei 10 Stück)	720 € (bei 100 Stück)	1.950 € (bei 100 Stück)	---

Aufgabe V.5: Prozesskostenrechnung

Allokationseffekt: Genauere Zurechnung der (Gemein-)Kosten indirekter Leistungsbereiche nach Maßgabe der Inanspruchnahme betrieblicher Ressourcen auf die Erzeugniseinheiten.

Komplexitätseffekt: Berücksichtigung der Vielschichtigkeit des Produktionsprozesses und des Variantenreichtums einzelner Erzeugnisse als Einflussgrößen im Rahmen der Kalkulation.

Degressionseffekt: Durch die Prozesskostenrechnung wird im Gegensatz zu den traditionellen Verfahren der Zuschlags- und Bezugsgrößenkalkulation sichergestellt, dass die (fixen) Gemeinkosten pro Einheit mit steigender Stückzahl sinken.

Literatur Fischbach, Kapitel 8.2.
Freidank, Fünfter Teil, Kapitel I.B.2.

Aufgabe V.6: Prozesskostenrechnung

(a) Ergebnisse der Zuschlagskalkulation

Kostenarten	Standard-PC (in €)	Spezial-PC (in €)
Materialeinzelkosten	500,00	600,00
+ Materialgemeinkosten (30%)	150,00	180,00
+ Fertigungseinzelkosten	200,00	250,00
+ Direkte Fertigungsgemeinkosten (133%)	266,00	332,50
+ Indirekte Fertigungsgemeinkosten (57 %)	265,62*	332,03
= Herstellkosten	1.381,62	1.694,53
+ Vertriebskosten (9%)	124,35	152,51
+ Allgemeine Verwaltungskosten (7%)	96,71	118,62
= Selbstkosten	1.615,84	1.965,66

* (200 € + 266 €) • 0,57 = 265,62 €

Bestimmung der Zuschlagssätze:

$$\text{Materialgemeinkosten} = \frac{6.000 \,€}{20.000 \,€} = 0,3 \; (30\%)$$

Indirekte Fertigungsgemeinkosten = $\dfrac{10.000\ €}{10.000\ € + 7.500\ €} = 0{,}5714$ (57%)

Direkte Fertigungsgemeinkosten = $\dfrac{10.000\ €}{7.500\ €} = 1{,}3\overline{3}$ (133%)

Vertriebsgemeinkosten = $\dfrac{5.000\ €}{53.500\ €} = 0{,}094$ (9%)

Allgemeine Verwaltungskosten = $\dfrac{4.000\ €}{53.500\ €} = 0{,}075$ (7%)

(b) Ergebnisse der Prozesskostenkalkulation

Kostenarten	Standard-PC (in €)	Spezial-PC (in €)
Materialeinzelkosten	500,00	600,00
+ Materialgemeinkosten		
• Beschaffung	125,00	250,00
• Lagerung	60,00	80,00
+ Fertigungseinzelkosten	200,00	250,00
+ Direkte FertigungsGK (133%)	266,00	332,50
+ Indirekte Fertigungsgemeinkosten		
• Fertigungsteuerung	75,00	200,00
• Qualitätsprüfung	40,00	100,00
= Herstellkosten	1.266,00	1.812,50
+ Allgemeine Verwaltungskosten (7%)	88,62	126,88
+ Vertriebskosten		
• Akquisition	80,00	180,00
• Fakturierung	70,00	130,00
• Versand	60,00	110,00
= Selbstkosten	1.564,62	2.359,38

(c) Erweiterte Prozesskostenkalkulation

Kostenarten	Standard-PC (in €)	Spezial-PC (in €)
Herstellkosten	12.660,00	18.125,00
+ Allgemeine Verwaltungskosten (7 %)	886,20	1.268,80
+ Vertriebskosten		
• Akquisition	80,00	180,00
• Fakturierung	70,00	130,00
• Versand	60,00	110,00
= Selbstkosten	13.756,20	19.813,80

(d) Erläuterung des Degressionseffektes

Bei Anwendung der Zuschlagskalkulation werden die Vertriebsgemeinkosten als pauschaler Zuschlagssatz von 9% auf die wertmäßige Höhe der Herstellkosten verrechnet, während die Vertriebsgemeinkosten pro Stück bei höheren Mengen konstant bleiben. Dies führt dazu, dass bei proportionaler Verrechnung der Gemeinkosten Aufträge mit niedrigen Stückzahlen zu gering belastet werden, obwohl gerade deren Abwicklung die betrieblichen Ressourcen vergleichsweise stärker beansprucht. In ähnlicher Weise werden die Kosten von Aufträgen mit großen Stückzahlen durch die proportionale Zurechnung zu hoch ausgewiesen.

Die Prozesskosten pro Stück für die interne Abwicklung von Materialbestellungen, Fertigungskosten, Kundenaufträgen etc. verringern sich jedoch mit steigenden Stückzahlen. Die Vertriebsgemeinkosten entstehen durch die Bearbeitung eines Kundenauftrags (Abwicklung, Ausgangskontrolle, Auslagerung, Versand, Buchung). Sie sind jedoch nicht von der bestellten Stückzahl abhängig. Im Beispiel verursacht die Abwicklung eines Kundenauftrags Prozesskosten in Höhe von 210 bzw. 420 €. Diese Beträge fallen sowohl bei einem Auftrag von einem Stück als auch bei einer Auftragsmenge von 10 oder 20 Stück an.

Literatur Fischbach, Kapitel 8.2.
Freidank, Fünfter Teil, Kapitel I

Aufgabe V.7: Mindestauftragsgröße

(a) Ermittlung der Mindestauftragsgröße

planmäßige Mindestauftragsgröße $= \dfrac{\text{Plan-Prozesskostensatz pro Auftrag}}{\text{konstante Plankosten pro Stück der Zuschlagskalkulation}}$

$$= \dfrac{63.000\ €}{1.800\ €} = 35\ \text{Stück}$$

Gelingt es der Vertriebsabteilung, Auftragsgrößen von Hauptprodukt "Beta" durchzusetzen, die über 35 Stück liegen, ist das Unternehmen unter sonst gleichen Bedingungen gegenüber ohne Prozesskostenrechnung arbeitenden Konkurrenten in der Lage, seine Leistungen zu niedrigeren Plankosten pro Stück anbieten zu können.

(b) Berechnung des Degressionseffektes

Plan-Vertriebskosten pro Stück im Falle einer Auftragsgröße von 50 Einheiten des Hauptproduktes "Beta":

Bei Zuschlagskalkulation

$$\dfrac{0{,}25 \cdot 50\ \text{Stück} \cdot 7.200\ €}{50\ \text{Stück}} = 1.800\ €$$

Bei Prozesskostenkalkulation

$$\dfrac{63.000\ €}{50\ \text{Stück}} = -1.250\ €$$

= Degressionseffekt der Plan-Vertriebskosten 540 €.

Literatur   Freidank, Zweiter Teil, Kapitel III.B.3. und Fünfter Teil, Kapitel I.B.2.

B. Target Costing und Kostenmanagement

Aufgabe V.8: Target Costing

Durch den Vergleich der "vom Markt erlaubten Kosten" (Allowable Costs) mit den Produktstandardkosten (Drifting Costs) wird es möglich, bereits in der Produktplanungs- und Designphase Informationen für (strategische) Preis- und Kostenentscheidungen zu erhalten, die auf eine Sicherung der geplanten Erzeugnisrentabilitäten abzielen. Insbesondere werden schon frühzeitig Informationen über erforderliche Kostenreduktionen bei den Erzeugnissen vermittelt.

Aufgrund des Prozesses der Zielkostenspaltung nach Maßgabe der Funktions- und Komponentenmethode kann eine Anpassung der Gebrauchsfähigkeit einzelner Produkte und/oder Produktteile an das vom Markt definierte Leistungsprofil, d.h. den erzeugnisbezogenen Nutzenvorstellungen der Abnehmer, erfolgen.

Literatur   Fischbach, Kapitel 8.3.
            Freidank, Fünfter Teil, Kapitel II.A. und Kapitel II.B.4.

Aufgabe V.9: Zielkostenspaltung

Im Rahmen eines Zielkostenkontrolldiagramms werden die prozentualen Kostenanteile einzelner Produktkomponenten mit den prozentualen Gewichtungsergebnissen harter und/oder weicher Funktionen dieser Komponenten verglichen. Die Gewichtungsergebnisse repräsentieren hierbei die nach Befragungen und Schätzungen ermittelten Realisierungsgrade (Bedeutungsgrade) der einzelnen Produktkomponenten im Hinblick auf das Erreichen bestimmter harter (technischer) und weicher (benutzerfreundlicher) Produktfunktionen. Während die Kostenanteile auf der Ordinate zum Abtrag kommen, finden die Bedeutungsgrade auf der Abszisse ihren Niederschlag. Aus den Kostenanteilen und Bedeutungsgraden werden nun Quotienten pro Produktkomponente gebildet, die als Zielkostenindizes im Kontrolldiagramm das Verhältnis zwischen Kostenstruktur und dem Bedeutungsgrad des jeweiligen Teils im Hinblick auf die Realisierung der harten und/oder weichen Produktfunktionen zum Ausdruck bringen. Da sich nur in seltenen Fällen prozentuale Kostenanteile und Bedeutungsgrade entsprechen werden (dieses optimale Verhältnis repräsentiert die eingezeichnete 45°-Linie), wird eine unternehmensindividuelle Zielkostenzone festgelegt, in der sich die Zielkostenindizes bewegen sollten.

Sofern die Zielkostenpunkte zwischen 45°-Linie und der Abszisse, aber außerhalb der Zielkostenzone liegen, kommt zum Ausdruck, dass die durch die jeweilige Produktkomponente realisierte(n) Funktion(en) im Verhältnis zum Kundennutzen zu aufwendig ist (sind). Diese Information gibt einen wichtigen Hinweis für erforderliche Kostensenkungsmaßnahmen bezüglich der qualitativen Ausgestaltung des Erzeugnisses. Liegen die Zielkostenpunkte jedoch zwischen der 45°-Linie und der Ordinate, aber außerhalb der Zielkostenzone, dann gilt es zu prüfen, ob aufgrund des niedrigeren Kostenanteils der jeweiligen Produktkomponenten nicht eine Verbesserung harter und weicher Funktionen möglich ist.

Literatur   Freidank, Fünfter Teil, Kapitel II.B.4. und Kapitel II.B.5.

Aufgabe V.10:   Zielkostenmanagement

Die Prozesskostenrechnung kann das Target Costing-Konzept zum einen im Rahmen der Zielkostenfindung und zum anderen auch im Bereich des Kostenmanagements unterstützen.

Durch einen Vergleich der „vom Markt erlaubten Kosten" (Allowable Costs) mit den Produktstandardkosten (Drifting Costs), die die bei Aufrechterhaltung vorhandener Technologie- und Verfahrensstandards im Unternehmen erreichbaren Plankosten eines Produkts umschreiben, wird es möglich, Informationen über ggf. einzuleitende Kostenreduktionsmaßnahmen zu erhalten, um die planmäßig kalkulierten Standardkosten zu senken und die Zielkosten dann endgültig festlegen zu können. Die genaue Ermittlung der Produktstandardkosten besitzt mithin eine Wegweiserfunktion für die Realisierung der Zielkosten. Aufgrund des der Prozesskostenrechnung immanenten Allokations- und Komplexitätseffektes weist dieses Vollkostensystem Vorteile gegenüber den traditionellen Kalkulationsverfahren im Hinblick auf eine möglichst exakte Berechnung der Produktstandardkosten auf. Zudem ist die Prozesskostenkalkulation in der Lage, eine isolierte Plankostenermittlung für Produkt- und/oder Verfahrensmodifikationen durchzuführen, um zu überprüfen, ob die Zielkosten bei geänderter Erzeugnis- und/oder Verfahrensstruktur zu erreichen sind.

Weiterhin erleichtert die Prozesskostenrechnung bereits in frühen Phasen des Kostenstrukturmanagements das Auffinden gemeinkostenträchtiger Rationalisierungspotentiale. Aufgrund der kostenstellenübergreifenden Verkettung von Aktivitäten zu Hauptprozessen besteht die Möglichkeit, aus organisatorischen Schwächen und unwirtschaftlichen Abläufen resultierende überhöhte Gemeinkosten festzustellen, um Ansatzpunkte für mittel- und langfristig wirkende Kostenreduktionsmaßnahmen zu erhalten (Activity-based Management).

Schließlich kann die Prozesskostenrechnung auch als laufendes Kontrollinstrument für die indirekten Fertigungsbereiche eingesetzt werden, um durch einen ständigen Soll-/Ist-Vergleich im Rahmen der Fertigungs- und Vertriebsphase Informationen zum Zwecke permanent vorzunehmender Kostensenkungen mittels laufender Prozessverbesserung zu erhalten.

Literatur   Freidank, Fünfter Teil, Kapitel II.B.2. und Kapitel II.C.3.

Aufgabe V.11:   Allowable Costs, Komponenten- und Funktionsmethode

(a)   Berechnung der Allowable Costs

Umsatz (2.000 Stück · 3.000 €)	=	6.000.000 €
abzüglich der Zielrendite (20 %)	-	1.200.000 €
ergibt für die Allowable Costs	=	4.800.000 €

(b)   Entscheidungen für das Kostenmanagement

Die Komponenten- und Funktionenmatrix zeigt folgendes Bild:

Produktfunktion \ Komponente	Haltbarkeit / Zuverlässigkeit	Gebrauchskomfort	Design	Summe (Nutzenanteil)
Motor	30	0	0	30 %
Torrahmen	10	0	2	12 %
Rollentor	10	40	8	58 %

Berechnung der Kostenanteile:

Komponente	Geplante Kosten	Kostenanteil
Motor	1.000 €	50 %
Rollentor	760 €	38 %
Torrahmen	240 €	12 %
Summe	2.000 €	100 %

Gegenüberstellung der Kosten- und Nutzenanteile für jede Komponente:

Komponente	Kostenanteil	Nutzenanteil
Motor	50 %	30 %
Rollentor	38 %	58 %
Torrahmen	12 %	12 %

Interpretation der Gegenüberstellung:

Komponente Motor:
- Diese Komponente ist im Vergleich zum zugewiesenen Kundennutzen deutlich zu teuer/aufwendig gestaltet.
- Es besteht deshalb Kostenreduktionsbedarf.

Komponente Rollentor:
- Diese Komponente ist im Vergleich zum zugewiesenen Kundennutzen zu billig/einfach gestaltet.
- Es sollte deshalb eine Funktionsverbesserung angestrebt werden.

Komponente Torrahmen:
- Kosten- und Nutzenanteil entsprechen sich.
- Es besteht kein Anpassungsbedarf.

Literatur   Freidank, Fünfter Teil, Kapitel II.B.

Aufgabe V.12:   Methoden des Kostenmanagements

Die Methoden des Kostenmanagements, verstanden als strategisch und/oder operative Verfahren, die auf eine ex-ante Beeinflussung der Kostenstruktur, des Kostenverhaltens sowie des Kostenniveaus unter Berücksichtigung von Erfolgsrisiken ausgerichtet sind, lassen sich zunächst in die drei Hauptgruppen Produktkosten-, Prozess(kosten)- und Kostenstrukturmanagement unterteilen.

Das Produktkostenmanagement zerfällt wiederum in die Bereiche Konstruktionskostenmanagement und Wertanalyse. Während das Konstruktionskostenmanagement darauf abzielt, Kostensenkungsmaßnahmen bereits in der Entwicklungs- und Konstruktionsphase einzuleiten (sog. präventives Produktkostenmanagement), ist das traditionelle Instrument der Wertanalyse darauf ausgerichtet, die Funktionen eines bereits entwickelten und hergestellten Erzeugnisses unter Kostenaspekten auf das dem Kundennutzen entsprechende Maß zu reduzieren. Allerdings ist ein Trend in Richtung auf eine Wertgestaltung (Value Engineering) erkennbar, die Kostenbeeinflussungen bereits in frühen Phasen der Produktentstehung beabsichtigt.

Dem Bereich des Prozess(kosten)managements sind hingegen sämtliche Bestrebungen zu subsumieren, die eine Beeinflussung betrieblicher Vorgänge (Aktivitäten, Prozesse) als Kostenverrechnungs- bzw. Kostenbestimmungsobjekte im Auge haben. Elementares Ziel des Prozess(kosten)- oder Activity-Based-Managements ist es, die Prozesskosten durch Vereinfachung, Reduzierung und/oder Eliminierung der ihnen zugrunde liegenden Aktivitäten planmäßig zu senken. Derartige Kostenbeeinflussungen setzen die Existenz einer Prozesskostenrechnung im Unternehmen voraus, mit deren Hilfe u.a. gemeinkostenträchtige Rationalisierungspotentiale sichtbar gemacht werden können.

Der dritten Hauptgruppe des Kostenstrukturmanagements sind zunächst alle Maßnahmen zum Zwecke der Beeinflussung der Höhe und/oder der Zusammensetzung von Gemeinkosten zu subsumieren. Derartige Analysen sind primär kostenstellenbezogen ausgerichtet und beziehen sich in jüngster Zeit auf sog. indirekte (fertigungsnahe) Leistungsbereiche wie etwa Arbeitsvorbereitung, Instandhaltung, Logistik, Einkauf oder Qualitätssicherung (Gemeinkostenstrukturmanagement). Das ebenfalls zu der in Rede stehenden Hauptgruppe zählende Fixkostenstrukturmanagement zielt darauf ab, insbesondere bei wechselnden Marktverhältnissen Entscheidungshilfen für die Auf- und Abbaufähigkeit bestimmter fixer Kostenarten in Abhängigkeit von erwarteten Beschäftigungssituationen geben zu können. Derartige Bestrebungen lassen sich insbesondere mit Hilfe einer stufenweisen (Plan-)Deckungsbeitragsrechnung unterstützen. Den modernen Konzepten des Kostenstrukturmanagements werden schließlich diejenigen neueren Ansätze zugeordnet, die auf eine Verschlankung aller betrieblichen Aktivitäten im Rahmen bestehender Strukturen der Auf- und Ablauforganisation von Unternehmen ausgerichtet sind (z.B. Lean Management, -Produktion, -Auditing, -Controlling). In diesem Zusammenhang besitzen die strategischen Konzepte des Outsourcing und des Reengineering herausragende Bedeutung.

Weiterhin existieren Verfahren des Kostenmanagements, die sich einer Einordnung in die zuvor entwickelte Systematisierung entziehen, weil sie als übergeordnete Ansätze gelten und daher in allen drei Hauptgruppen zur Anwendung kommen können. Hier ist zum einen der Prozess der langfristigen und kontinuierlichen Beschaffungs-, Produktions- und/oder Absatzverbesserung auf sämtlichen Ebenen zu nennen, der in der japanischen Literatur mit Kaizen oder Kaizen Costing umschrieben wird und über die betriebliche Organisation hinaus auch die Zulieferer in die Analyse mit einbezieht. Ebenfalls methodenübergreifend anwendbar ist das Konzept des Benchmarking. Seine Funktion besteht darin, durch zielgerichtete Unternehmensvergleiche Potentiale für Einsparungen und Verbesserungen hinsichtlich der kritischen Erfolgsfaktoren Qualität, Kosten und Zeit auf allen betrieblichen Ebenen aufzudecken.

<u>Literatur</u>   Freidank, Fünfter Teil, Kapitel II.C.

VI. Übungsklausuren

Um Ihnen eine genauere Beurteilung der eigenen Leistung zu ermöglichen, sind in den nachfolgenden Lösungen zur Übungsklausur die erreichbaren Punkte, soweit möglich, für die einzelnen Teilaufgaben angegeben bzw. durch • gekennzeichnet. Dabei entspricht ein • einem zu vergebenen Punkt.

A. Übungsklausur 1

Klausuraufgabe 1 – 1   (7 Punkte)

Bilanzposten		durchschnittlicher Bestand im Geschäftsjahr 07
Gesamtvermögen		
Grundstücke		1.200.000 €
Gebäude		1.900.000 €
Maschinen		380.000 €
Roh-, Hilfs- und Betriebsstoffe		70.000 €
fertige Erzeugnisse		300.000 €
Forderungen		230.000 €
Wertpapiere		50.000 €
– betriebsfremdes Vermögen	••	
unbebaute Grundstücke		200.000 €
vermietete Gebäude		380.000 €
Wertpapiere		50.000 €
= betriebsnotwendiges Vermögen	•	3.500.000 €
– Abzugskapital	••	
zinsloser Kredit		50.000 €
Lieferantenkredite		110.000 €
Kundenanzahlungen		90.000 €
= betriebsnotwendiges Kapital	•	3.250.000 €

Aus der Multiplikation des betriebsnotwendigen Kapitals von 3.250.000 € mit dem kalkulatorischen Zinssatz von 8% ergeben sich kalkulatorische Zinsen von 260.000 € für das Geschäftsjahr 07.   •

Klausuraufgabe 1 – 2   (5 Punkte)

Die Herstellkosten (der Fertigung) sind ausgehend vom vorgegebenen Netto-Verkaufspreis wie folgt zu ermitteln.

		Netto-Verkaufspreis	1.955 €
•	−	Gewinnzuschlag[1]	255 €
	=	Selbstkosten	1.700 €
	−	Sondereinzelkosten des Vertriebs	100 €
	−	Zuschlag für Vertriebsgemeinkosten[2]	64 €
•	−	Zuschlag für Verwaltungsgemeinkosten[3]	256 €
	=	Herstellkosten des Umsatzes	1.280 €
•	−	Lagerbestandsverminderung[4]	380 €
	=	Herstellkosten der Fertigung[5]	900 €

[sowie je ein • für den Aufbau der Rechnung und deren Richtigkeit]

---

[1] Bezugsbasis des Gewinnzuschlages sind die Selbstkosten. Der Nettoverkaufspreis beläuft sich mithin auf das 1,15-fache der Selbstkosten (1.700 € = 1.955 € : 1,15).

[2] Bezugsbasis für den Zuschlagssatz der Vertriebsgemeinkosten in Höhe von 5% sind die Herstellkosten des Umsatzes [64 € = (1.700 € - 100 €) : (1 + 0,2 + 0,05) • 0,05].

[3] Bezugsbasis für den Zuschlagssatz der Verwaltungsgemeinkosten in Höhe von 20% sind die Herstellkosten des Umsatzes [256 € = (1.700 € - 100 €) : (1 + 0,2 + 0,05) • 0,2].

[4] Da Absatzmenge > Produktionsmenge, sind zur Ermittlung der Herstellkosten der Fertigung die Herstellkosten des Umsatzes um die Lagerbestandsverminderungen zu reduzieren.

[5] Keine Berücksichtigung finden in dieser Rechnung die Sondereinzelkosten der Fertigung, die in den Herstellkosten des Umsatzes enthalten sind.

Klausuraufgabe 1 – 3   (16 Punkte)

(a)   Stückkalkulation

Kostenarten		Vollkosten-rechnung	Teilkosten-rechnung
	Einzelmaterialkosten	6,40 €	6,40 €
+	variable MaterialGK (25%)	1,60 €	1,60 €
+	fixe MaterialGK (250%)	16,00 €	
+	Einzellohnkosten	20,00 €	20,00 €
+	variable FertigungsGK (70%)	14,00 €	14,00 €
+	fixe FertigungsGK (75%)	15,00 €	
=	Herstellkosten	73,00 €	42,00 €
+	fixe Vw&VtGK (20%)[1]	14,60 €	
=	Selbstkosten	87,60 €	

(7 Punkte)

---

[1]   Gesamte Herstellkosten = 1.460.000 €.

(b) Erfolgsermittlung

Erlös- und Kostenarten		Vollkosten-rechnung	Teilkosten-rechnung
	Verkaufserlöse	2.360.000 €	2.360.000 €
−	Einzelmaterialkosten	128.000 €	128.000 €
−	variable MaterialGK	32.000 €	32.000 €
−	Einzellohnkosten	400.000 €	400.000 €
−	variable FertigungsGK	280.000 €	280.000 €
=	Produkt-Deckungsbeitrag		1.520.000 €
−	fixe MaterialGK	320.000 €	320.000 €
−	fixe FertigungsGK	300.000 €	300.000 €
−	fixe Vw&VtGK	292.000 €	292.000 €
=	Periodenerfolg	608.000 €	608.000 €

(5 Punkte)

(c) Berechnung des Break-even-point

$$BEP^m = \frac{912.000\ €}{(118\ € - 42\ €)} = 12.000\ \text{Stück}$$

(Bei dieser Produktionsmenge wird ein Gewinn von 0 € erzielt.)

(2 Punkte)

$$BEP^w = \frac{912.000\ €}{1 - \dfrac{42\ €}{118\ €}} = 1.416.000\ €$$

= 12.000 Stück • 118 € = 1.416.00 €

(Bei diesem Umsatz wird ein Gewinn von 0 € erzielt.)

(2 Punkte)

Klausuraufgabe 1 – 4 (6 Punkte)

Im Vergleich mit der Istkostenrechnung weist die Normalkostenrechnung folgende Vorteile auf:

- Durch die Normalisierung der Gemeinkosten wird die innerbetriebliche Abrechnung beschleunigt und vereinfacht.
- Aufgrund der Normalisierung der Gemeinkosten werden die bei den Istkosten auftretenden periodischen Schwankungen vermieden. Hierdurch ergibt sich eine bessere Vergleichbarkeit der Kalkulationsprozesse über mehrere Perioden.
- Es wird eine permanente kostenarten- und kostenstellenbezogene Kontrolle der Gemeinkosten durch die Ermittlung von Über- und Unterdeckungen möglich.

Jedoch hat auch dieses Kostenrechnungssystem Mängel, die letztendlich zur Entwicklung der Plankostenrechnung führten:

- Die in der Normalkostenrechnung ermittelten Über- und Unterdeckungen beziehen sich ausschließlich auf alle Kosteneinflussgrößen und lassen deshalb eine nur wenig aussagefähige Abweichungsanalyse zu.
- Problematisch ist die Verwendung von aus den Istkosten vergangener Perioden abgeleiteten Normalkosten als Vergleichsgröße. Hierdurch stellen die ermittelten Abweichungen nur begrenzt verwendbare Maßstäbe für Unwirtschaftlichkeiten dar.
- Aufgrund der Verrechnung fixer Normalkosten auf die Kalkulationsobjekte liefert die Normalkostenrechnung keine Informationen zur Lösung kurzfristiger Entscheidungsaufgaben. Dieser Mangel führte zur Entwicklung der Grenz(-Plan-)kostenrechnung.

Klausuraufgabe 1 – 5 (16 Punkte)

(a) Abweichungsberechnung

(a.a) Verbrauchsabweichung ΔV (3 Punkte)

$$23.600\ \text{€} - [12.000\ \text{€} + (9\ \text{€} - \frac{12.000\ \text{€}}{3.000\ \text{Stück}}) \cdot 2.400\ \text{Stück}] = -400\ \text{€}.$$

(a.b) Beschäftigungsabweichung (ΔB) (3 Punkte)

$24.000\ \text{€} - 9\ \text{€} \cdot 2.400\ \text{Stück} = 2.400\ \text{€}.$

oder

$$\Delta B = K^L = \left[1 - \frac{2.400 \text{ Stück}}{3.000 \text{ Stück}}\right] = 2.400 \text{ €}$$

(a.c) "Echte" Beschäftigungsabweichung (ΔEB) (2 Punkte)

24.000 € – (9 € · 3.000 Stück) = – 3.000 €

(b) Erläuterung der Abweichungsarten (4 Punkte)

(b.a) Verbrauchsabweichung

Die Verbrauchsabweichung stellt eine Abweichung zwischen den variablen Ist- und Plankosten pro Stück bei Ist-Beschäftigung dar. Sie repräsentiert in diesem Fall einen Minderverbrauch beschäftigungsabhängiger Einsatzfaktoren (z.B. Material).

(b.b) Beschäftigungsabweichung

Die Beschäftigungsabweichung zeigt bei dem hier vorliegenden Unterbeschäftigungsfall den Teil der nicht genutzten Fixkosten (Leerkosten) und gibt ferner denjenigen Teil der fixen Stückkosten an, der im Rahmen der Plan-Kalkulation nicht den Erzeugniseinheiten zugerechnet werden kann (nicht gedeckte Fixkosten).

(b.c) „Echte" Beschäftigungsabweichung

Im Rahmen der "echten" Beschäftigungsabweichung werden die Plankosten mit den Sollkosten (Plankosten bei Ist-Beschäftigung) verglichen. Da beide Kostenarten auf der Grundlage unterschiedlicher Bezugsgrößen ermittelt werden, eignet sich die hieraus resultierende Abweichung nicht als Indikator für die Feststellung von Unwirtschaftlichkeiten im Produktionsablauf. Der ermittelte Betrag kann lediglich als Maßstab verwendet werden, um die Qualität der Kosten- und Beschäftigungsplanung zu überprüfen.

(c) Unterschiede zur Grenz-Plankostenrechnung (4 Punkte)

Die flexible Plankostenrechnung auf Teilkostenbasis (Grenz-Plankostenrechnung) verrechnet nur variable/proportionale Kosten (Grenz-Plankosten) auf Kostenträger und -stellen. Folglich kann es keine Beschäftigungsabweichungen geben. Die Plan-Fixkosten können jedoch in Nutz- und Leerkostenanalysen gesondert untersucht werden. Die nicht den Erzeugnissen zugerechneten Plan-Fixkosten werden dann insgesamt oder in gestufter Form im Rahmen der Betriebsergebnisrechnung den Plan-Erträgen gegenübergestellt (summarische und stufenweise Plan-Fixkostendeckungsrechnung).

Klausuraufgabe 1 – 6 (10 Punkte)

(a) Ermittlung des gewinnmaximalen Produktionsprogramms

Plandaten	Produkte		
	X	Y	Z
Maximale Plan-Absatzmenge	400 Stück	600 Stück	800 Stück
Plan-Nettoverkaufspreis je Stück	50 €	70 €	90 €
Variable Plankosten je Stück	15 €	30 €	60 €
Absoluter Plan-Stückdeckungsbeitrag	35 €	40 €	30 €
Rangfolge	II.	I.	III.
Planmäßige Maschinenbeanspruchung je Stück	5 Std.	8 Std.	2 Std.
Benötigte Kapazität[1]	2.000 Std.	4.800 Std.	1.600 Std.
Engpassbezogener Plan-Stückdeckungsbeitrag	7 €	5 €	15 €
Rangfolge	II.	III.	I.
Zugeteilte Kapazität	2.000 Std.	4.400 Std.[2]	1.600 Std.
Optimales Produktionsprogramm	400 Stück	550 Stück[3]	800 Stück

---

[1] Es liegt ein Engpass vor, da die benötigte Kapazität zur Produktion der maximalen Plan-Absatzmengen aller Produkte von 8.400 Stunden die zur Verfügung stehende Kapazität von 8.000 Stunden übersteigt.

[2] 4.400 Std. = 8.000 Std. Gesamtkapazität - 2.000 Std. zur Produktion von X – 1.600 Std. zur Produktion von Z.

[3] 550 Stück = 4.400 Std. : 8 Std.

(b) Preisuntergrenzenbestimmung

$$PUG^e_{eng\ Z} = kv^p + ko$$
$$= 60\ € + 2\ \text{Std.} \cdot 5\ €$$
$$= 70\ €.$$

(3 Punkte)

Erläuterung zur Berechnung der Preisuntergrenze:

Da die Kapazität der Maschine bereits vor Annahme des Zusatzauftrages voll beansprucht wird, müssen neben den variablen Kosten zusätzlich Opportunitätskosten für die entgehenden Deckungsbeiträge von Produkt Y erwirtschaftet werden. Für den Zusatzauftrag werden 200 Maschinenstunden[1] benötigt. Diese stehen nicht zur Produktion von Y, dem Erzeugnis mit dem geringsten Deckungsbeitrag je Engpasseinheit (5 €), zur Verfügung. Entsprechend würden bei Annahme des Zusatzauftrages von Y nur noch 525 Stück hergestellt werden.

---

[1] 200 Stunden = 100 Produkte Z • 2 Stunden planmäßige Maschinenbeanspruchung je Stück von Z.

B. Übungsklausur 2

Klausuraufgabe 2 – 1 (30 Punkte)

(a) Ermittlung der Prozesskostensätze

Kostenstellen	lmi-Prozess-kostensatz	lmn-Umlagesatz	Gesamtprozesskos-tensatz (lmi + lmn)
Einkauf	400,00 €[1] •	60,00 €[2] •	460,00 € •
Wareneingang	500,00 €[3] •	87,50 €[4] •	587,50 € •
Fertigung	250,00 €[5] •	44,00 €[6] •	294,00 € •
Vertrieb	1.800,00 €[7] •	600,00 €[8] •	2.400,00 € •

(12 Punkte)

---

[1] 400 € = 6.000.000 € : 15.000 Beschaffungsprozesse.

[2] 60 € = (900.000 € • 400 €) : 6.000.000 €.

[3] 500 € = 4.000.000 € : 8.000 Wareneingangsprozesse.

[4] 87,50 € = (700.000 € • 500 €) : 4.000.000 €.

[5] 250 € = 12.500.00 € : 50.000 Maschinenminuten.

[6] 44 € = (2.200.000 € • 250 €) : 12.500.000 €.

[7] 1.800 € = 1.620.000 € : 900 Kundenaufträge.

[8] 600 € = (540.000 € • 1.800 €) : 1.620.000 €.

(b) Prozesskostenkalkulation

Kostenarten	Varianten	Plan-Gesamtkosten A	Plan-Gesamtkosten B	Plan-Stückkosten C	Plan-Stückkosten D
Plan-Material-EK	•	2.500.000 €	5.400.000 €	500,00 €	600,00 €
+ Plan-Fertigungs-EK	•	2.000.000 €	4.950.000 €	400,00 €	550,00 €
+ Plan-GK					
(1) Einkauf	••	2.760.000 €[4]	4.140.000 €[3]	552,00 €[2]	460,00 €[1]
(2) Wareneingang	••	1.527.500 €	3.172.500 €	305,50 €	352,50 €
(3) Fertigung	••	6.762.000 €	7.938.000 €	1.352,40 €	882,00 €
= Plan-Herstellkosten		15.549.500 €	25.600.500 €	3.109,90 €	2.844,50 €
+ Plan-VwGK (20%)	••	3.109.900 €	5.120.100 €	621,98 €	568,90 €
+ Plan-VtGK	••	720.000 €	1.440.000 €	144,00 €	160,00 €
= Plan-Selbstkosten		19.379.400 €	32.160.600 €	3.875,88 €	3.573,40 €

---

[1] 460 € = 4.140.000 € : 9.000 Stück

[2] 552 € = 2.760.000 € : 5.000 Stück

[3] 4.140.000 € = (460 € • 100 Beschaffungsprozesse • 9.000 Stück) : 100 Stück

[4] 2.760.000 € = (460 € • 120 Beschaffungsprozesse • 5.000 Stück) : 100 Stück

Der Zuschlagssatz für die Plan-Verwaltungsgemeinkosten beträgt:

$$\frac{8.230.000\ €}{41.150.000\ €} \cdot 100 = 20\%$$

(20 Punkte)

(c) Vergleich mit Zuschlagskalkulation

Im Rahmen der differenzierten Zuschlagskalkulation erhalten Erzeugnisse mit hohen Einzelkosten und hohen Fertigungsmengen (hier Produkt B) tendenziell höhere Stück-Gemeinkosten zugerechnet als Erzeugnisse mit relativ niedrigen Einzelkosten und Fertigungsmengen (hier Produkt A). Demzufolge werden bei Anwendung der Zuschlagskalkulation für Produkt B höhere und für Produkt A niedrigere Stückkosten kalkuliert. Der Grund liegt in den wertmäßigen Zuschlägen auf die Einzelkosten, die von den Produktionsmengenrelationen abhängig sind. Im Rahmen der Prozesskostenrechnung erfolgt hingegen eine Zurechnung der Gemeinkosten mit Hilfe von Kostentreibern unter Beachtung der Komplexität und Variantenvielfalt einzelner Produkte. Folglich erhält Produkt A aufgrund der im Ergebnis umfangreicheren Ressourcenbeanspruchung höhere Plan-Stückkosten zugewiesen als Produkt B.

(8 Punkte)

Klausuraufgabe 2 – 2 (20 Punkte)

(a) **Kurzfristige Erfolgsrechnung nach dem Umsatzkostenverfahren in tabellarischer Form**

(a.a) **Erfolgsermittlung auf Vollkostenbasis**

Erfolgskomponenten	Produkte		Summe
	A	B	
Verkaufserlöse	120.000 €	100.000 €	220.000 €
– Herstellkosten der verkauften Produkte aus den Zugängen der Periode ••••	60.000 €[1]	55.000 €[2]	115.000 €
– Vw & VtGK der Periode •	28.000 €	24.000 €	52.000 €
= kalkulatorischer Betriebserfolg	32.000 €	21.000 €	53.000 €

---

[1] 60.000 € = 12.000 Stück • (42.000 € + 28.000 €) : 14.000 Stück.

[2] 55.000 € = 5.000 Stück • (50.000 € + 16.000 €) : 6.000 Stück.

(a.b) Erfolgsermittlung auf Teilkostenbasis mit summarischer Fixkostenabdeckung

Erfolgskomponenten	Produkte		Summe
	A	B	
Verkaufserlöse	120.000 €	100.000 €	220.000 €
– variable Herstellkosten der verkauften Produkte aus den Zugängen der Periode ••	40.800 €[1]	42.000 €[2]	82.800 €
– variable Vw & VtGK der Periode •	7.200 €	8.000 €	15.200 €
= Deckungsbeitrag	72.000 €	50.000 €	122.000 €
– fixe Kosten der Periode ••	74.800 €		74.800 €
= kalkulatorischer Betriebserfolg	47.200 €		47.200 €

---

[1]   40.800 € = 12.000 Stück • (42.000 € + 28.000 €) : 14.000 Stück.

[2]   42.000 € = 5.000 Stück • (50.000 € + 16.000 €) : 6.000 Stück.

(b) Berechnung des Break-even-point

(b.a) Für Produkt A

$$e_A = \frac{120.000\ €}{12.000\ \text{Stück}} = 10\ €\ /\ \text{Stück}$$

$$kv_A = \frac{(35.600\ € + 12.000\ €)}{14.000\ \text{Stück}} + \frac{7.200\ €}{12.000\ \text{Stück}} = 4\ €\ /\ \text{Stück}$$

$Kf_A =$ (42.000 € − 35.600 €) + (28.000 € − 12.000 €) + (28.000 € − 7.200 €) = 43.200 €

$$BEP^m_A = \frac{43.200\ €}{10\ € - 4\ €} = 7.200\ \text{Stück}$$

(b.b) Für Produkt B

$$e_B = \frac{100.000\ €}{5.000\ \text{Stück}} = 20\ €\ /\ \text{Stück}$$

$$kv_B = \frac{(44.400\ € + 6.000\ €)}{6.000\ \text{Stück}} + \frac{8.000\ €}{5.000\ \text{Stück}} = 10\ €\ /\ \text{Stück}$$

$Kf_B =$ (50.000 € − 44.000 €) + (16.000 € − 6.000 €) + (24.000 € − 8.000 €) = 31.600 €

$$BEP^m_B = \frac{31.600\ €}{20\ € - 10\ €} = 3.160\ \text{Stück}$$

C. Übungsklausur 3

Klausuraufgabe 3 – 1 (10 Punkte)

(a) Verbrauchsabweichung (ΔV)

$$150.000\ € - (90.000\ € + \frac{30.000\ €}{800\ \text{Stück}} \cdot 600\ \text{Stück}) = 37.500\ €$$

(b) Beschäftigungsabweichung (ΔB)

$$112.500\ € - (\frac{120.000\ €}{800\ \text{Stück}} \cdot 600\ \text{Stück}) = 22.500\ €$$

oder

$$K^I = 90.000\ € \cdot (1 - \frac{600\ \text{Stück}}{800\ \text{Stück}}) = 22.500\ €$$

(c) "Echte" Beschäftigungsabweichung (ΔEB)

$$112.500\ € - 120.000\ € = -7.500\ €$$

(d) Gesamtabweichung (ΔG)

$$37.500\ € + 7.500\ € = 45.000\ €$$

Klausuraufgabe 3 – 2   (9 Punkte)

Sorten	Menge in Stück	Äquivalenz-ziffern	Rechnungs-einheiten (RE)	Herstell-kosten pro Produkt-einheit in €	Gesamte Herstell-kosten pro Sorte in €
1	180.000	1,4	252.000	1,54	277.200
2	110.000	0,6	66.000	0,66	72.600
2	60.000	2,5	150.000	2,75	165.000
2	240.000	1,0	240.000	1,10	264.000
5	190.000	1,8	342.000	1,98	376.200
	–	–	1.050.000	–	1.155.000
	...	...	...		

Herstellkosten pro Rechnungseinheit = $\dfrac{1.155.000\ €}{1.050.000\ RE}$ = 1,10 €/RE

Klausuraufgabe 3 – 3   (21 Punkte)

(a) Ermittlung des gewinnmaximalen Produktionsprogramms

Plandaten / Erzeugnisarten	Stück-Deckungs-beitrag in €	engpass-bezogener Deckungs-beitrag in €	optimale Beschaf-fungsmenge in ME	optimale Produkti-onsmenge in Stück	produkt-bezogener Deckungs-beitrag in €
A	500	12,50	244.000	6.100	3.050.000
B	620	12,40	100.000	2.000	1.240.000
C	810	10,80	---	---	---
D	450	15,00	216.000	7.200	3.240.000
			560.000		7.530.000
	...	..	..	...	

(10 Punkte)

Plan-Erfolg = 7.530.000 € – 8.500.000 € = -970.000 € (Verlust)

(b) Empfehlungen für das Unternehmen

- Erweiterung der Beschaffungskapazitäten (weitere Zulieferer), um das vorhandene Marktpotential mit dem Ziel der Senkung des Plan-Verlustes von 970.000 € abschöpfen zu können.   (2 Punkte)

- Kostenmanagement mit dem Ziel, die variablen und fixen Kosten zu senken (Suche nach Rationalisierungspotentialen) und ggf. die Erlöse und Absatzmenge durch marktpolitische Beeinflussungen zu steigern. (2 Punkte)

(c) Preisuntergrenzenanalyse

PUG^e_{eng} A = 1.300 € + 10,8 € • 40 ME = 1.732 €

PUG^e_{eng} B = 2.130 € + 10,8 € • 50 ME = 2.670 €

PUG^e_{eng} D = 410 € + 10,8 € • 30 ME = 734 €

Die Plan-Netto-Stückpreise von Erzeugnis A, B und D können bis auf 1.732 €, 2.670 € bzw. 734 € fallen, ehe eine Produktion von Erzeugnis C anstelle von A, B oder D günstiger wäre. Solange diese Preisuntergrenzen nicht unterschritten werden, verliert das unter (a) ermittelte Produktionsprogramm nicht seine Optimalität. (3 Punkte)

Klausuraufgabe 3 – 4   (10 Punkte)

(a) Gesamte Leerkosten

$$K^l = \left[1 - \frac{6.300 \text{ Stück}}{9.000 \text{ Stück}}\right] \cdot 252.000 € = 75.600 €$$

(b) Leerkosten pro Bezugsgrößeneinheit

$$k^l = \frac{252.000 €}{6.300 \text{ Stück}} - \frac{252.000 €}{9.000 \text{ Stück}} = 40 € - 28 € = 12 €$$

oder

$$k^l = \frac{75.600 €}{6.300 \text{ Stück}} = 12 €$$

(c) Stückkosten im Betriebsoptimum

$$k_{min} = \frac{252.000\ €\ +\ 80\ €\ \bullet\ 9.000\ \text{Stück}}{9.000\ \text{Stück}} = 108\ €$$

(d) Grenzkosten

$$k^I = \frac{(972.000\ €\ -\ 756.000\ €)}{(9.000\ \text{Stück}\ -\ 6.300\ \text{Stück})} = \frac{216.000\ €}{2.700\ \text{Stück}} = 80\ €$$

(oder 1. Ableitung der Gesamtkostenfunktion)

(e) Ermittlung des Break-even-point

$$BEP^m = \frac{252.000\ €}{(130\ €\ -\ 80\ €)} = 5.040\ \text{Stück}$$

$$BEP^w = \frac{252.000\ €}{1 - \dfrac{80\ €}{130\ €}} = 655.200\ €$$

oder

$$BEP^w = 5.040\ \text{Stück} \bullet 130\ € = 655.200\ €$$

Klausuraufgabe 3 – 5   (6 Punkte)

(a) Anderskosten: Kalkulatorische Abschreibungen oder Wagnisse

(b) Zusatzkosten: Kalkulatorischer Unternehmerlohn oder kalkulatorische Zinsen auf das Eigenkapital

(c) Andersleistungen: Zuschreibungen auf nicht abnutzbares Anlagevermögen über die bilanzrechtlichen Anschaffungskosten hinaus

(d) Zusatzleistungen: Selbsterstellte Patente, die bilanzrechtlich nicht aktiviert werden dürfen

(e) betriebsfremde Aufwendungen: Spenden oder Abschreibungen auf nicht dem Sachziel dienende Wertpapiere

(f) außerordentliche Verkäufe von sachzielorientierten Wirt- •
    Erträge: schaftsgütern über Buchwert

Klausuraufgabe 3 – 6   (4 Punkte)

(a) Zugänge von Aktiva, bei denen gilt: •
    Ausgabe, kein Aufwand
    = Barkauf von Wirtschaftsgütern.

(b) Abgänge von Geld-Verbindlichkeiten, bei denen gilt: •
    Auszahlung, keine Ausgabe
    = Bezahlung von auf Ziel gelieferter Vorräte.

(c) Abgänge von Passiva, bei denen gilt: •
    Ertrag, keine Einnahme
    = Auflösung von in Vorperioden zu hoch gebildeter Rückstellungen.

(d) Zugänge von Geld-Verbindlichkeiten, bei denen gilt: •
    Einzahlungen, keine Einnahme
    = Darlehensaufnahme durch das Unternehmen.

D. Übungsklausur 4

Klausuraufgabe 4 – 1 (40 Punkte)

(a) **Kalkulation der Herstellkosten der Periode 05**

Kostenarten in €	Produkte			Summe
	A	B	C	
Fertigungsmaterial	70,00	40,00	90,00	400.000
+ Materialgemeinkosten (80%)	56,00	32,00	72,00	320.000
+ Fertigungslohn	25,00	71,20	30,00	280.000
+ Fertigungsgemeinkosten (250%)	62,50	178,00	75,00	700.000
= Herstellkosten	213,50	321,20	267,00	1.700.000

... ...

(9 Punkte)

Zuschlagssatz Materialgemeinkosten: $\dfrac{320.000\ €}{400.000\ €} \cdot 100 = 80\%$

Zuschlagssatz Fertigungsgemeinkosten: $\dfrac{700.000\ €}{280.000\ €} \cdot 100 = 250\%$

(b) Kurzfristige Erfolgsrechnung nach dem Gesamtkostenverfahren

mit Herstellkosten bewertete Lagerbestandserhöhungen

    Produkt B:

    (500 Stück • 110,00 €)

+ (400 Stück • 321,20 €) =   128.480 €

− (500 Stück • 110,00 €)   =   55.000 €   + 128.480 €   ••

+ Verkaufserlöse der Periode

    Produkt A:

    1.300 Stück • 600 €   + 780.000 €   •

    Produkt B:

    2.100 Stück • 520 €   + 1.092.000 €   •

    Produkt C:

    2.500 Stück • 280 €   + 700.000 €   •

− mit Herstellkosten bewertete Lagerbestandsverminderungen

    Produkt A:

    400 Stück • 250 € =   100.000 €

− 300 Stück • 250 € =   75.000 €   − 25.000 €   ••

    Produkt C:

    200 Stück • 370 € =   74.000 €

− 100 Stück • 370 € =   37.000 €   − 37.000 €   ••

    Selbstkosten der Periode   2.516.760 €   •

= kalkulatorischer Betriebserfolg   121.720 €

                                                                   (10 Punkte)

(c) Kurzfristige Erfolgsrechnung nach dem Gesamtkostenverfahren mit Kostenträgerzeitblatt

		Erfolgskomponenten (in €)	Produkte A	Produkte B	Produkte C	Summe
1		Fertigungsmaterial	84.000	100.000	216.000	400.000
2	+	MaterialGK (80% von Zeile 1)	67.200	80.000	172.800	320.000
3	+	Fertigungslohn	30.000	178.000	72.000	280.000
4	+	FertigungsGK (250% von Zeile 3)	75.000	445.000	180.000	700.000
5	=	Herstellkosten der Periode	256.200	803.000	640.800	1.700.000
6	−	Bestandserhöhungen		128.480		128.480
7	+	Bestandsminderungen	25.000		37.000	62.000
8	=	Herstellkosten des Umsatzes	281.200	674.520	677.800	1.633.520
9	+	VerwaltungsGK (30% von Zeile 8)	84.360	202.356	203.340	490.056
10	+	VertriebsGK (20% von Zeile 8)	56.240	134.904	135.560	326.704
11	=	Selbstkosten des Umsatzes	421.800	1.011.780	1.016.700	2.450.280
12		Umsatz	780.000	1.092.000	700.000	2.572.000
13		kalkulatorischer Betriebserfolg (Zeile 12 − Zeile 11)	358.200	80.220	− 316.700	121.720

(12 Punkte)

Da die Verwaltungs- und Vertriebsgemeinkosten der Periode 05 in voller Höhe auf die verkauften Erzeugnisse verrechnet werden müssen, sind die entsprechenden Zuschlagssätze auf der Basis der Herstellkosten des Umsatzes zu kalkulieren.

Zuschlagssatz VwGK: $\dfrac{\text{VerwaltungsGK}}{\text{Herstellkosten des Umsatzes}} \cdot 100$

$$= \frac{490.056\ €}{1.633.520\ €} \cdot 100 = 30\%$$

Zuschlagssatz VtGK: $\dfrac{\text{VertriebsGK}}{\text{Herstellkosten des Umsatzes}} \cdot 100$

$$= \frac{326.704\ €}{1.633.520\ €} \cdot 100 = 20\%$$

(d) **Kurzfristige Erfolgsrechnung nach dem Umsatzkostenverfahren**

Erfolgskomponenten in €	Produkte			Summe
	A	B	C	
Verkaufserlöse	780.000	1.092.000	700.000	2.572.000
− Herstellkosten der verkauften Produkte				
* aus dem Lagerbestand	25.000[1]	---	37.000[4]	62.000
* aus den Zugängen der Periode	256.200[2]	674.520[3]	640.800[5]	1.571.520
− VerwaltungsGK der Periode (30%)	84.360	202.356	203.340	490.056
− VertriebsGK der Periode (20%)	56.240	134.904	135.560	326.704
= kalkulatorischer Betriebserfolg	358.200	80.220	- 316.700	121.720

... ...

(9 Punkte)

---

[1] 100 Stück • 250 € = 25.000 €.

[2] 1.200 Stück • 213,50 € = 256.200 €.

[3] 2.100 Stück • 321,20 € = 674.520 €.

[4] 100 Stück • 370 € = 37.000 €.

[5] 2.400 Stück • 267 € = 640.800 €.

Klausuraufgabe 4 – 2   (20 Punkte)

(a) Erstellung des Betriebsabrechnungsbogens

Siehe nächste Seite.

(b) Ermittlung der Kalkulationssätze

Hauptkostenstelle Fertigung = 850 €/Stück

Hauptkostenstelle Verwaltung und Vertrieb = 30%

(c) Ermittlung der Stück-Selbstkosten

	Herstellkosten	850 €
+	Verwaltungs- und Vertriebskosten (30%)	255 €
=	Selbstkosten	1.105 €

Kostenstelle	Hilfskostenstellen			Hauptkostenstellen		Summe
Kosten in € und in %	Kantine	Fuhrpark	Reparatur	Fertigung	Verwaltung & Vertrieb	
primäre Plankosten	420.000	128.500	270.000	2.088.000	187.5000	3.094.000
	(- 420.000)	87.500	168.000	84.000	80.500	0
		(- 216.000)	24.000	42.000	150.000	0
			(-462.000)	336.000	126.000	0
				(- 170.000)	170.000	0
Endkosten	0	0	0	2.380.000	714.000 €	3.094.000
Verrechnungssätze auf Vollkostenbasis	420.000 € / 1.2000 B = 350 € / B	216.000 € / 72.000 km = 3 € / km	462.000 € / 1.100 Std. = 420 € / Std.	2.550.000 € / 3.000 Stück = 850 € / Stück	(714.000 € • 100) / (850 € • 2.800 Stück) = 30%	---
	...	...	...	...	...	•

E. Übungsklausur 5

Klausuraufgabe 5 – 1   (7 Punkte)

(a) Berechnung des kalkulatorischen Abschreibungsprozentsatzes

$$w_t = \left[1 - \sqrt[9]{\frac{20.000\ \text{€}}{320.000\ \text{€}}}\right] \cdot 100 = 26{,}51\%$$

(b) Zulässigkeit des Buchwertverfahrens in der Steuerbilanz

Voraussetzungen:

- Abschreibungsbasis = Anschaffungskosten bzw. Restbuchwert;
- geschätzte Nutzungsdauer = betriebsgewöhnliche Nutzungsdauer (nach AfA-Tabelle);
- Die Buchwertabschreibung darf auf bewegliche Wirtschaftsgüter des Anlagevermögens, die nach dem 31.12.2010 angeschafft oder hergestellt wurden, nicht mehr angewendet werden (§ 7 Abs. 2 Satz 1 EStG);
- der ermittelte Abschreibungsprozentsatz darf laut § 7 Abs. 2 Satz 2 EStG für nach dem 31.12.2008 und vor dem 01.01.2011 angeschaffte oder hergestellte bewegliche Wirtschaftsgüter des Anlagevermögens höchstens das Zweieinhalbfache der linearen Abschreibung betragen und 25% nicht übersteigen.

$$w_t = \left[1 - \sqrt[9]{\frac{20.000\ \text{€}}{265.000\ \text{€}}}\right] \cdot 100 = 24{,}96\%$$

Klausuraufgabe 5 – 2   (6 Punkte)

- Erfassung der Bestandserhöhungen (EB > AB) als Leistung (Ertrag) bzw. Bestandsverminderung (EB < AB) als Kosten (Aufwand) fertiger und unfertiger Erzeugnisse.
- Bewertung der Bestandsveränderungen zu Herstellkosten oder Herstellungskosten (d.h. Herstellkosten zuzüglich von Verwaltungsgemeinkosten).
- Sofern die kalkulatorischen Herstell(ungs)kosten auch für die Bestandsbewertung fertiger und unfertiger Erzeugnisse gemäß § 253 Abs. 1 Satz 1 HGB bzw. § 6 Abs. 1 Nr. 2 Satz 1 EStG Verwendung finden, ist darauf zu achten, dass kalkulatorische Kostenarten nur in-

soweit Eingang in die Wertansätze finden, als ihnen Aufwendungen
gegenüberstehen.

Klausuraufgabe 5 – 3   (3 Punkte)

- Waren werden i.d.R. unverändert weiterveräußert; sofern sie noch nicht verkauft wurden, zählen sie laut § 266 Abs. 2 Posten B. I HGB wie fertige und unfertige Erzeugnisse zur Gruppe der Vorräte.
- Fertige Erzeugnisse haben den Produktionsprozess vollständig durchlaufen, wurden aber noch nicht verkauft.
- Unfertige Erzeugnisse befinden sich noch im Produktionsprozess und wurden auch nicht verkauft.

Klausuraufgabe 5 – 4   (6 Punkte)

- In den Markt übergehende Absatzleistungen (fertige und unfertige Erzeugnisse); sie führen zu Umsatzerlösen (bewertet zu Verkaufspreisen).
- Auf Lager befindliche fertige und unfertige Erzeugnisse; sie werden zu Herstell(ungs)kosten bewertet (Bestandsveränderungen) oder im Rahmen der Kalkulation zu Selbstkosten angesetzt.
- Innerbetriebliche Leistungen; sie werden im Betrieb wieder eingesetzt und nicht veräußert (z.B. Serviceleistungen, Großreparaturen, Eigenherstellung von Maschinen). Ihre Bewertung erfolgt zu innerbetrieblichen Verrechnungspreisen.

Klausuraufgabe 5 – 5   (16 Punkte)

(a)   Analytische Lösung

(a.a) Verbrauchsabweichung (ΔV)

$$52.000\ \text{€} - \left(14.000\ \text{€} + \frac{42.000\ \text{€}^1}{7.000\ \text{€}} \cdot 10.000\ \text{Stück}\right) = -22.000\ \text{€}$$

...

(a.b) Beschäftigungsabweichung (ΔB)

$74.000\ \text{€}^2 - 8\ \text{€} \cdot 10.000\ \text{Stück} = -6.000\ \text{€}$ oder

$$14.000\ \text{€} \cdot \left[1 - \frac{10.000\ \text{Stück}}{7.000\ \text{Stück}}\right] = -6.000\ \text{€}$$

..

(a.c) „Echte" Beschäftigungsabweichung (ΔEB)

$56.000\ \text{€}^3 - 74.000\ \text{€} = -18.000\ \text{€}$ ..

(7 Punkte)

---

[1] $42.000\ \text{€} = 8\ \text{€} \cdot 7.000\ \text{Stück} - 14.000\ \text{€}$.

[2] $74.000\ \text{€} = 14.000\ \text{€} + 6\ \text{€} \cdot 10.000\ \text{Stück}$

[3] $56.000\ \text{€} = 14.000\ \text{€} + 6\ \text{€} \cdot 7.000\ \text{Stück}$.

(b) Graphische Lösung

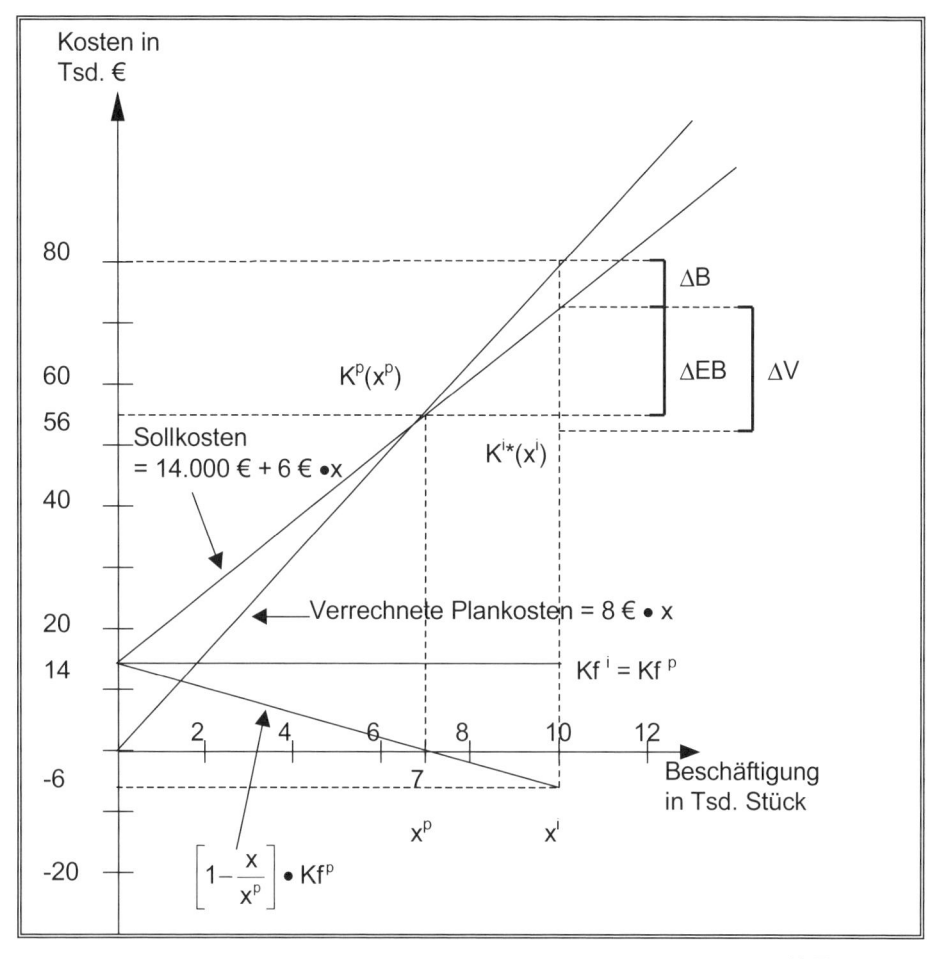

Diagramm:

- Y-Achse: Kosten in Tsd. €, Werte: -20, -6, 14, 20, 40, 56, 60, 80
- X-Achse: Beschäftigung in Tsd. Stück, Werte: 2, 4, 6, 7, 8, 10, 12
- Beschriftungen:
  - $K^p(x^p)$
  - Sollkosten = 14.000 € + 6 € · x
  - $K^{i*}(x^i)$
  - Verrechnete Plankosten = 8 € · x
  - $Kf^i = Kf^p$
  - $\left[1 - \dfrac{x}{x^p}\right] \cdot Kf^p$
  - x^p, x^i
  - ΔB, ΔEB, ΔV

(9 Punkte)

Klausuraufgabe 5 – 6   (14 Punkte)

(a)   Ermittlung der Kalkulationssätze

(a.a) Zuschlagssatz für die Materialgemeinkosten

$$\frac{24.352\ € \cdot 100}{304.400\ €} = 8\%$$

(a.b) Verrechnungssätze für die Fertigungskostenstellen

Abstechen: $\dfrac{308.000\ €}{88.000\ \text{Min.}} = 3{,}50\ €/\text{Min.}$

Fräsen: $\dfrac{360.000\ €}{72.000\ \text{Min.}} = 5{,}00\ €/\text{Min.}$

Härten: $\dfrac{2.035.000\ €}{110.000\ \text{Min.}} = 18{,}50\ €/\text{Min.}$

Schleifen: $\dfrac{364.000\ €}{91.000\ \text{Min.}} = 4{,}00\ €/\text{Min.}$

(a.c) Zuschlagssatz für die Verwaltungsgemeinkosten

$$\frac{772.838\ € \cdot 100}{3.091.352\ €} = 25\%$$

(a.d) Zuschlagssatz für die Vertriebsgemeinkosten

$$\frac{463.702{,}80\ € \cdot 100}{3.091.352\ €} = 15\%$$

(7 Punkte)

(b) Durchführung der Zuschlagskalkulation

	Fertigungsmaterial	2.000,00 €	
+	Material-Gemeinkosten (8%)	160,00 €	
=	Materialkosten		2.160,00 € •
+	Abstechen (3,50 € • 30 Min.)	105,00 €	
+	Fräsen (5 € • 45 Min.)	225,00 €	
+	Härten (18,50 € • 25 Min.)	462,50 €	
+	Schleifen (4 € • 20 Min.)	80,00 €	
=	Fertigungskosten		872,50 € ••
	Herstellkosten		3.032,50 € •
+	Verwaltungs-Gemeinkosten (25% der Herstellkosten)		758,125 €
=	Herstellungskosten		3.790,625 € •
+	Vertriebs-Gemeinkosten (15% der Herstellkosten)		454,875 €
=	Selbstkosten		4.254,50 € •
+	Gewinnzuschlag (10%)		424,55 €
=	Netto-Absatzpreis		4.670,05 € •

(7 Punkte)

Klausuraufgabe 5 – 7   (8 Punkte)

Richtig sind die Aussagen (a), (d), (f) und (i). Sofern falsche Aussagen angekreuzt wurden, sind von der Gesamtpunktzahl der richtigen Ergebnisse (pro richtiges Ergebnis 2 Punkte) jeweils zwei Punkte abzuziehen. Es darf aber kein negatives Gesamtergebnis entstehen.

F. Übungsklausur 6

Klausuraufgabe 6 – 1   (6 Punkte)

- Veränderungen der ökonomischen Rahmenbedingungen, die primär durch die beschleunigte Einführung neuer Technologien und eine steigende Komplexität des Produktions- und Absatzprogramms mit der Folge der nachfolgend dargelegten Verschiebungen der Kostenstruktur ausgelöst wurden.

- Wachsende Gemein- und sinkende Einzelkosten durch
    - höhere Automatisierungsgrade der Fertigung und
    - die Bedeutungszunahme planender, kontrollierender und steuernder Tätigkeiten in den indirekten Leistungsbereichen wie z.B. Forschung und Entwicklung, Konstruktion, Arbeitsvorbereitung, Einkauf, Vertrieb, Logistik, Instandhaltung, Softwareentwicklung und Qualitätssicherung (sog. Hidden Factories).

- Einseitige Ausrichtung der traditionellen Kostenrechnungssysteme auf die direkten Fertigungsbereiche, wodurch die kostenstellenübergreifenden Leistungswirkungen der indirekten Stellen auf das Produktions- und Absatzprogramm nur unzureichend erfasst werden können.

Klausuraufgabe 6 – 2   (6 Punkte)

- Es kann untersucht werden, bis zu welcher Produktionstiefe die Deckungsbeiträge der Erzeugnisse zur Kostendeckung ausreichen; im Falle negativer Deckungsbeiträge sind Strategien zu ihrer Vermeidung zu entwickeln (z.B. verstärkte Werbemaßnahmen, Rationalisierungen oder Marktaustritt).

- Es sind diejenigen Fixkostenbestandteile sichtbar zu machen, die beim Wegfall der genannten Bezugsgrößen im Rahmen langfristiger Kapazitätsentscheidungen zum Abbau kommen können.

- Diese Elastizitätsanalysen können durch zusätzliche zeitliche Differenzierungen der betreffenden fixen Kostenarten (z.B. Monat, Quartal, Halbjahr, längerfristig) ggf. unter Zugrundelegung unterschiedlicher Beschäftigungsgrade nach Maßgabe ihrer Abbaufähigkeit unterstützt werden.

Klausuraufgabe 6 – 3   (8 Punkte)

- Im Gegensatz zum Treppenverfahren können mit dem Kostenstellenausgleichsverfahren auch wechselseitige Leistungsverflechtungen zwischen den einzelnen Kostenstellen berücksichtigt werden, so dass eine Verrechnung innerbetrieblicher Leistungen von vor- auf nachgelagerte Abrechnungsbereiche und umgekehrt möglich wird. Bei diesem Verfahren besteht somit wie beim Treppenverfahren die Möglichkeit, dass auch Neben- und Hauptkostenstellen innerbetriebliche Leistungen hervorbringen. ••

- Da im Falle wechselseitiger Leistungsbeziehungen die einzelnen Abrechnungsbereiche ihre Gesamtkosten aufgrund der ihnen von anderen Kostenstellen belasteten Kostenträger nicht unabhängig voneinander berechnen und verteilen können, bereitet die innerbetriebliche Leistungsverrechnung bei diesem Verfahren Schwierigkeiten. ••

- Die gesamten Kosten jedes betrieblichen Abrechnungsbereiches müssen daher aus den primären Kosten der Stelle mit Hilfe eines simultanen Gleichungssystems bestimmt werden. Unter Verwendung der nachstehenden Symbole lässt sich das angesprochene Gleichungssystem, wie nachfolgend gezeigt, allgemein formulieren.

$KP_1, KP_2, ..., KP_N$ = Primärkosten der Kostenstellen 1, 2, ..., N

$K_1, K_2, ..., K_N$ = gesamte Primär- und Sekundärkosten der Kostenstellen 1, 2, ..., N

$\dfrac{K_1}{x_1}, \dfrac{K_2}{x_2}, ..., \dfrac{K_N}{x_N}$ = Verrechnungssätze der Kostenstellen 1, 2, ..., N

x = mengenmäßige Leistungsabgabe der einzelnen Kostenstellen; während im Folgenden der erste Index die liefernde Kostenstelle klassifiziert, bezeichnet der zweite Index die empfangende Kostenstelle

$$K_1 = KP_1 + \dfrac{K_1}{x_1} \cdot x_{1,1} + \dfrac{K_2}{x_2} \cdot x_{2,1} + ... + \dfrac{K_N}{x_N} \cdot x_{N,1}$$ •

$$K_2 = KP_2 + \dfrac{K_1}{x_1} \cdot x_{1,2} + \dfrac{K_2}{x_2} \cdot x_{2,2} + ... + \dfrac{K_N}{x_N} \cdot x_{N,2}$$ •

$$K_3 = KP_3 + \dfrac{K_1}{x_1} \cdot x_{1,3} + \dfrac{K_2}{x_2} \cdot x_{2,3} + ... + \dfrac{K_N}{x_N} \cdot x_{N,3}$$ •

$\vdots \qquad \vdots$

$$K_N = KP_N + \dfrac{K_1}{x_1} \cdot x_{1,N} + \dfrac{K_2}{x_2} \cdot x_{2,N} + ... + \dfrac{K_N}{x_N} \cdot x_{N,N}$$ •

Klausuraufgabe 6 – 4   (22 Punkte)

(a) Berechnung der Abschreibungspläne

Siehe Tabelle auf der nächsten Seite.

Bei der Buchwertabschreibung ergibt sich ein Abschreibungssatz von

$$w_t = \left[1 - \sqrt[4]{\frac{20.000\,€}{180.000\,€}}\right] \cdot 100 = 42{,}27\%$$

(b) Berechnung des Abschreibungsprozentsatzes

$$w_t = \left[1 - \sqrt[4]{\frac{20.000\,€}{240.000\,€}}\right] \cdot 100 = 46{,}27\%$$

Klausuraufgabe 6 – 5   (10 Punkte)

Richtig sind die Aussagen (a), (b), (c), (d) und (e). Sofern falsche Aussagen angekreuzt wurden, sind von der Gesamtpunktzahl der richtigen Ergebnisse (pro richtigem Ergebnis 2 Punkte) jeweils zwei Punkte abzuziehen. Es darf aber kein negatives Gesamtergebnis entstehen.

t	Abschreibungsverfahren[1]										
	linear		Digital-degressiv		Buchwert-abschreibung		digital-progressiv		Leistungsabschreibung		
	q_t	R_t	q_t	R_t	q_t	R_t	q_t	R_t	x_t	q_t	R_t
t = 1	40.000	140.000	64.000	116.000	76.086	103.914	16.000	164.000	100.000	50.000	130.000
t = 2	40.000	100.000	48.000	68.000	43.924,45	59.989,55	32.000	132.000	60.000	30.000	100.000
t = 3	40.000	60.000	32.000	36.000	25.357,58	34.631,97	48.000	84.000	90.000	45.000	55.000
t = 4	40.000	20.000	16.000	20.000	14.638,93	19.993,04	64.000	20.000	70.000	35.000	20.000
Σ	160.000		160.000		16.006,96		160.000		320.000	160.000	

---

[1] Bis auf die Spalte x_t, die Stückzahlen ausweist, sind die Werte aller anderen Spalten Beträge in €.

Klausuraufgabe 6 – 6   (8 Punkte)

(a)   Ermittlung der Zuschlagssätze

$$\text{Materialgemeinkosten} = \frac{48.000\ €}{240.000\ €} = 20\%$$

$$\text{Fertigungsgemeinkosten} = \frac{90.000\ €}{60.000\ €} = 150\%$$

$$\text{Verwaltungs- und Vertriebsgemeinkosten} = \frac{65.700\ € + 43.800\ €}{438.000\ €^{[1]}} = 25\%$$

(b)   Kalkulation der Kostenträger

		08/15	08/16
	Materialeinzelkosten	250 €	50 €
+	20% Zuschlag für MaterialGK	50 €	10 €
+	Fertigungslohneinzelkosten	120 €	400 €
+	150% Zuschlag für FertigungsGK	180 €	600 €
=	Herstellkosten	600 €	1.060 €
+	25% Zuschlag für Verw.- und VertriebsGK	150 €	265 €
=	Selbstkosten	750 €	1.325 €

---

[1] 240.000 € + 60.000 € + 48.000 € + 90.000 € = 438.000 €.

G. Übungsklausur 7

Klausuraufgabe 7 – 1   (12 Punkte)

(a)   Berechnung der Preisuntergrenzen

$$PUG_{engA}^{e} = kv_{A}^{p} + \frac{db_{B}^{p}}{eng_{B}^{p}} \cdot eng_{A}^{p}$$ •

$$PUG_{engA}^{e} = 390\,€ + \frac{105\,€}{24\,\text{Min.}} \cdot 20\,\text{Min.} = 477{,}50\,€$$ ••

$$PUG_{engB}^{e} = kv_{B}^{p} + \frac{db_{A}^{p}}{eng_{A}^{p}} \cdot eng_{B}^{p}$$ •

$$PUG_{engB}^{e} = 365\,€ + \frac{110\,€}{20\,\text{Min.}} \cdot 24\,\text{Min.} = 497\,€$$ ••

(b)   Interpretation der Ergebnisse

Erst wenn der Plan-Netto-Verkaufserlös von Erzeugnis A unter den Wert von 477,50 € fällt, führt eine Produktion von Erzeugnis B anstelle von Erzeugnis A unter sonst gleichen Bedingungen zu einem höheren Plan-Deckungsbeitragsvolumen.   ••

Die engpassbezogene Preisuntergrenze von Erzeugnis B kann unter sonst gleichen Bedingungen bis auf 497 € steigen, bevor eine Produktion von Erzeugnis B anstelle von Erzeugnis A zu einem höheren Plan-Deckungsbeitragsvolumen führt.   ••

Die Produktion ist aus erfolgswirtschaftlicher Sicht erst dann einzustellen, wenn die Plan-Netto-Absatzpreise von Erzeugnis A und B unter die proportionalen Plan-Stückkosten (absolute Preisuntergrenze) fallen.   ••

Klausuraufgabe 7 – 2   (6 Punkte)

Die Kontrolltheorie hat sich schon früh damit beschäftigt, im Rahmen stochastischer Modelle Verhaltensempfehlungen für die Abweichungsauswertung zu entwickeln, wobei in kontrollierbare (zufallsbedingte) und unkontrollierbare (systematische) Abweichungsursachen unterschieden wird.   ••

Während zufallsbedingte Abweichungen zu vermeiden sind und folglich eine Auswertung rechtfertigen (z.B. erhöhte Materialverbräuche infolge veralteter Produktionsverfahren), ist gegen systematische Abweichungen nichts zu unternehmen, womit eine Auswertung unterbleiben kann (z.B. erhöhte Materialkosten infolge steigender Weltmarktpreise).   ••

Diese Überlegungen werden von der Auffassung getragen, dass die Auswertung unkontrollierbarer Abweichungen ausschließlich Kosten auslöst ohne einen Nutzen zu bewirken, während das Unterlassen der Auswertung von kontrollierbaren Differenzen in der Zukunft wiederum zu Abweichungen führt, die (vermeidbare) Kosten bewirken. ••

Klausuraufgabe 7 – 3 (15 Punkte)

(a) **Berechnung der Allowable Costs**

Umsatz: (2 • 5.000 Stück • 1.000 €) = 10.000.000 €

abzüglich der Zielrendite (30%) - 3.000.000 €

ergibt für die Allowable Costs = 7.000.000 € ••

(b) **Entscheidungen für das Kostenmanagement**

Berechnung der Komponenten- und Funktionsmatrix:

Produktfunktion Komponente	Rechenleistung	Speicherleistung	Gebrauchskomfort	Design	Summe (Nutzenanteil)
Speicher	4	30	4	0	38
Prozessor	36	0	10	0	46
Tastatur	0	0	4	3	7
Gehäuse	0	0	2	7	9

••

Berechnung der Kostenanteile:

Komponente	geplante Kosten	Kostenanteil
Speicher	150 €	18,75 %
Prozessor	514 €	64,25 %
Tastatur	56 €	7 %
Gehäuse	80 €	10 %
Summe	800 €	100 %

••

Berechnung der Zielkostenindizes:

Komponente	Kostenanteil	Nutzenanteil	Zielkostenindex
Speicher	18,75 %	38 %	2,03
Prozessor	64,25 %	46 %	0,72
Tastatur	7 %	7 %	1
Gehäuse	10 %	9 %	0,9
Summe	100 %	100 %	-

...

(c) Interpretation der Zielkostenindizes

Komponente „Speicher":

- Die Komponente ist in Relation zum Kundennutzen deutlich zu billig/einfach ausgestaltet.
- Die Differenz kann in dieser Höhe nicht akzeptiert werden, da unterstellt wird, dass mit steigendem Nutzenanteil die Abweichungstoleranz sinkt und der Nutzenanteil mit 38% verhältnismäßig hoch ist.
- Es muss untersucht werden, ob aufgrund des niedrigeren Kostenanteils im Verhältnis zum Kundennutzen nicht eine Funktionsverbesserung der Komponente möglich ist.

Komponente „Prozessor":

- Die Komponente im Vergleich zum zugewiesenem Kundennutzen deutlich zu teuer.
- Die Differenz kann in dieser Höhe nicht akzeptiert werden, da unterstellt wird, dass mit steigendem Nutzenanteil die Abweichungstoleranz sinkt und der Nutzenanteil mit 46% verhältnismäßig hoch ist.
- Bei dieser Komponente besteht Kostenreduktionsbedarf.

Komponente „Tastatur":

- Es liegt ein optimaler Zielkostenindex vor, da sich Kostenanteil und Gewichtungsergebnis entsprechen.

Komponente „Gehäuse":

- Die Komponente ist im Vergleich zum zugewiesenen Kundennutzen zu teuer.

    Allerdings ist die Abweichung in dieser Höhe zu akzeptieren, da unterstellt wird, dass bei niedrigeren Gewichtungsergebnissen geringe Abweichungen toleriert werden können und damit Zielkostenindizes nahe des Wertes von 1 keine Handlungen auslösen müssen. •

Klausuraufgabe 7 – 4   (15 Punkte)

(a)   Formel und Aussagefähigkeit des Variators

$$\text{Variator } (v) = \frac{\text{proportionale Plankosten } [Kv^p(x^p)]}{\text{gesamte Plankosten } [K^p(x^p)]} \cdot 10 \qquad ••$$

wobei gilt $0 \leq v \leq 10$

Der Variator zeigt, um welchen Prozentsatz sich die Gesamtkosten bei Plan-Beschäftigung (100%) ändern, wenn die Beschäftigung um 10% variiert. •

(b)   Ermittlung der Variatoren und planmäßige Kostenauflösung

Kostenarten in €	$K^p(x^p)$	$Kf^p(x^p)$	$Kv^p(x^p)$	v	
Materialeinzelkosten	111.000 €	0 €	111.000 €	10	•
Materialgemeinkosten	55.000 €	33.000 €	22.000 €	4	•
Lohneinzelkosten	150.000 €	30.000 €	120.000 €	8	•
Hilfslohn- und Gehaltskosten	50.000 €	25.000 €	25.000 €	5	•
Energiekosten	8.000 €	6.000 €	2.000 €	2,5	•
Kalkulatorische Zinsen	11.000 €	11.000 €	0 €	0	•
Summe	385.000 €	105.000 €	280.000 €	-	

(c)   Ermittlung der Sollkosten

- Die Sollkosten errechnen sich bei einer Ist-Beschäftigung von 128.000 Min. (80%) nach folgender Formel:

$$K^p(80\%) = K^p(x^p) \cdot \left[1 - \frac{v \cdot u}{1.000}\right] \quad \text{mit}$$

$$u = \frac{x^p - x^i}{x^p} \cdot 100.$$

- Die Sollkosten errechnen sich bei einer Ist-Beschäftigung von 208.000 Min. (130%) nach folgender Formel:

$$K^p(130\%) = K^p(x^p) \bullet \left[1 + \frac{v \cdot u}{1.000}\right] \text{ mit}$$

$$u = \frac{x^i - x^p}{x^p} \bullet 100.$$

Kostenarten in €	$K^p(x^p)$	v	K^p (80%)	K^p (130%)
Materialeinzelkosten	111.000 €	10	88.800	144.300
Materialgemeinkosten	55.000 €	4	50.600	61.600
Lohneinzelkosten	150.000 €	8	126.000	186.000
Hilfslohn- und Gehaltskosten	50.000 €	5	45.000	57.500
Energiekosten	8.000 €	2,5	7.600	8.600
Kalkulatorische Zinsen	11.000 €	0	11.000	11.000
Summe	385.000 €	-	329.000	469.000

Klausuraufgabe 7 - 5 (12 Punkte)

(a)   Entscheidungsproblem und optimale Verfahrenswahl

Die folgende Tabelle zeigt unter Berücksichtigung der vollständigen Fertigung von Produkt A auf Anlage II und von Produkt B auf Anlage III nach Maßgabe der minimalen Plan-Fertigungskosten pro Stück (48 € für Produkt A und 60 € für B) die benötigten und die zur Verfügung stehenden Anlagenkapazitäten. Bei einer Verfahrenssteuerung nach minimalen proportionalen Plan-Stückkosten wird Anlage III, die insgesamt nur mit 30.000 Fertigungsminuten zur Verfügung steht, im Umfange einer Fehlkapazität von 6.000 Minuten zum Fertigungsengpass, da zur Realisation der gesamten Produktionsmenge des Erzeugnisses B auf Anlage III insgesamt eine Produktionszeit von 36.000 Minuten (= 2.400 Stück • 15 Min.) erforderlich wäre.

Plandaten	Stück-zahlen	Fertigungszeit pro Stück in Min.			Benötigte Kapazität in Min.		
		Anlagen			Anlagen		
Produktarten		I	II	III	I	II	III
A	3.200	20	15	18	-	48.000	-
B	2.400	30	25	15	-	-	36.000
Zur Verfügung stehende Gesamtkapazität in Min.	-	-	-	-	20.000	50.000	30.000

(3 Punkte)

Die folgende Tabelle zeigt die optimale Verfahrenswahl nach Maßgabe einer relativen Kostenminimierung.

Anlagen	in Min.			in Stück			
Produktarten	I	II	III	I	II	III	Summe
A	-	48.000	-	-	3.200	-	3.200
B	9.600	2.000	30.000	320	80	2.000	2.400
Summe	9.600	50.000	30.000	320	3.280	2.000	5.600

(5 Punkte)

(b) Optimale Verfahrenswahl bei Einbezug der Fremdbezugsalternative (Verfahren IV)

Verfahren	in Min.			in Stück				
Produktarten	I	II	III	I	II	III	IV	Summe
A	-	48.000	-	-	3.200	-	-	3.200
B	-	-	30.000	-	-	2.000	400	2.400
Summe	-	48.000	30.000	-	3.200	2.000	-	5.600

(4 Punkte)

H. Übungsklausur 8

Klausuraufgabe 8 – 1   (12 Punkte)

Allgemeine Formulierung des simultanen Gleichungssystems:

K_1 =   12.000 € + 0 K_1 + 0,5 K_2 + 0,2 K_3 + 0,02 K_4 + 0,04 K_5 + 0,0125 K_6
K_2 =   8.000 € + 0,125 K_1 + 0 K_2 + 0,025 K_3 + 0,125 K_4 + 0,025 K_5 + 0,1 K_6
K_3 =   21.000 € + 0,3 K_1 + 0,15 K_2 + 0 K_3 + 0,05 K_4 + 0,125 K_5 + 0,05 K_6
K_4 = 150.000 € + 0,25 K_1 + 0,05 K_2 + 0,3 K_3 + 0 K_4 + 0 K_5 + 0 K_6
K_5 =   54.000 € + 0,2 K_1 + 0,05 K_2 + 0,4 K_3 + 0,25 K_4 + 0 K_5 + 0,02 K_6
K_6 =   75.000 € + 0,125 K_1 + 0,25 K_2 + 0,075 K_3 + 0,0625 K_4 + 0,2 K_5 + 0 K_6

In Matrizenschreibweise lässt sich das simultane Gleichungssystem wie folgt formulieren:

$$\begin{bmatrix} -1 & 0,5 & 0,2 & 0,02 & 0,04 & 0,0125 \\ 0,125 & -1 & 0,025 & 0,125 & 0,025 & 0,1 \\ 0,3 & 0,15 & -1 & 0,05 & 0,125 & 0,05 \\ 0,25 & 0,05 & 0,3 & -1 & 0 & 0 \\ 0,2 & 0,05 & 0,4 & 0,25 & -1 & 0,02 \\ 0,125 & 0,25 & 0,075 & 0,0625 & 0,2 & -1 \end{bmatrix} \cdot \begin{bmatrix} K_1 \\ K_2 \\ K_3 \\ K_4 \\ K_5 \\ K_6 \end{bmatrix} = \begin{bmatrix} -12.000 \\ -8.000 \\ -21.000 \\ -150.000 \\ -54.000 \\ -75.000 \end{bmatrix}$$

Klausuraufgabe 8 – 2   (15 Punkte)

(a)   Formulierung des linearen Planungsansatzes

(1) $\left(e_A^p - kv_A^p\right) \cdot x_A + \left(e_B^p - kv_B^p\right) \cdot x_B + \left(e_C^p - kv_C^p\right) \cdot x_C = DBV^p \Rightarrow$ Max!

(2) $(40\,€ - 16\,€ - 18\,€) \bullet x_A + (38\,€ - 27\,€ - 9\,€) \bullet x_B + (30\,€ - 20\,€ - 6\,€) \bullet x_C$
    $= DBV^p \Rightarrow$ Max!

(3) $6\,€ \cdot x_A + 2\,€ \cdot x_B + 4\,€ \cdot x_C = DBV^p \Rightarrow$ Max! (Zielfunktion)

(4) 3 Min. · x_A + 5 Min. · x_B + 2 Min. · x_C ≤   21.000 Min.
                                                                              (Produktionsrestriktion I)

(5) 4 Min. · x_A + 2 Min. · x_B + 3 Min. · x_C ≤   12.000 Min.
                                                                              (Produktionsrestriktion II)

(6) 6 ME · x_A + 3 ME · x_B + 2 ME · x_C ≤   15.000 ME
                                                                              (Beschaffungsrestriktion)

(7) $\quad x_A \leq 1.800$ Stück (Absatzrestriktion I)

(8) $\quad x_B \leq 2.100$ Stück (Absatzrestriktion II)

(9) $\quad x_C \leq 2.500$ Stück (Absatzrestriktion III)

(10) $\quad x_A \geq 0$

(11) $\quad x_B \geq 0 \quad$ (Nicht-Negativitäts-bedingungen)

(12) $\quad x_C \geq 0$

(b) Erstellung des Ausgangstableaus

	x_A	x_B	x_C	x_D	x_E	x_F	x_G	x_H	x_I	RS
x_D	3	5	2	1	0	0	0	0	0	21.000
x_E	4	2	3	0	1	0	0	0	0	12.000
x_F	6	3	2	0	0	1	0	0	0	15.000
x_G	1	0	0	0	0	0	1	0	0	1.800
x_H	0	1	0	0	0	0	0	1	0	2.100
x_I	0	0	1	0	0	0	0	0	1	2.500
	-6	-2	-4	0	0	0	0	0	0	0

Klausuraufgabe 8 – 3 (11 Punkte)

x_A, x_B, x_C:

Die ausschließliche Produktion von x_A mit 1.800 Stück und x_B mit 1.600 Stück führt zu einem Deckungsbeitragsvolumen von 17.200 €.

6 € · 1.800 Stück + 5 € · 0 Stück + 4 € · 1.600 Stück = 17.200 €

x_D:

Bei der Produktionsrestriktion I in Höhe von 21.000 Min. bestehen Leerkapazitäten im Umfange von 12.400 Min.

21.000 Min. - [3 Min. · 1.800 Stück + 5 Min. · 0 Stück + 2 Min. · 1.600 Stück]
= 12.400 Min.   ••

x_E:

Die Produktionsrestriktion II in Höhe von 12.000 Min. wird in voller Höhe benötigt.

4 Min. · 1.800 Stück + 2 Min. · 0 Stück + 3 Min. · 1.600 Stück = 12.000 Min.   •

x_F:

Bei der Beschaffungsrestriktion in Höhe von 15.000 ME bestehen Leerkapazitäten im Umfange von 1.000 ME.

15.000 ME - [6 ME · 1.800 Stück + 3 ME · 0 Stück + 2 ME · 1.600 Stück]
= 1.000 ME.   ••

x_G, x_H, x_I:

Während die Absatzrestriktion I von Produkt A in voller Höhe in Anspruch genommen wird, bestehen bei Produkt B und C Leerkapazitäten im Umfange von 2.100 Stück bzw. 900 Stück.

x_G: 1.800 Stück - 1.800 Stück = 0

x_H: 2.100 Stück - 0 Stück = 2.100 Stück

x_I: 2.500 Stück - 1.600 Stück = 900 Stück   •••

Klausuraufgabe 8 – 4   (16 Punkte)

(a)   Vorgehensweise und Begründung

$$\overline{wa} = \frac{K^A}{ko - K^B} = \frac{29.400\ €}{73.500\ € - 31.500\ €} = 0{,}7 \quad ••••$$

Sofern die Wahrscheinlichkeit, dass der Abweichung eine kontrollierbare Ursache zugrunde liegt (wa), die die kritische Wahrscheinlichkeit ($\overline{wa}$) übersteigt, ist stets eine Analyse und Beseitigung der Abweichung durchzuführen, da von diesem Grenzwert an die erwarteten Opportunitätskosten, die bei Nichtbeseitigung der kontrollierbaren Abweichungsursachen anfallen, die erwarteten Kosten der Abweichungsanalyse und Abweichungsbeseitigung übersteigen.   ••••

wa • (K^A + K^B) + (1 – wa) • K^A	<	wa • ko
K^A + wa • K^B	<	wa • ko
29.400 € + 0,7 • 31.500 €	=	0,7 • 73.500 €
51.450 €	=	51.450 €

Die Berechnung zeigt, dass sich bei einer definitiven Wahrscheinlichkeit von 0,7 die Nutzenwerte der beiden Auswertungsalternativen entsprechen. Erst wenn diese höher sein sollte, ist eine Analyse und Beseitigung der Abweichung unter den Prämissen der Entscheidungsrechnung ökonomisch lohnend.   • • • •

(b) Änderung der Empfehlung

$$\overline{wa} = \frac{K^A}{ko - K^B} = \frac{29.400\ €}{51.100\ € - 31.500\ €} = 1{,}5$$ • •

In diesem Falle sind die erwarteten Kosten bei Analyse und Beseitigung der Abweichung immer größer als die erwarteten Opportunitätskosten, die bei Nichtbeseitigung der kontrollierbaren Abweichungsursachen anfallen; mithin ist die Unterlassungsalternative zu wählen.   • •

Klausuraufgabe 8 – 5   (6 Punkte)

Das traditionelle Instrument der Wertanalyse ist darauf ausgerichtet, die Funktionen eines bereits entwickelten und hergestellten Erzeugnisses unter Kostenaspekten auf das dem Kundennutzen entsprechende Maß zu reduzieren. Ansatzpunkte der Wertanalyse sind neben Kostensenkungsmaßnahmen auch Funktions(wert)verbesserungen bereits konstruierter bzw. gefertigter Produkte.   • •

Zur Durchführung der Wertanalyse existiert ein nach DIN 69910 genormter Arbeitsplan, der in sechs Grundschritte zerfällt (vorbereitende Maßnahmen; Ermittlung des Ist-Zustandes; Prüfung des Ist-Zustandes; Ermittlung von Lösungen; Prüfung der Lösungen; Vorschlag und Realisierung einer Lösung). Im Schrifttum wird davon ausgegangen, dass durch die Wertanalyse die Herstellkosten um bis zu 20% gesenkt werden können. Die Wertanalyse hat sich damit als Instrument der produktionsbegleitenden, erzeugnisbezogenen Kostenbeeinflussung bewährt.   • •

Jedoch ist in jüngerer Zeit ein Trend in Richtung der Wertgestaltung (Value Engineering) erkennbar, der auf die Kostenbeeinflussung in frühen Phasen der Produktentstehung abzielt. Vor dem Hintergrund einer tendenziell stetigen Verkürzung der Produktlebenszyklen erscheint eine solche Vorgehensweise geboten, da dann die in Verbindung mit der ex-post durchgeführten Wertanalyse anfallenden Änderungskosten im Konstruktions- und Produktionsprozess weitgehend vermieden werden können.   • •

I. Übungsklausur 9

Klausuraufgabe 9 – 1 (20 Punkte)

(a) Berechnung der Kalkulationssätze

Zuschlagssatz für die Materialgemeinkosten (in %)

$$= \frac{1.400.000\ €}{5.600.000\ €} \cdot 100 = 25\ \%$$

Kalkulationssatz für den Bereich Fertigung I (in €)

$$= \frac{720.000\ €}{600\ \text{Std.}} = 1.200\ €/\text{Std.}$$

Kalkulationssatz für den Bereich Fertigung II (in €)

$$= \frac{585.000\ €}{650\ \text{Std.}} = 900\ €/\text{Std.}$$

Kalkulationssatz für den Bereich Fertigung III (in €)

$$= \frac{1.008.000\ €}{720\ \text{Std.}} = 1.400\ €/\text{Std.}$$

Zuschlagssatz für die Verwaltungs- und Vertriebsgemeinkosten (in %)

$$= \frac{742.600\ €}{3.713.000\ €} \cdot 100 = 20\ \%\ [1]$$

---

[1] Herstellkosten der Absatzleistungen = 1.400.000 € + 720.000 € + 585.000 € + 1.008.000 = 3.713.000 €.

(b) Kalkulation der Herstell- und Selbstkosten

	Fertigungsmaterial	9.000 €
+	Materialgemeinkosten (25% von 9.000 €)	2.250 €
+	Fertigungskosten Bereich I (1,8 Std. • 1.200 €)	2.160 €
+	Fertigungskosten Bereich II (0,9 Std. • 900 €)	810 €
+	Fertigungskosten Bereich III (3,5 Std. • 1.400 €)	4.900 €
=	Herstellkosten	19.120 €
+	Verwaltungs- und Vertriebsgemeinkosten (20% der Herstellkosten)	3.824 €
=	Selbstkosten	22.944 €

(8 Punkte)

Klausuraufgabe 9 – 2 (18 Punkte)

(a) Leerkostenberechnung

$$K^l = 90.000 € \cdot \left[1 - \frac{7.500 \; Stück}{10.000 \; Stück}\right] = 22.500 €$$

$$K^l = \frac{22.500 \; Stück}{7.500 \; Stück} = 3 €$$

oder

$$k = \frac{1.215.000 €}{7.500 \, Stück} - \frac{1.590.000 €}{10.000 \, Stück} = 3 €$$

(b) Betriebsoptimum

Das Betriebsoptimum liegt bei linearem Kostenverlauf an der Kapazitätsgrenze (10.000 Stück) und kommt durch die geringsten Stückkosten (159 € = 1.590.000 € : 10.000 Stück) zum Ausdruck.

(3 Punkte)

(c) Berechnung des Break-even-point

$$BEP^m = \frac{90.000\,€}{175\,€ - 150\,€} = 3.600 \text{ Stück} \qquad \text{(3 Punkte)}$$

$$BEP^w = \frac{90.000\,€}{1 - \dfrac{150\,€}{175\,€}} = 630.000 \text{ Stück oder}$$

$$BEP^w = 175\,€ \cdot 3.600 \text{ Stück} = 630.000\,€ \qquad \text{(3 Punkte)}$$

(d) Erfolgsermittlung bei Fixkostenabbau

E =	175 € • 7.500 Stück =	1.312.500 €
– K =	60.000 € + 150 € • 7.500 Stück =	1.185.000 €
G =		127.500 €

$$\left[175\,€ - \frac{1.185.000\,€}{7.500 \text{ Stück}} \right] \cdot 7.500 \text{ Stück} = 127.500\,€ \qquad \text{(3 Punkte)}$$

Klausuraufgabe 9 – 3 (10 Punkte)

(a) Verbrauchabweichung

$$\Delta V = 290.000\,€ - \left[60.000\,€ - \frac{165.000\,€}{750 \text{ Std.}} \right] \cdot 900\,Std. = 32.000\,€ \qquad \text{(4 Punkte)}$$

(b) Beschäftigungsabweichung

$$\Delta B = 258.000\,€ - 300\,€ / Std. \cdot 900 \text{ Std.} = -12.000\,€$$

oder

$$\Delta B = 60.000\,€ \cdot \left[1 - \frac{900\,Std.}{750\,Std.} \right] = -12.000\,€$$

(3 Punkte)

(c) „Echte" Beschäftigungsabweichung

$$\Delta EB = 258.000\,€ - 225.000\,€ = 33.000\,€ \qquad \text{(3 Punkte)}$$

Klausuraufgabe 9 – 4 (6 Punkte)

Als grundlegende Ursache des Verzehrs abnutzbarer Anlagegüter, die mit Hilfe kalkulatorischer Abschreibungen zu erfassen sind, können genannt werden:

- Abnutzungsbedingter Verschleiß durch Gebrauch;
- Substanzbedingte Wertminderungen, die z.B. bei Bergwerken, Kies- und Sandgruben, Ölfeldern, Steinbrücken vorkommen;
- Natürlicher (ruhender) Verschleiß, wie etwa Verwittern, Verrosten, Verdunsten, Zersetzen, Fäulnis;
- Technische Überholung, die z.B. durch neue Erfindungen, Einführung neuer Werkstoffe oder Weiterentwicklung von Maschinen hervorgerufen wird;
- Wirtschaftliche Überholung. Dieser Wertminderungstyp kann etwa durch Modewechsel oder Geschmacksänderung bewirkt werden, die zu einem Absatzrückgang und damit auch zu einer Verkürzung der Nutzungsdauer der entsprechenden Betriebsmittel führen. Technisch können die in Rede stehenden Anlagen durchaus noch nutzungsfähig sein, während sie wirtschaftlich bereits überholt sind;
- Fristablauf. Die Nutzungsdauer ist vertraglich befristet z.B. bei Patenten, Lizenzen, Konzessionen, Urheberrechten. Nach Ablauf der Frist liegt eine wirtschaftliche Erschöpfung der Kapazitäten dieser Anlagegüter vor, die es planmäßig in Form von Abschreibungen zu berücksichtigen gilt.

Klausuraufgabe 9 – 5 (6 Punkte)

Jahr	Kalkulatorische Zinsen	
	Restwertmethode	Kombinationsmethode
2012	8.000 €	6.400 €
2013	6.400 €	5.600 €
2014	4.800 €	4.800 €
2015	3.200 €	4.000 €
2016	1.600 €	3.200 €
2017	---	2.400 €

(Für jeden richtigen Eintrag 0,5 Punkte)

J. Übungsklausur 10

Klausuraufgabe 10 – 1 (30 Punkte)

(a) Ermittlung der Selbstkosten bei Zuschlagskalkulation

(1) Bestimmung der Zuschlagssätze

$$\text{Materialgemeinkosten} = \frac{3.000.000\ \text{€}}{10.000.000\ \text{€}} \cdot 100 = 30\% \quad \bullet$$

$$\text{Direkte Fertigungsgemeinkosten} = \frac{5.000.000\ \text{€}}{3.750.000\ \text{€}} \cdot 100 = 133\% \quad \bullet$$

$$\text{Indirekte Fertigungsgemeinkosten} = \frac{5.000.000\ \text{€}}{5.000.000\ \text{€} + 3.750.000\ \text{€}} \cdot 100 = 57\% \quad \bullet$$

$$\text{Verwaltungsgemeinkosten} = \frac{2.000.000\ \text{€}}{26.750.000\ \text{€}} \cdot 100 = 8\% \quad \bullet$$

$$\text{Vertriebsgemeinkosten} = \frac{2.500.000\ \text{€}}{26.750.000\ \text{€}} \cdot 100 = 9\% \quad \bullet$$

(2) Kalkulation der Selbstkosten

	Kaffeevollautomat	Siebträgermaschine
Materialeinzelkosten	350,00 €	450,00 €
+ Materialgemeinkosten (30%)	105,00 €	135,00 €
+ Fertigungseinzelkosten	100,00 €	200,00 €
+ direkte Fertigungsgemeinkosten (133%)	133,00 €	266,00 €
+ indirekte Fertigungsgemeinkosten (57%)[1]	132,80 €	262,62 €
= Herstellkosten	820,81 €	1.316,62 €
+ Verwaltungsgemeinkosten (8%)	65,67 €	105,30 €
+ Vertriebsgemeinkosten (9%)	73,87 €	118,50 €
= Selbstkosten	960,36 €	1.540,45 €

---

[1] Berechnet auf Fertigungseinzelkosten und direkte Fertigungsgemeinkosten.

(b) **Ermittlung der Selbstkosten pro Stück bei Prozesskostenkalkulation**

	Kaffeevollautomat	Siebträgermaschine	
Materialeinzelkosten	350,00 €	450,00 €	

+ Materialgemeinkosten
   - Beschaffung
   - Lagerung
	
	75,00 €
	40,00 €
		
		200,00 €
		60,00 €
			
			•
			•

+ Fertigungseinzelkosten	100,00 €	200,00 €	
+ direkte Fertigungsgemeinkosten (133%)	133,00 €	266,00 €	

+ indirekte Fertigungsgemeinkosten
   - Fertigungssteuerung
   - Qualitätsprüfung
	
	50,00 €
	20,00 €
		
		100,00 €
		60,00 €
			
			•
			•

= Herstellkosten	768,00 €	1.336,00 €	
+ allgemeine Verwaltungskosten (8%)	61,44 €	106,88 €	

+ Vertriebsgemeinkosten
   - Akquisition
   - Fakturierung
   - Versand
	
	40,00 €
	35,00 €
	30,00 €
		
		90,00 €
		65,00 €
		55,00 €
			
			•
			•
			•

= Selbstkosten	934,44 €	1.652,88 €	•

(c) **Ermittlung der Selbstkosten für 10 Stück bei Prozesskostenkalkulation**

	Kaffeevollautomat	Siebträgermaschine	
Herstellkosten	7.680,00 €	13.360,00 €	
+ allgemeine Verwaltungskosten (8%)	614,40 €	1.068,80 €	•

+ Vertriebsgemeinkosten
   - Akquisition
   - Fakturierung
   - Versand-
	
	40,00 €
	35,00 €
	30,00 €
		
		90,00 €
		65,00 €
		55,00 €
			
			•
			•
			•

= Selbstkosten	8.399,40 €	14.638,80 €	•

(c) Erläuterung und Berechnung des Degressionseffektes

- Bei Anwendung der Zuschlagskalkulation werden die Vertriebsgemeinkosten als pauschaler Zuschlagssatz von 9 % auf die wertmäßige Höhe der Herstellkosten verrechnet. (1 Punkt)
- Die Vertriebsgemeinkosten pro Stück bleiben im Rahmen einer Zuschlagskalkulation bei höheren Mengen konstant. Dies führt dazu, dass bei proportionaler Verrechnung der Gemeinkosten Aufträge mit niedrigen Stückzahlen zu gering belastet werden, obwohl gerade deren Abwicklung die betrieblichen Ressourcen vergleichsweise stärker beansprucht. In identischer Weise würden die Kosten von Aufträgen mit großen Stückzahlen durch die proportionale Zurechnung zu hoch ausgewiesen. (1 Punkt)
- Die Prozesskosten pro Stück für die interne Abwicklung von Materialbestellungen, Fertigungskosten, Kundenaufträgen etc. verringern sich jedoch mit steigenden Stückzahlen. (1 Punkt)
- Die Vertriebsgemeinkosten entstehen durch die Bearbeitung eines Kundenauftrages (Abwicklung, Ausgangskontrolle, Auslagerung, Versand, Buchung). Sie sind jedoch nicht von der bestellten Stückzahl abhängig. In diesem Fall verursacht die Abwicklung eines Kundenauftrages Prozesskosten in Höhe von 105 € bzw. 210 €. Diese Beträge fallen sowohl bei einem Auftrag von 1 Stück wie auch bei einer Auftragsmenge von 10 bis 20 Stück an. (2 Punkte)
- Im Vergleich der Zuschlags- mit der Prozesskostenkalkulation beträgt der Degressionseffekt bei der Produktion von 10 Stück der beiden Produkte mithin 633,70 € (= 738,70 € - 105,00 €) bzw. 908,50 € (= 1.118,50 € - 210,00 €) (2 Punkte)

Klausuraufgabe 10 – 2 (15 Punkte)

(a) Kosten- und Abweichungswerte

Die Lösungen befinden sich in der nachfolgenden Tabelle.

Die in der Tabelle ausgewiesene Beschäftigungsabweichung der Kontrollperiode I berechnet sich:

$$K^I = 90.000 € \bullet \left[1 - \frac{4.000 \; Std.}{5.000 \; Std.} \right] = 18.000 €$$

Die in der Tabelle ausgewiesene Beschäftigungsabweichung der Kontrollperiode II berechnet sich:

$$K^I = 90.000 € \bullet \left[1 - \frac{6.000 \; Std.}{5.000 \; Std.} \right] = -18.000 €$$

Kosten- und Abweichungsbezeichnung	Kontrollperiode I (x^i = 4.000 Std.)	Kontrollperiode II (x^i = 6.000 Std.)
$K^i(x^i)$ (Ist-Kosten)	90.000 € + 240.000 € = 330.000 €	90.000 € + 310.000 € = 400.000 €
$K^P(x^i)$ (Soll-Kosten)	90.000 € + 54 € • 4.000 Std. = 306.000 €	90.000 € + 54 € • 6.000 Std. = 414.000 €
$K^P(x^P)$ (Plan-Kosten)	90.000 € + 54 € • 5.000 Std. = 360.000 €	90.000 € + 54 € • 5.000 Std. = 360.000 €
$K^P(x^P) * x^i / x^P$ (verrechnete Plan-Kosten)	360.000 € • 4.000 Std. / 5.000 Std. = 288.000 €	360.000 € • 6.000 Std. / 5.000 Std. = 432.000 €
ΔV (Verbrauchsabweichung)	24.000 €	- 14.000 €
ΔEB („Echte" Beschäftigungsabweichung)	- 54.000 €	54.000 €
ΔB (Beschäftigungsabweichung)	18.000 € (Leerkosten) ΔB = 18.000 €	18.000 € (kalkulierte Leerkosten) ΔB = − 18.000 €

(b) Plan-Fertigungsgemeinkosten

360.000 € : 5.000 Std. = 72 € • 80 Std. = 50.760 € (3 Punkte)

Klausuraufgabe 10 – 3 (15 Punkte)

(a) Preisobergrenzenbestimmung

(1) Preisobergrenzenbestimmung bei Konstanz des Plan-Netto-Einkaufspreises beim Alternativprodukt

$$POG_{engA} = 50\ € + \left[100\ € - \frac{90\ €}{12\ Min.} \cdot 8\ Min.\right] \cdot \frac{1}{4}\ ME = 60\ €$$ (2 Punkte)

$$POG_{engB} = 50\ € + \left[90\ € - \frac{100\ €}{8\ Min.} \cdot 12\ Min.\right] \cdot \frac{1}{2}\ ME = 20\ €$$ (2 Punkte)

(2) Preisobergrenzenbestimmung im Falle gleichzeitiger Änderung des Plan-Netto-Einkaufspreises bei den beiden Erzeugnissen

$$(450\ € - 150\ €^1 - 4\ ME \cdot p^p) \cdot \frac{14.400\ Min.}{8\ Min.}$$

$$= (410\ € - 220\ €^2 - 2\ ME \cdot p^p) \cdot \frac{14.400\ Min.}{12\ Min.}$$

540.000 € - 7.200 ME · p^p = 228.000 € - 2.400 ME · p^p

$$p^p = \frac{540.000\ € - 228.000\ €}{7.200\ ME - 2.400\ ME} = POG_{engA} = 65\ €$$

(3 Punkte)

---

[1] 150 € = 350 € - 4 · 50 €.

[2] 220 € = 320 € - 2 · 50 €.

(b) Interpretation der Erzeugnisse

(1) Preisobergrenzenbestimmung bei Konstanz des Plan-Netto-Einkaufspreises beim Alternativprodukt

- Die Preisobergrenze der Rohstoffart kann bezüglich Produkt A bis auf 60 € pro Mengeneinheit steigen, bevor eine Substitution von Produkt A durch Produkt B zu einem höheren Deckungsbeitragsvolumen führt. (1 Punkt)

- Die Preisobergrenze der Rohstoffart muss bezüglich Produkt B auf unter 20 € fallen, bevor Produkt B anstelle von Produkt A zu einem höheren Deckungsbeitragsvolumen führen würde. (1 Punkt)

- Die Frage nach einer Einstellung der Produktion ist bei der Konstellation der Entscheidungssituation nicht relevant, da unterstellt wird, dass bei einem Überschreiten der Preisobergrenze bei Erzeugnis A von 60 € auf die Produktion von Erzeugnis B übergegangen werden kann, bei dem aber der Plan-Netto-Einkaufspreis der Rohstoffart sich nicht ändert und damit stets ein positives Deckungsbeitragsvolumen ausgewiesen wird. (1 Punkt)

(2) Preisobergrenzenbestimmung im Falle gleichzeitiger Änderung des Plan-Netto-Einkaufspreises bei beiden Erzeugnissen

$p^p = 65$ € Der Entscheidungsträger ist indifferent, da bei diesem Plan-Netto-Einkaufspreis beide Produktionsalternativen aus erfolgswirtschaftlicher Sicht zu gleichen Deckungsbeitragsvolumina führen. (1 Punkt)

$p^p > 65$ € Die Produktion von Erzeugnis B führt zu einem höheren Deckungsbeitragsvolumen als die Produktion von Erzeugnis A. (1 Punkt)

$p^p < 65$ € Die Produktion von Erzeugnis A führt zu einem höheren Deckungsbeitragsvolumen als die Produktion von Erzeugnis B. (1 Punkt)

Die Produktion von Erzeugnis B ist beim Überschreiten der folgenden absoluten Preisobergrenze des Plan-Netto-Einkaufspreises einzustellen, da dann negative Deckungsbeiträge erzielt werden.

$$POG_B = 50 \text{ €} + \frac{90 \text{ €}}{2 \text{ ME}} = 95 \text{ €}.$$

(2 Punkte)